# SOLDATENGLÜCK

MEIN LEBEN NACH DEM ÜBERLEBEN

ROBERT SEDLATZEK-MÜLLER

# SOLDATENGLÜCK

MEIN LEBEN NACH DEM ÜBERLEBEN



EDEL : VITA

# INHALT

# VORWORT

Mehr als zehn Jahre ist es her, da begann ein Krieg, der bis heute nicht zu Ende ist. Und auch die Deutschen sind dabei, am Hindukusch, wo sie nach den Worten eines ehemaligen Verteidigungsministers die Sicherheit, auch unsere Sicherheit verteidigen sollen. Nach dem Anschlag auf das World Trade Center in New York am 11. September 2001 hatten die USA den Bündnisfall erklärt und das bedeutete, dass alle NATO-Mitglieder den Amerikanern Beistand leisten mussten. Da war es nur logisch, dass Bundeskanzler Gerhard Schröder den Amerikanern die »uneingeschränkte Solidarität« Deutschlands zusicherte. Seitdem kämpfen neben US-Truppen und weiteren Alliierten auch Bundeswehrsoldaten in Afghanistan, inzwischen länger als der Erste und der Zweite Weltkrieg zusammen dauerten.

Der Anlass ist schon fast vergessen.

Es war wie ein Blitz aus heiterem Himmel. An einem herrlichen Septembermorgen jagte ein Passagierflugzeug in einen der beiden Zwillingstürme des World Trade Centers in New York. Kurz darauf eine zweite Maschine in den zweiten Turm. Spätestens da war klar: kein Unfall, sondern ein mörderischer Terroranschlag. Es dauerte nicht lange, da wussten die amerikanischen Sicherheitsbehörden, wer dahintersteckte: Osama Bin Laden und seine islamistische Terrororganisation al-Qaida. Es war eine Kriegserklärung und als Kriegserklärung fasste der amerikanische Präsident George W. Bush diesen Angriff auf. Die USA würden nicht nur die Terroristen jagen, sondern auch gegen jene vorgehen, die sie beherbergten. Er meinte die islamistischen Machthaber in Afghanistan, die Taliban, Verbündete und Beschützer von Bin Ladens al-Qaida. Es war eine Kriegserklärung in einem Krieg ohne Fronten, gegen einen heimtückischen Feind, der meistens unsichtbar ist und aus dem Hinterhalt zuschlägt, zu Mord und Selbstmord bereit. Ein für alle Mal wollte US-Präsident Bush mit dieser Bedrohung aufräumen. Ein Blitzkrieg sollte es werden, schnell rein und schnell wieder raus. Und anfangs schien es, als würde das Konzept aufgehen.

Der amerikanische Geheimdienst CIA, unterstützt von Special Forces und ausgestattet mit vielen Millionen Dollar, konnte mithilfe einheimischer Warlords die Taliban aus Afghanistan verjagen und die Stützpunkte von Bin Ladens al-Qaida ausräuchern. Doch dann wollte man dem geschundenen Land auch noch eine neue, möglichst demokratische Regierung schenken. Dazu war es notwendig, westliche Truppenkontingente auf Dauer in Afghanistan zu stationieren. Auch die Deutschen schickten ihre Soldaten an den Hindukusch. Und da sind sie heute noch. Ein Stabilisierungseinsatz sollte es werden, doch es wurde ein Krieg daraus. Und die Befreier wurden zur Zielscheibe in einem heimtückischen Bürgerkrieg. In einem Land, das schon in der Geschichte als Friedhof der Supermächte galt und in dem immer neue Generationen von Gotteskriegern der Marke Taliban heranwachsen. Krieg in einem Land, das noch niemals von fremden Truppen erobert, besetzt oder gehalten wurde. Ein verlustreicher Krieg.

Für die Deutschen der erste seit 65 Jahren. Nie wieder wollten Deutsche Waffen tragen. »Nie wieder« war das einzige, das alles überragende Credo nach dem Grauen des Zweiten Weltkrieges. Nachdem das 1000-jährige Reich unter endlosen Bergen von Schutt und Schuld begraben wurde – in nur sechs Jahren Krieg. Deutsche Soldaten, so hatte man geschworen, so steht es im Grundgesetz, sollten das Land verteidigen und nie wieder in fremden Ländern kämpfen. Doch als am 11. September 2001 das World Trade Center in Rauch und Staub aufging, war die Schonfrist für die Deutschen endgültig vorbei. Der Sonderweg des geteilten Deutschland, ein pragmatischer Pazifismus, endete in den staubigen Straßen von Kabul. Die Sicherheit, auch die der Deutschen, so hieß es, müsse am Hindukusch verteidigt werden. Das klang gut und sah am Anfang auch so aus.

> Zehn Jahre und über 50 tote deutsche Soldaten später stellt sich der Fall Afghanistan anders dar.

Es begann – wie fast immer – ziemlich harmlos. Im Norden Afghanistans schienen die Taliban vertrieben, die Bevölkerung glücklich über die Invasion der Westmächte. Brunnen bohren, Kinder in die Schule bringen, das zivile Leben organisieren, so hatten sich die Deutschen den Krieg vorgestellt. Gutmenschen in Uniform. Nachts konnte man noch ohne Helm und Schutzweste auf Patrouille gehen. Fast wie in der Heimat. Man kam mit guten Absichten – da musste niemand Angst haben. Nicht die Afghanen und schon gar nicht man selbst. Die Zusammenarbeit mit den afghanischen Sicherheitsbehörden machte Fortschritte. Gemeinsam wollte man aus Afghanistan einen funktionierenden demokratischen Staat machen. Der Norden war ruhig. Doch anderenorts lieferten sich die Amerikaner schon heftige Schlachten mit den Aufständischen, den wieder erwachten Taliban. Und die wichen aus. Nach Norden.

Die Deutschen wollten nicht in den Krieg. Aber der Krieg kam zu ihnen. Langsam und unaufhaltsam. Die Politik wollte das lange nicht wahrhaben, man wollte den Menschen in der Heimat nicht die Wahrheit zumuten, dass ihre Soldaten, ihre Angehörigen, Söhne, Väter, Männer in einem regulären Krieg kämpften, aber nur ausgerüstet waren für eine Friedensmission. Keine schweren Waffen, mit denen man auf Raketenangriffe gegen das Lager zielgenau reagieren konnte – die dazu geeignete Panzerhaubitze 2000 lieh man höchstens den niederländischen Kameraden aus, die damit erfolgreich die Taliban auf Abstand halten konnten. Im deutschen Lager hätte das schwere Gerät allzu sehr nach Kriegswaffe ausgesehen. Ein solches Verleugnen der Realität und der damit unzureichenden Ausstattung der Truppe nannte der frühere Generalinspekteur der Bundeswehr Kujat »skrupellos« – wohl der schwerste Vorwurf, den ein General der Politik und seinen Nachfolgern machen kann. Nicht einmal Kampfhubschrauber – die Grundausstattung jedes Anti-Guerilla-Krieges – konnte die Bundeswehr vorweisen.

Bei Patrouillenfahrten wurden die Deutschen immer wieder in schwere Gefechte verwickelt. Mit Verletzten und Toten. Inzwischen sprach auch die Politik von »Gefallenen«. Zuvor hieß es im offiziellen Sprachgebrauch: »einsatzbedingt ums Leben gekommen« in einer »besonderen Situation«. Die öffentliche Empörung über ihren Tod hielt sich in der Heimat in Grenzen. Dass sich ihre Soldaten mitten in einem blutigen Krieg befanden, konnten oder wollten die Deutschen noch nicht zur Kenntnis nehmen. Leidtragende waren die Soldaten an dieser unübersichtlichen Front, wo sie den Gegner weder angreifen noch sich gegen ihn zur Wehr setzen konnten.

Das änderte sich plötzlich, als Taliban zwei Tankwagen entführten und sie offenbar als fahrende Bomben gegen das Bundeswehrlager Kunduz einsetzen wollten. Die Lkw fuhren sich auf einer Sandbank fest und in dieser undurchschaubaren Gefahrensituation ließ der Lagerkommandant Bomben von amerikanischen Kampfflugzeugen abwerfen. Die Folge: Vermutlich hundertvierzig Menschen starben. Kriegsopfer, die das Selbstbild deutscher Politik erschütterten: Deutsche als Täter, das war fast schlimmer als Deutsche in der Opferrolle. Plötzlich war die Rede von einem deutschen Kriegsverbrechen, dabei zeigten sich in der Katastrophe von Kunduz wie »in einem Brennglas« (Kujat) die generellen Schwächen der Truppe: zu wenige Kampfsoldaten, unzureichende Ausrüstung und Aufklärung.

In Deutschland ist gerade Wahlkampf, eine Diskussion über Afghanistan kommt da ungelegen. Aber dass – knapp 65 Jahre nach dem Zweiten Weltkrieg – deutsche Soldaten wieder sterben und auch töten müssen, ist in Berlin noch immer ein Tabu.

Die todbringende Bombennacht hat das Verhältnis der Deutschen zum Afghanistankrieg von Grund auf verändert. Es war das Ende der Lüge vom harmlosen Stabilisierungseinsatz. Der vormalige Verteidigungsminister Jung musste wegen seiner Vernebelungstaktik im Fall Kunduz zurücktreten, sein Nachfolger sprach erst von kriegsähnlichen Zuständen, dann vom Krieg. Und selbst die vorsichtige Kanzlerin hat sich inzwischen zur Realität durchgerungen. Die Deutschen sind angekommen in der Wirklichkeit dieses Weltkriegs gegen den Terror. Die Bundeswehr setzt jetzt auf eine neue Strategie. Die Soldaten sollen, wie es heißt, mehr Präsenz in der Fläche zeigen. Raus aus den abgesicherten Stützpunkten. Nicht um offensiv zu kämpfen, sondern um die Ausbildung der afghanischen Armee und Polizei und den Schutz der afghanischen Bevölkerung miteinander in Einklang zu bringen. Doch auch das ist nicht ohne Risiko. Oft entpuppt sich der afghanische Kamerad an der Seite als heimlicher Taliban und fällt den Soldaten in den Rücken, als Selbstmordattentäter, ohne Rücksicht auf das eigene Leben und das der Fremdlinge, die gekommen waren, um dem Land Frieden, Demokratie und Menschenrechte zu bringen.

Jetzt wird offenbar mit dem Feind verhandelt, mit den Taliban, damit man irgendwann wieder verschwinden kann aus diesem Land, aus dem viele Soldaten tot im Zinksarg, mit schweren Verletzungen – oder mit schrecklichen Albträumen zurückgekehrt sind. Und danach einen weiteren Kampf fuhren mussten – gegen die Militärbürokratie. Einer von ihnen ist Robert Sedlatzek-Müller. Dies ist seine Geschichte.

*Stefan Aust,* Januar 2012

Für meine Kinder
Patricia-May und Mailin Lotte

# PROLOG

Es ist ein kühler Morgen im Spätfrühjahr, ich befinde mich auf meinem täglichen Weg von Stade zur Bundeswehrfachschule in Hamburg. Dort erhalte ich eine pädagogische Ausbildung zum Erzieher. Jeden Tag passiere ich bestimmte Punkte zur gleichen Zeit. Ein fester Zeitplan, den ich unbedingt einhalten will, läuft ab. Um Punkt 05:50 Uhr werde ich von meinem Handy mit einem Trommelwirbel geweckt. Damit beginnt für mich ein Ritual, das sich von Montag bis Freitag wiederholt. Ich schaue auf das Display meines Handys und überzeuge mich, dass der Akku vollständig aufgeladen ist, während ich das Ladegerät von der Steckdose trenne. Um meine Frau, die neben mir liegt, nicht vollends zu wecken, lasse ich die Rollläden an den Fenstern geschlossen und schleiche mich aus dem Schlafzimmer durch die dunkle Wohnung. Mein alter Diensthund Idor, der schlafend unter der Treppe liegt, quittiert das Knarren der Holztreppe, die ich zum Flur hinabsteige, mit einem leisen Knurren. Alles in der Wohnung hat seinen Platz, sodass ich mich auch im Dunkeln hindurchbewegen kann und das Badezimmer erreiche, ohne zu stolpern oder irgendwo anzustoßen.

Fürs Duschen und Abtrocknen sind genau acht Minuten eingeplant. Ich schlüpfe in meine Kleidung, die ich mir am Abend zuvor auf einem Stuhl zurechtgehängt habe. Diesen sogenannten »Alarmstuhl« habe ich als nützliche Angewohnheit seit meiner Wehrdienstzeit beibehalten. Ich brauche keine Minute, um angezogen in der

Küche zu stehen und mir meinen Kaffee fertig zu machen. Nach dem Frühstück noch exakt 18 Minuten mit dem Hund Gassi gehen und dann los. Ein kurzer Blick auf die Zeitanzeige in meinem Golf Kombi, es ist 06:35 Uhr. Viele der Fahrzeuge und Insassen, die mir während der Fahrt nach Hamburg begegnen, erkenne ich wieder. Irgendwie sind wir doch alle die gleichen Gewohnheitstiere, denke ich, während ich versuche, bestimmte Wegpunkte zu der mir gesetzten Zeit zu erreichen. Der Blitzer in Höhe der Citaswerft ist mein nächster Rallyepunkt. Oftmals ärgere ich mich dabei über die Traktoren der Apfelbauern aus dem Alten Land. Sie tuckern mit 25 km/h über die Landstraße, was mich zur Verzweiflung bringt. Aber heute ist keine dieser Nervensägen unterwegs und ich erreiche das Alte Land kurz vor Jork termingerecht um 06:50 Uhr. Das Autoradio ist eingeschaltet, auf NDR Info höre ich die Nachrichten.

Mit einem Schlag ist der ekelerregende Geruch von verbranntem Blut in meiner Nase. Nicht etwa der von Fleisch. Heißes Blut hat einen ganz eigenen, intensiven, leicht metallischen Geruch. Bilder blitzen vor mir auf. Das Gesicht eines jungen Mannes, der mich mit großen, erschrockenen Augen Hilfe suchend ansieht. Die Worte, die seine Lippen formen, werden wie durch eine Nebelwand aus unbestimmter Richtung und Entfernung an mich herangetragen. Sie vermischen sich mit einem dumpfen Gewirr aus aufgeregten Stimmen und Schreien. Trotzdem höre ich sie heraus: »Mama! Mama!« Da, wo die Beine und der Bauch des Mannes sein sollten, ist nur eine graubraune Masse. Soldaten in zerrissener Tarnkleidung liegen wie hingeworfene Stoffpuppen im feinen, gelben Wüstensand um mich herum.

Ich fahre scharf rechts auf den Grünstreifen, bringe den Wagen abrupt zum Stehen und springe aus dem Fahrzeug. Ich brauche festen Boden unter den Füßen, will die kalte Morgenluft in meinem Gesicht spüren und tief in meine Lungen saugen, um das Stahlband, das sich fest um meine Brust gelegt hat, zu sprengen. Meine Beine werden weich, zittern und ich erbreche mich mehrfach. Nur langsam fällt die Anspannung von mir ab und ich registriere die unentwegt an mir vorbeifahrenden Autos. Viele der Fahrer werden gerade die gleiche Meldung gehört haben wie ich. In Göttingen starben gestern Abend drei Sprengmeister bei dem Versuch, eine Bombe aus dem Zweiten Weltkrieg zu entschärfen. Eine Randnotiz.

# EIN KOCH MUSS ZUM BUND

»Oh, wir haben Sie ja ganz vergessen«, sagt mir die junge Frau im Einwohnermeldeamt. Eine interessante, gut bezahlte Anstellung als Küchenchef in einem renommierten norddeutschen Restaurant steht mir in Aussicht. Eine großartige Chance für einen gerade mal neunzehnjährigen Koch. Doch weil zuvor geklärt sein muss, wie lange ich dem Betrieb bis zu meiner Einberufung zum Wehrdienst zur Verfügung stehen kann, erkundige ich mich auf dem Amt nach deren Planung. Im gleichen Augenblick, in dem die Dame mir offenbart, dass ich gar nicht auf der Liste bin, ärgere ich mich über mein pflichtbewusstes Handeln. »Können wir es dann nicht dabei belassen?«, frage ich hoffnungsvoll. Doch es ist zu spät. Mit flinken Fingern ist mein Name bereits getippt. Der Computer hat mich als Wehrpflichtigen erfasst.

Seit diesem Tag gingen mir ständig Kindheitserinnerungen aus DDR-Zeiten an meinen Großvater durch den Kopf. Er war ein ranghoher Kommandeur der Kampfgruppen und hat mich oft zu Militärparaden mitgenommen. Stolz sah ich zu ihm auf, wenn er in seiner prächtigen Uniform mit ordenbehängter Brust von allen militärisch zackig und respektvoll gegrüßt wurde. Soldaten waren in der DDR grundsätzlich etwas ganz Besonderes. Seit der ersten Schulklasse sahen wir in unserer Fibel Geschichten und Bilder von Soldaten, die unser Land beschützten. Selbstverständlich schuldete das Volk ihnen dafür Dank und Anerkennung.

Einmal durfte ich meinen Opa am Tag der offenen Tür in eine russische Kaserne begleiten. Das war aufregender als Geburtstag und Weihnachten zusammen. Er zeigte mir alle Fahrzeuge und ich durfte sie anfassen, mich hineinsetzen und ihm Dutzende Fragen stellen. Mich ärgerte zwar, dass ich keines der Gewehre anfassen sollte, ebenso, dass mein Großvater abwinkte, als ein russischer Soldat mir eine Pistole zeigen wollte, aber es gelang ihm rasch, mich wieder aufzumuntern, indem er mich in einen Panzer setzte und aus der Deckelluke schauen ließ. Seit dem Besuch auf dem Meldeamt kamen mir auch wieder die langen Familienfahrten mit dem Trabant von Rostock nach Berlin in den Sinn. Dort überholten wir häufig Kolonnen von NVA-Transportern. Meine Schwester und ich winkten den Soldaten vom Auto aus zu. Bei den 80 km/h Reisegeschwindigkeit der ostdeutschen Rennpappen hatte man reichlich Zeit dazu. Die Soldaten lachten dann und winkten uns zurück. Besondere Freude machte es uns, wenn sie uns mit dem Tatra oder Ural per Lichthupe antworteten. Die Bezeichnungen dieser aus sowjetischer Produktion stammenden Fahrzeuge der NVA hatte mir mein Opa schon früh beigebracht.

Zu meinem achten Geburtstag bekam ich von ihm ein Kinderbuch geschenkt, das ich seither sorgsam aufbewahre. Es heißt »Unsere Nationale Volksarmee« und informiert über Land-, Luft- und Seestreitkräfte der Nationalen Volksarmee und über den Dienst bei den Grenztruppen der DDR. Zahlreiche farbige Zeichnungen und Fotos bilden die damals moderne Technologie der Streitkräfte der NVA ab. Schützenwaffen, Panzer, Kanonen, Jagdflugzeuge, Raketen; Schiffe und Boote der Volksmarine werden präsentiert und interessante, vielseitige militärische Ausbildungs- und Berufsmöglichkeiten in Aussicht gestellt. Stundenlang konnte ich mir das Buch ansehen. Die Panzer und die Fallschirmjäger der NVA malte ich besonders gerne ab. Diese Bilder hingen lange Zeit über meinem Bett oder bedeckten den Tisch in meinem Kinderzimmer.

An meiner Schule sah ich den älteren Schülern vom Klassenfenster aus neidisch bei ihren militärischen Übungen auf dem Pausenhof zu. Ich wollte auch im braunen Sportanzug und mit einem Holzgewehr, das dem AK-47 nachempfunden war, Nahkampfübungen absolvieren, statt Mathe zu pauken. Im Unterricht wurde häufig über den Zweiten Weltkrieg geredet. Uns wurde vermittelt, dass der Kapitalismus ein schlimmes Übel sei, das mit jeglichem Krieg in direktem Zusammenhang stehe. Doch dank unserer Grenzsoldaten und der Soldaten der Nationalen Volksarmee sei unsere Heimat gut geschützt. Ich war zutiefst vom selbstlosen Edelmut der Soldaten überzeugt.

Etwa drei Monate nach meinem Termin im Meldeamt erfolgt die Musterung. T 1 – Tauglichkeitsstufe 1, das bedeutet, dass ich alle Tests der körperlichen und geistigen Leistungsfähigkeit besonders gut bestanden habe und für jede Verwendung bei der Bundeswehr geeignet bin. Ich darf mir sogar aussuchen, zu welcher Truppengattung ich mich entsenden lasse. Man empfiehlt mir, mich für einige Jahre bei der Luftwaffe zu verpflichten, und stellt mir eine Ausbildung zum Hubschrauberpiloten in Aussicht. Mir kommen die ausgedehnten Gespräche über das Militär in den Sinn, die mein Großvater mit meinem Vater geführt hat. Auch er hat in der Nationalen Volksarmee gedient. In ihren Unterhaltungen zollten sie den Fallschirmjägern, die international als Eliteeinheit ausgebildet werden, immer sehr viel Respekt. Dort wären die besten Soldaten anzutreffen, denke ich. Wenn ich es mir also schon aussuchen kann, will ich selbstverständlich diesem besonderen Kreis angehören. Ich entscheide mich für eine Ausbildung zum Fallschirmjäger.

Am frühen Morgen des 4. Mai 1998, 21 Tage vor meinem zwanzigsten Geburtstag, ist es so weit. Der Kofferraum meines alten, silbernen Ford Sierra ist bis obenhin mit Kleidung und Dingen gefüllt, von denen ich denke, dass sie mir nützlich sein werden, denn meinem Vater zufolge würde ich die nächsten sechs Monate keine Gelegenheit haben, nach Hause zu fahren. Meine Mutter und meine beiden Schwestern umarmen und drücken mich, verabschieden sich tränenreich. Im Hintergrund läuft das Lied »Time to Say Goodbye«. So viel Dramatik ist zu viel für mich. Ich fühle mich schrecklich und steige ganz schnell in mein Auto. Bis zehn Uhr muss ich mich in der

Kaserne in Varel einfinden. Nahe dem Ziel überhole ich einige Militär-Lkw. Auf der Ladefläche sitzen unglücklich dreinschauende junge Männer in Zivil unter der geöffneten Plane, die einen sehnsüchtigen Blick auf die hinter ihnen liegende Freiheit zu werfen scheinen. Acht Mann sitzen dort jeweils Rücken an Rücken auf einer schmalen, ungepolsterten Holzbank, die mittig längs der Ladefläche aufmontiert ist. Der Fahrtwind pfeift ihnen offensichtlich kalt unter die Plane. Wie einer von ihnen mir später erzählte, waren sie mit dem Zug angekommen und an dem kleinen Bahnhof nahe der Kaserne von grimmigen, wortkargen Soldaten des Fallschirmjägerbataillons 313 erwartet worden. Bei dem Anblick bin ich froh, noch in meinem warmen Auto sitzen zu können.

Am Kasernentor ist meine Schonzeit allerdings vorbei. Durch den hastigen Aufbruch bei meinen Eltern habe ich meinen Einberufungsbescheid auf dem Küchentisch liegen lassen. »Sie haben was ...?«, ranzt mich der Wachsoldat an. »Sie haben Ihre Einberufung liegen lassen? Gewöhnen Sie sich so eine Scheiße hier ganz schnell ab, ansonsten kann ich Ihnen jetzt schon versprechen, dass Ihnen hier der Arsch hochgebunden wird!« Ich bin völlig perplex. Dass ich wegen des fehlenden Bescheids gleich so zusammengeschissen werde, hatte ich nicht erwartet. Eingeschüchtert und etwas betreten fahre ich über das Kasernengelände zum Parkplatz für die Neuankömmlinge. Auf keinen Fall will ich sofort den Ärger auf mich ziehen und wie in dem Film »Full Metal Jacket« zum »Private Paula« werden, der ständig schikaniert wird. Der Kasernenblock, in dem ich mich melden soll, liegt dem Parkplatz genau gegenüber. Es ist ein rotes Backsteingebäude, dem Erscheinungsbild nach zu urteilen wurde es zwischen den beiden Weltkriegen erbaut. Der Grundriss gleicht einem H. Die Gebäudeflügel umfassen somit zu beiden Seiten der Querverbindung eine freie Fläche U-förmig.

Eine dieser Flächen ist gepflastert. Dort stehen bereits einige junge Männer, die von vorbeikommenden Soldaten kritisch beobachtet werden. Wer mit einem freundlichen Empfang gerechnet hatte, sollte enttäuscht werden. Ein Soldat steht ihnen gegenüber und gibt mir die Anweisung, mich zu den anderen zu stellen. Wir stehen alle in einer Linie nebeneinander. Hinter jedem von uns liegt sauber abgelegt unser Gepäck. Der hünenhafte, muskelbepackte Soldat steht wie eine Statue da. Die Füße schulterbreit auseinandergestellt, die Hände hinter dem Rücken verschränkt. Ein bordeauxrotes Barett bedeckt eng anliegend seinen kurz geschorenen Schädel. Die aufeinandergepressten Lippen sind von einem dünn ausrasierten Bart umschlossen. »Reufer« ist auf dem Namensschild auf seiner Brust zu lesen. Keine Sekunde lang lässt er uns aus den Augen, bereit, jeden, der sich rührt oder seinem Nebenmann etwas zuraunen will, in die Schranken zu weisen. In einer Hand hält er einen Zettel und als sich zwanzig Minuten später eine Gruppe von acht Neuankömmlingen vor ihm versammelt hat, sagt er ganz schlicht: »Wenn Sie Ihren Namen hören, dann antworten Sie laut und vernehmlich mit ›Hier!‹. Danach nehmen Sie Ihre Gepäckstücke auf und gehen ins Gebäude. Dort wird Ihnen vom UvD die Stube zugewiesen. Legen Sie Ihr Geraffel dort ab und finden Sie sich danach sofort wieder im Lichthof ein!«

Das ist also der Lichthof, denke ich. Und obwohl ich den Rest nicht so ganz verstanden habe, frage ich lieber nicht nach, sondern orientiere mich an den anderen. Im Gebäude sammeln wir uns in einer kleinen Halle. Wir bekommen stapelweise Zettel in die Hand gedrückt, sogenannte PEBA. Im Klartext sind das Personalerfassungsbögen, die wir schleunigst lesen, ausfüllen und unterschreiben sollen. Am Ende weiß ich gar nicht mehr, was ich da alles unterzeichnet habe, aber mir bleibt auch keine Zeit, darüber nachzudenken. Wir werden in einen Hörsaal gescheucht, dort beginnt sofort der Unterricht. Uns wird im Eilverfahren eingetrichtert, wie wir uns zukünftig zu verhalten haben. »Zum Essen haben Sie zehn Minuten Zeit – inklusive Hin- und Rückmarsch, Anstehen und Abräumen. Niemand geht selbstständig irgendwohin. Sie werden auf allen Wegen von einem Ausbilder geführt und absolvieren diese im Laufschritt. Wer zum WC, zum Arzt oder sonstwohin alleine geht, meldet sich auf jeden Fall bei seinem Vorgesetzten ab und anschließend auch wieder zurück.«

Dafür habe ich eine gut bezahlte Anstellung als Chefkoch sausen lassen? Um mir hier alles vorschreiben lassen zu müssen? Von der Art und Weise, wie und wann ich eine Kopfbedeckung aufzusetzen habe, bis zum Fußnagel, der nach irgendeiner Zentralen Dienstvorschrift gerade und ja nicht rund abzuschneiden ist. Statt mit meiner Freundin gemütlich in unserer Wohnung zu sitzen, muss ich mich auf eine massive Einschränkung meiner persönlichen Freiheit einstellen. Die nächsten zehn Monate soll ich mit fünf Kameraden, die mir bis dato völlig unbekannt sind, in einer kleinen, miefigen Stube hausen. Außer drei durchgelegenen Etagenbetten mit fleckigen Matratzen, sechs hässlich orangefarbenen oder grünen Spindschränken sowie zwei einfachen Tischen und sechs ungepolsterten Stühlen in derselben Farbauswahl ist der Raum kahl. Die Wände sind weiß getüncht und der Boden ist mit einem dunklen Parkett belegt, das seine glanzvollen Tage lange hinter sich hat. Ich frage mich, worauf ich mich hier eingelassen habe. Bis in die Abendstunden wird uns absolute Aufmerksamkeit abverlangt. Wem trotz der Kälte im Hörsaal die Augen zufallen, wird befohlen aufzustehen. Einer schläft allerdings sogar im Stehen ein, mein Stubenkamerad Limmann, direkt neben mir. All meine Bemühungen, ihn mit Ellbogenstößen in die Rippen wach zu halten, haben nicht gefruchtet. Mit Liegestützen soll er seinen Kreislauf wieder in Schwung bringen.

Es ist seit Langem dunkel, als der Unterricht endlich beendet wird. Ins Bett dürfen wir allerdings nicht, wir müssen noch zur Einkleidung nach Wilhelmshaven fahren. In kalter Nachtluft steige ich auf die Ladefläche eines dieser gut dreißig Jahre alten Militärtransporter, die mir auf dem Weg zur Kaserne begegnet sind. Nun sitze ich also selbst auf dieser schmalen Holzbank und schnalle mich und drei Leidensgenossen mit einem Gemeinschaftsgurt über die Hüften an. Das ist nötig, denn dem Fahrer scheint es völlig egal zu sein, ob er Personen oder Sandsäcke an Bord hat. Als wir die Kleiderkammer betreten, sind wir froh, uns in dem gut beheizten Gebäude etwas aufwärmen zu können. Wer jedoch seine Ausrüstung für die nächsten zehn Monate entgegengenommen hat, muss mit einem randvoll gepackten Seesack und einer genauso voluminösen sogenannten Kampftragetasche sofort wieder vor die Tür und dort auf die Abholung warten. Die Raucher nutzen die Gelegenheit, um sich gierig die erste Zigarette seit Stunden anzuzünden. Wir wuchten unsere neue Garderobe auf die eintreffenden Fahrzeuge und fahren zurück zur Kaserne, wo wir todmüde ins Bett fallen.

Keine vier Stunden später müssen wir wieder aufspringen. Um 05:00 Uhr hallt die Stimme des UvD durch das Gebäude: »Fünfte Kompanie!«, gefolgt von einem langgezogenen »Aufstehen!« Einhundertzwanzig blaue Plastikbadelatschen klappern eilig über die blassgelben Bodenfliesen zu den Gemeinschaftswaschräumen. Wir tragen alle nur die schlabberige, hellblaue Schlafanzughose und haben außer einem olivgrünen Handtuch einen Waschzeugbeutel gleicher Farbe in den Händen. Die Waschbecken an der Wand sind zuerst belegt, denn über ihnen hängt ein Spiegel, in dem man wenigstens sehen kann, ob man sich bei der flinken Rasur die Wangen zerschneidet. Wer zu spät auf die Beine kommt, muss sich mit einem der beiden Waschbecken zufriedengeben, die den Raum auf der ganzen Länge mittig teilen. Sie erinnern mich an die langen Futtertröge in einem Rinderstall. Diejenigen, die nur noch dort einen Platz finden, schauen statt in einen Spiegel in das verschlafene Gesicht eines Kameraden, der sich die Zähne putzt oder blind rasiert. Das geschieht natürlich alles unter den Augen eines Ausbilders. Jeder, der gegen den Befehl verstößt, den Waschraum nur mit freiem Oberkörper zu betreten, wird rigoros aufgefordert, das Schlafanzugoberteil auf die Stube zu bringen. Die acht Minuten, die einem für die komplette Morgentoilette zugestanden werden, verknappen sich dadurch merklich.

Kaum ist die Zeit abgelaufen, werden wir auf den Flur gerufen: »Zwoter Zug – vor den Stuben antreten!« Das ist das Signal, um die

Stubentür, an der wir alle bereits mit blank geputzten Stiefeln und tadellos sitzender Uniform leise und lauschend warten, aufzureißen und in affenartiger Geschwindigkeit Aufstellung zu nehmen. Das hat man uns am Abend zuvor eingeschärft, ebenso, dass man beim Militär nicht »zwei« sagt, sondern immer nur »zwo«, um eine Verwechslung mit der ähnlich klingenden Zahl Drei auszuschließen. Wir werden mit strengem Blick begutachtet und wer noch einen Bartschatten hat, wird zum Nachrasieren geschickt. Einige müssen einen Knopf am Feldhemd schließen oder ihren Stiefelputz verbessern, weil die Sohle nicht mit Schuhcreme geschwärzt wurde. Als dem Ausbilder ein paar lose aus dem Stiefel hängende Schnürsenkel auffallen, verliert er die Geduld: »Sie haben eine Minute, um sich ordentlich anzuziehen! Auf die Stuben wegtreten!« Aber auch beim nächsten Antreten erregt etwas sein Missfallen und genauso bei den darauf folgenden, sodass wir wie ein aufgeregter Vogelschwarm zwischen Stube und Flur hin- und herfliegen. Spätestens als wir nach dieser Flugschau auf dem Flur Liegestütze und Sit-ups machen, sind wir alle schweißgebadet.

Nun werden wir zum Essen geführt und laufen wie junge Gänse in einer Reihe hintereinander her, verzweifelt um Gleichschritt bemüht, um dem Vordermann nicht ständig in die Hacken zu treten. In der Kantine wird das Frühstück hastig auf ein Tablett gerissen und an einem der ungedeckten weißen Tische verschlungen. Da wir nach Größe gestaffelt marschiert sind und so den Mannschaftsspeisesaal betreten haben, bleibt denjenigen, die unterhalb des Gardemaßes liegen, am wenigsten Zeit zum Essen. Den Rest des Tages hetzen wir von einer Ausbildungsstation zur nächsten und werden mit Dingen und Begriffen überhäuft, die völliges Neuland für uns sind. Als am Wochenende eine zweistündige Dienstunterbrechung ausgerufen wird und wir zum ersten Mal die Gelegenheit erhalten, im Mannschaftsheim ein Bier zu trinken, hält es niemanden auf seiner Stube.

Während der gesamten Grundausbildung werden wir im Laufschritt von einer Station zur nächsten gescheucht. Trotz der Anstrengungen gewöhne ich mich schneller als erwartet an den militärischen Drill und die gemeinsam mit meinen Kameraden durchgestandenen Abschnitte der Ausbildung. Zur Verblüffung meines Vaters lässt man uns am Wochenende nach Hause fahren. Lediglich drei Leute müssen in den sauren Apfel beißen und dem jeweiligen Unteroffizier vom Dienst, in der bundeswehrtypischen Art zu UvD abgekürzt, bei der unbeliebten, 24 Stunden dauernden Bewachung des Kompanieblocks helfend zur Seite stehen. Daher wird die Abkürzung GvD, für Gefreiter vom Dienst, auch gerne etwas derber interpretiert. Für alle anderen beginnt im Anschluss an den Stubendurchgang am Freitagmittag die sogenannte NATO-Rallye. Jeder versucht als Erster auf die Autobahn zu kommen, um dem folgenden Stau eine Nasenlänge voraus zu sein. Wer allerdings beim Stubendurchgang dabei ertappt wird, seine Ausrüstung schlampig gereinigt oder im Spind verstaut zu haben, kann sich auf eine späte Heimfahrt einstellen.

Die Rekrutenbesichtigung erlebe ich nach dieser Schinderei als krönenden Abschluss. Diese 36 Stunden dauernde Prüfung alles dessen, was wir beigebracht bekamen, ist meine bislang größte körperliche Herausforderung. Durch das tägliche Training bin ich aber so gut vorbereitet, dass ich eine Leistung abrufen kann, die ich mir zuvor niemals zugetraut hätte.

Nach drei Monaten ist die Grundausbildung endlich überstanden. Die alten, olivgrünen Uniformen werden in der Kleiderkammer gegen neue in Flecktarnmuster eingetauscht. Es ist ein erhabenes Gefühl, den Feldanzug zum ersten Mal anzuziehen. Endlich ist man nicht mehr als Neuling zu erkennen, der kritisch beäugt und ständig korrigiert wird. Mit stolzgeschwellter Brust genieße ich das Privileg, die Kaserne nun in diesem Anzug verlassen zu dürfen. An den freien Wochenenden trete ich die Heimfahrt grundsätzlich als »Staatsbürger in Uniform« an. Ich identifiziere mich so sehr mit meiner neuen Aufgabe, dass ich mich selbst beim Autokauf für einen Citroën BX in Olivgrün entscheide. Jeder soll es sehen, jeder soll wissen, dass ich Soldat, mehr noch, dass ich Fallschirmjäger bin.

Einige Tage später wird meine Euphorie jäh gebremst, denn Kompaniefeldwebel Kams, der Spieß der Ausbildungskompanie, teilt mir mit: »Gefreiter Müller, ich habe Sie für die Truppenküche eingeplant.« Genau davor hatte mich mein damaliger Küchenchef gewarnt. Zum Abschied hatte er mir noch den Rat gegeben, so ein Vorhaben unbedingt abzuwenden: »In der Großküche einer Bundeswehrkantine verlierst du deine Reputation für die Haute Cuisine! Da kochen doch nur Maurer und Fliesenleger, bestenfalls Bäcker!« Also antworte ich: »Herr Hauptfeldwebel, ich möchte bitte nicht als Koch eingesetzt werden.« – »Was!? Warum denn nicht? Sie sind doch gelernter Koch!« Noch während ich ihm meine Gründe erkläre, zeigt sich ein leichtes Lächeln auf seinen Lippen. »Gefreiter Einstedt hat mir vorhin dasselbe erzählt.« Einstedt hatte mit mir die Grundausbildung absolviert. Vor seiner Einberufung war er Koch in einem bekannten Münchner Gourmettempel. »Ihn habe ich jetzt als Mkf für die 3. Kompanie eingeplant. Sie können sich auf das Gleiche einstellen. Sie bleiben hier in der 5. und kommen in den Zugtrupp.« Mkf – Militärkraftfahrer – mehr konnte ich mir nicht wünschen. Ein guter Posten für einen Wehrdienstleistenden. Während andere sich bei Wind und Wetter, in voller Gefechtsmontur aufgerödelt, Blasen liefen, konnte man gemütlich Lkw fahren. Das hatte ich schnell begriffen, als ich während der kalten Tage meiner Grundausbildung jemandem als Beifahrer zugeteilt wurde und mir schon beim Öffnen der Kabinentür warme Heizungsluft entgegenkam. Ich freue mich über das Verständnis vom Spieß. »Jawohl, Herr Hauptfeldwebel!«, schmettere ich heraus, bevor ich die Dienststube verlasse. Er nickt mir nur kurz zu und vertieft sich wieder in den Papierwust, den er vor sich liegen hat.

Die folgenden drei Wochen an der Bundeswehrfahrschule in Oldenburg genieße ich, sie sind eine willkommene Abwechslung. Im Gegensatz zur Fallschirmjägertruppe geht man hier sehr viel lockerer und entspannter miteinander um, die Ausbilder blaffen einen nicht sofort wegen der kleinsten Verfehlung an. Hier werden alle Truppen des Heeres, der Luftwaffe und der Marine ausgebildet, die in der näheren Umgebung stationiert sind. Den meisten von ihnen ist es völlig fremd, zur Steigerung der Motivation und Leistungsbereitschaft Liegestütze und Klimmzüge zu machen oder die Kaserne mit vollem Marschgepäck im Laufschritt zu umrunden.

Den hierherbeorderten Soldaten, die mindestens einen zivilen Führerschein Klasse 3 haben müssen, bringt man an der Fahrschule sehr umfassend die besonderen Anforderungen an einen Militärkraftfahrer bei. Das umfasst zu einem großen Teil auch die Technik, um Mängel selber erkennen zu können, weil man für die Verkehrssicherheit der Fahrzeuge Verantwortung trägt. Da ich mich seit Langem für Autos interessiere und für mein junges Alter über sehr viel Fahrpraxis verfüge, fällt mir der Unterricht leicht. Mir bleibt also genug Zeit, um nach Dienstschluss in der ehemaligen Garnisons- und jetzigen Studentenstadt Oldenburg den Sommer zu genießen. Es macht Spaß, mal wieder ausgehen zu können und in einem der vielen Cafés oder Biergärten in der Flaniermeile, der Wallstraße, mit den Mädchen zu flirten. Die Nächte verbringe ich weiterhin mit meinen Kameraden auf der Stube, denn bis 22:00 Uhr müssen wir uns zurückmelden. Zumindest wurde uns erlaubt, einen Fernseher in die Stube zu stellen. Nach Monaten der Fremdbestimmung ist es schon ein Privileg, abends entspannt vom Bett aus fernsehen zu dürfen. Wer erst nach dem Zapfenstreich in die Kompanie zurückkehrt, kann sich auf ein einseitiges »Jawohl-Gespräch« mit dem Vorgesetzten gleich am nächsten Morgen einstellen.

Die Abschlussprüfung absolviere ich, obwohl ich sie lässig angehe, in allen Bereichen mit Bestnoten. Die Zeit an der Fahrschule erschien mir wie ein schöner Urlaub, aber jetzt freue ich mich, zu meiner Kompanie zurückzukehren und neue Aufgaben zu erhalten. Abgesehen von meiner Tätigkeit als Fahrer bin ich im Trupp der

Ausbildungskompanie beim Drill der Rekruten aktiv. Das, was mir selbst erst wenige Monate zuvor eingetrichtert wurde, gebe ich nun also an die nächsten Frischlinge weiter. Ein geschicktes System, denn so muss das vor Kurzem Erlernte erinnert und umso mehr verinnerlicht werden. Mir fällt auf, dass ich nicht anders mit den Rekruten umgehe, als ich es selbst erlebt habe. Die Notwendigkeit, einen unangenehmen Druck auszuüben, der eine schnelle Anpassung und Lernfähigkeit bewirkt, leuchtet mir in der neuen Rolle schnell ein. Ich erkenne an der Haltung der erfahrenen Ausbilder, dass es nicht um reine Schikane, sondern um einen erzieherischen Kniff geht. Terror und Angst bewirken eine erhöhte Lern- und Anpassungsbereitschaft. Anders ließe sich die Ausbildung, die bei vielen Jugendlichen mit einer Umerziehung einhergeht, in der kurzen Zeit nicht bewerkstelligen.

Da ich meine Aufgaben gut und zuverlässig erledige, gewinne ich schnell an Ansehen in meiner Einheit. Von einem Anschiss bleibe ich verschont – bis auf ein Mal. Da benötigt die 4. Kompanie für eine Gefechtsübung ein zusätzliches Transportfahrzeug samt Fahrer. Ich bekomme also den Auftrag, mich um 11:00 Uhr vormittags mit einem unserer Lkw beim Kompanieblock der 4. einzufinden, Hauptfeldwebel Strenz erwartet mich. Obwohl ich eine Viertelstunde eher ankomme, stehen die etwa hundert Männer der Kompanie bereits in voller Gefechtsmontur angetreten vor dem Block. Im rechten Winkel zueinander stehen der I., der II. und der III. Zug regungslos auf dem gepflasterten Platz. Ein Soldat steht am offenen Ende dieser Hufeisenformation den Männern gegenüber. Es ist Hauptfeldwebel Strenz. Jeder Zug besteht aus etwa dreißig Mann. Diese sind in drei bis vier Gruppen, bestehend aus jeweils acht Soldaten, unterteilt. Aus eigener Erfahrung weiß ich, dass ihre Koppel mit der daran befestigten Trinkflasche, den Munitionstaschen, der Gasmaskentasche samt Zubehör und der Mehrzwecktasche, in die ein kleiner Kocher, Kochtopf, Essbesteck, Regenzeug und sonstiger nützlicher Kleinkram gestopft sind, schwer auf den Hüften liegt. Die Rucksäcke reißen an ihren Schultern und der Schlafsack obendrauf wird ihnen bei jedem Schritt in den Nacken wippen. Die Helme, griffbereit vor die Brust geschnallt, werden dazu im gleichen Takt auf die Rippen schlagen. Sicherlich wünschen sich die Maschinengewehrschützen in diesem Moment, das G3-Sturmgewehr auf der Schulter zu haben, das ganze 7 Kilo leichter ist als ihr MG3. Dazu kommen noch die Munitionskästen. Jede Gruppe hat einen Maschinengewehrschützen, dem jeweils ein Kamerad aus der Gruppe als sogenannter MG-Zwo zugeteilt ist. Dieser hilft beim Schleppen der Munitionskästen und hat auf Befehl auch noch eine Lafette für das MG mit.

Den Männern ist anzusehen, dass sie nicht erst seit wenigen Minuten dort stehen. Ich bin etwas verwundert, lasse mir jedoch nichts anmerken und melde mich bei Hauptfeldwebel Strenz, der den Männern gegenübersteht. Ich habe kaum ausgeredet, da herrscht er mich an, weshalb ich erst jetzt da sei. Ich bin mir keiner Schuld bewusst und sage ihm, dass ich den Auftrag erhalten habe, mich um 11:00 Uhr bei ihm zu melden und wir es 10 vor 11 haben. »Zulu!!!«, brüllt er mich an, dass man es sicherlich noch vor meinem 400 Meter entfernten Kompanieblock deutlich vernehmen kann. »Zulu!!! Kennen Sie denn nicht den Unterschied zwischen Bravo- und Zuluzeit?« Ich verstehe gar nichts und sage schlichtweg: »Nein.« – »Wie blöd sind Sie eigentlich? Sie sind zwei Stunden zu spät!« Wutentbrannt schreit er mich vor versammelter Mannschaft weiter an. Dabei steht er so dicht vor mir, dass er mich bei jedem Wort anspuckt. Mit betretenen Gesichtern und versteinerter Miene sehen die Männer dem Spektakel zu. »Wir brauchen Sie jetzt nicht mehr!«, brüllt er abschließend. »Melden Sie sich in Ihrer Einheit zurück und lassen Sie sich eine Einweisung in die NATO-Zeiten geben!«

Von der 4. Kompanie hatte ich bereits einige Horrorgeschichten gehört. Zum Beispiel, dass Hauptfeldwebel Strenz seine Untergebenen früher gerne mal mit einem alten Stahlhelm im Stillgestanden auf seiner Dienststube antreten ließ, um seinen Worten mit kräftigen Stockschlägen auf den Helm Nachdruck zu verleihen. Den Stahlhelm und den dazugehörenden »Disziplinator« hatte er noch als Insignien seiner Macht auf seiner Schreibstube, allerdings solle ihn eine für zwei Jahre verhängte Beförderungssperre davon abhalten, erneut zu ihnen zu greifen, heißt es. Ich will es nicht herausfinden. Der Anschiss hat mir auch so schon gereicht. Nie zuvor bin ich derart angeschrien und niedergemacht worden. Selbst mein alter Küchenchef, der fluchend mit Pfannen um sich schmiss, hat es niemals geschafft, dieses Gefühl der völligen Wertlosigkeit und Unfähigkeit, das ich jetzt empfinde, in mir auszulösen.

Komplett durch den Wind fahre ich den Lkw zurück und melde mich sofort bei meinem direkten Vorgesetzten, Leutnant Bleske. Ich sage ihm, was passiert ist, zittrig, verunsichert und innerlich bereit, die nächste Zurechtweisung zu erhalten. Leutnant Bleske aber reagiert völlig unverhofft. Ich solle mich erst mal wieder beruhigen und setzen. Dann greift er zum Telefon und lässt sich in meiner Gegenwart mit Hauptfeldwebel Strenz verbinden: »Herr Hauptfeldwebel, hier Leutnant Bleske am Apparat!«, sagt er und betont dabei die Dienstgrade in einer Art, dass sofort klar wird, wer das Sagen hat. »Was fällt Ihnen ein, einen meiner Soldaten vor der Front zusammenzuschreien? Wenn Ihnen irgendwas nicht passt, dann wenden Sie sich gefälligst an mich. Wir lesen hier keine Gedanken. Wenn Sie nicht klar sagen, was Sie wollen, dann ist das Ihr Problem! Mich brauchen Sie in Zukunft nicht mehr um einen Gefallen zu bitten. Ende.« Ein riesiger Stein fällt mir vom Herzen, als mir klar wird, dass mein Zugführer sich vollkommen auf meine Seite stellt und die Konfrontation mit einem altgedienten Hauptfeldwebel nicht scheut. Die meisten jungen Offiziere haben noch nicht den Schneid, den alteingesessenen Unteroffizieren entgegenzutreten. Sie sind die grauen Eminenzen jeder Kompanie. Wenn ein unerfahrener, junger Offizier, der gerade vom Studium kommt, versucht, alte Strukturen umzukrempeln und sein theoretisches Wissen in die Praxis umzusetzen, lassen ihn die alten Hasen einfach ins offene Messer laufen. Mit ihrer Erfahrung verfügen sie über ein Wissen, das in keinem Lehrbuch zu finden ist. Vieles von dem, was den Offizieren in der Theorie vermittelt wurde, funktioniert in der Praxis schlichtweg nicht. Sie merken dann schnell, dass sie ohne die Hilfe und Unterweisung der alten Unterführer aufgeschmissen sind.

Leutnant Bleske blickt mich an und sagt: »Gefreiter Müller, Sie haben sich nichts vorzuwerfen.« Er erklärt mir, dass bei NATO-Übungen einheitlich die Zuluzeit gilt. Sie entspricht der Greenwich Mean Time, früher auch Weltzeit genannt. Die Alphazeit ist die in unserem Breitengrad normale Zeit und die Bravozeit ist unsere Sommerzeit. »Vergessen Sie den Vorfall und machen Sie Ihren Dienst weiterhin so ordentlich wie bisher«, sagt er mir abschließend. Ich verlasse das Dienstzimmer mit einem Gefühl der Dankbarkeit. Ich begreife, dass ich mit meinem Vorgesetzten Glück habe und es einen jederzeit ganz anders treffen kann.

# ICH WERDE ELITESOLDAT

Nach kurzer Zeit habe ich mich in meine Kompanie gut eingelebt. Es macht mir Freude, mich im sportlichen Wettkampf mit meinen Kameraden zu messen. Die Herausforderungen sind vielseitig – 30-Kilometer-Märsche mit Gepäck, die im Feldanzug mit Stiefeln im Laufschritt absolviert werden, Schießübungen mit diversen Waffen und Orientierungsmärsche, bei denen man mit Landkarte und Kompass oder GPS, manchmal auch anhand einer hastig unter Zeitbegrenzung handgemalten Skizze oder auch nur mit der grob genannten Himmelsrichtung und Entfernung bestimmte Stellen im Gelände finden muss, an denen die Orientierungshilfen für die nächste Wegstrecke versteckt wurden. Der alltägliche Dauerlauf von mindestens 5 Kilometern ist nach anfänglicher Quälerei bald zur Gewohnheit geworden. Obwohl man mir an meinem vorgesehenen Arbeitsplatz die wesentlich besser bezahlte Stelle als Chefkoch noch frei hält, entscheide ich mich, meine Wehrdienstzeit um weitere 13 Monate auf insgesamt 23 Monate freiwillig zu verlängern. Dadurch sichere ich mir endlich einen Lehrgangsplatz an der Fallschirmspringerschule in Altenstadt. Wegen der Sparmaßnahmen wird nicht mehr jeder Wehrdienst leistende Fallschirmjäger automatisch für diese kostspielige Springerausbildung eingeplant.

Ich bin unglaublich aufgeregt und erzähle meinen Kameraden im Mannschaftsheim stolz davon. Jeder hat noch einen guten Rat oder eine Horrorgeschichte, die er mir unbedingt mit auf den Weg geben zu müssen meint. Selbst der Spieß hat noch einen Tipp für mich parat, als er mich mit einer Bahnfahrkarte und dem Marschbefehl ausgestattet auf die Reise schickt: Ich solle mich zum Teedienst einteilen lassen, ruft er mir zu.

Den Samstag verbringe ich bei meinen Eltern, dann muss ich, mit einem schweren Seesack bepackt, die Reise quer durch die Republik bis nach Oberbayern antreten. Herrlich, in Bayern war ich noch nie und jetzt bin ich dorthin auf dem Weg, um den ersten Flug meines Lebens anzutreten, den ich dann mit einem Fallschirmsprung beenden sollte. Es ist ein ruhiger Sonntagmorgen im November. Da es sich um eine Dienstreise handelt, ist es meine Pflicht, in Uniform zu reisen. Damit ist allerdings nicht der tarnfarbene Feldanzug gemeint, den wir gerne scherzhaft als den »leichten Biertrinkeranzug« bezeichnen, sondern der »kleine Diener«. Es ist die Ausgehuniform des Heeres: eine graue Anzugjacke, deren Schnitt sich seit den Sechzigerjahren nicht geändert hat, zu der man ein hellblaues Hemd mit Krawatte, eine schwarze Bügelfaltenhose und Halbschuhe trägt. Die Uniform ist vielleicht nicht ganz so kleidsam wie die der Luftwaffe oder Marine, aber ich trage sie mit sehr viel Stolz. Nicht zuletzt wegen des bordeauxroten Fallschirmjägerbaretts, das ich ab morgen allerdings erst mal im Spind lassen muss. Traditionell setzt man das Barett erst zum Ende des Springerlehrgangs wieder auf, wenn einem das begehrte Abzeichen mit den Schwingen an die Brust gesteckt wird. Das Recht, es zu tragen, muss man sich, wie schon bei der Grundausbildung, erst verdienen.

Mit meiner guten Laune ist es vorbei, als ich in die Bahn steige und erkenne, dass ich die nächsten 13 Stunden wahrscheinlich im Stehen oder auf meinem Seesack hockend verbringen muss, weil der Dienstherr mir zwar eine Fahrkarte für den IC stellt, eine Sitzplatzreservierung aber nicht für nötig hält. Einen Augenblick später steigt meine Laune wieder, als ich unter den anderen Soldaten, die mit mir im Gang zwischen den Abteilen hocken, ein paar bekannte Gesichter aus meiner Kaserne sehe. Wir kommen ins Gespräch und haben kein anderes Thema als den bevorstehenden Lehrgang. Die

Geschichten und Anekdoten, die wir nur aus Erzählungen kennen, tragen wir uns gegenseitig vor, als hätten wir sie selbst erlebt. Alle sind betont gelassen und furchtlos. Über so etwas wie Höhenangst reden wir nicht – obwohl die insgeheim meine größte Sorge ist. Doch ich tue so, als würde ich zweifellos alles meistern. In Wahrheit weiß ich nicht mal, ob ich meinen ersten Flug überstehe.

Statt uns mit unseren Ängsten zu befassen, kommen wir lieber auf »Die Kutsche« zu sprechen. In jeder Stadt, zu der eine Kaserne gehört, scheint es eine Kaschemme zu geben, die fast ausschließlich von Soldaten besucht wird und von Frauen, die ein großes Herz für sie haben, sozusagen. Einer der alten Hasen meiner Kompanie sagte mir, dass es sich bei der »Kutsche« um eben solch ein Lokal handele. Man könne dort gut tanzen, flirten und Spaß haben, solange man sich höflich benehme, keinen Streit anfange und den Abend rechtzeitig beende. Denn irgendwie komme es zu fortgeschrittener Stunde immer zu einer Art Massenschlägerei. Da einem bereits bei Lehrgangsbeginn der Besuch dieser Kneipe verboten werde, gebe es kein Pardon, wenn man dort von der Polizei oder, schlimmer noch, der Militärpolizei erwischt werde – mit der Folge, dass man die freien Wochenenden künftig mit dem Schrubben der Toiletten und Bodenfliesen im Kasernengebäude verbringen müsse.

Die lange Bahnreise vergeht durch die Gesellschaft meiner Kameraden schneller als erwartet. Wir verstehen uns so gut, dass wir beschließen, den vierwöchigen Lehrgang über zusammenzubleiben und uns gegenseitig zu unterstützen.

An der Luftlandeschule Altenstadt müssen wir uns auf dem großen Gelände erst einmal orientieren und unseren Unterkunftsblock suchen. Am Sonntagabend werden wir noch verschont, aber bereits vor dem Frühstück wird offenbar, dass hier wieder ein Ton herrscht wie in der Grundausbildung. »Antreten! Richt' euch! Durchzählen!«, schallt es uns schon am Kasernentor entgegen. Bei einer ersten Führung über das Gelände beobachten wir, wie Soldaten im Laufschritt von einer Ausbildungsstation zur nächsten marschieren. Sie tragen den typischen Springerhelm aus Stahl. Er fällt sofort auf, weil der tief gezogene Nackenschutz des normalen Gefechtshelms fehlt, mit dem man sich beim Öffnen des Schirms mit den Fallschirmleinen den Helm unsanft vom Schädel reißen würde, was schnell zu einem Halswirbelbruch führen kann. Auf dem Rücken tragen die Soldaten den 13 Kilogramm schweren Fallschirm, der, nach einem bestimmten Prinzip zusammengelegt, in eine Packhülle geschnürt ist. Wenn ich es nicht besser wüsste, hielte ich das Teil für einen kleinen, olivgrünen Tagesrucksack mit großen Schnappkarabinern daran. An einem der Karabiner hängt ein noch kleineres rechteckiges Päckchen, etwa 40 Zentimeter lang und 20 Zentimeter im Durchmesser. Darin steckt der nur 5,4 Kilo schwere Reserveschirm. Dieser Schirm ist mit 40 Quadratmetern nicht einmal halb so groß wie der Hauptschirm und wird vor die Brust geschnallt. Die Worte meines Ausbilders dazu waren: »Mit dem T10-R bleibt ihr wahrscheinlich nicht heil, aber ihr bleibt zumindest am Leben, wenn ihr die Reserve ziehen müsst.«

Am nächsten Tag laufe ich selbst mit Stahlhelm und Gurtzeug bepackt durch die Kaserne. »Links – zwo! …«, zählt der Ausbilder neben uns an. »… drei – vier!«, tönt die Antwort aus etwa drei Dutzend Kehlen zurück. Und weiter: »Zählen, zählen, Laufschritt zählen …!« Die Sohlen der schweren Kampfstiefel treffen hart und im Gleichschritt auf das Pflaster. Dieser Klang in Kombination mit dem melodiösen Singsang des Anzählens löst bei mir eine angenehme Gänsehaut aus. Ich gebe mir Mühe, möglichst laut und kräftig mitzuzählen, muss aber erheblich nach Luft schnappen. Von nun an werden wir ständig körperlich gefordert. Die einzelnen Phasen eines Fallschirmsprungs, der Absprung, das Lenken des Schirms und der »Landefall« werden bis über die Schmerzgrenze hinaus trainiert. Die Handgriffe und Bewegungsabläufe werden so drillmäßig eingeübt, dass ich nachts noch intensiv davon träume.

In der zweiten Woche werde ich eines Morgens von einem »Scheiße, wie geil ist das denn?! Es schneit!« aus dem Schlaf gerissen. Als ich aus dem Fenster blinzle, sehe ich große Schneeflocken wie unzählige Miniaturfallschirme zu Boden gleiten. Ich bin mir nicht sicher, ob ich wirklich wach bin oder noch träume. Etwas schwerfällig schlüpfe ich in die blauen Badelatschen und schlurfe zum Fenster. Ich habe Muskelkater von der anstrengenden Ausbildung und der Nacken ist vom ständigen Tragen des Stahlhelms steif. Aber als ich durch die altmodischen Flügelfenster gucke, erfasst mich eine kindliche Begeisterung. Die ganze Landschaft ist von einer dicken Schneeschicht bedeckt. Richtig schön und völlig neu für mich. In meiner Heimatstadt Rostock fällt im Winter gerade einmal so viel Schnee, dass man einen Fußabdruck darin hinterlassen kann. Am liebsten würde ich sofort hinauslaufen, mich im Schnee wälzen und eine Schneeballschlacht anzetteln. Nur die Befürchtung, mich vor allen Kameraden lächerlich zu machen, hält mich davon ab. Trotzdem will ich den Schnee hautnah genießen.

Das Duschen lasse ich heute ausfallen. Stattdessen springe ich schnell in die Klamotten und laufe nach draußen. Schon als ich die schwere, hölzerne Eingangstür aufstoße, merke ich, dass es deutlich kälter geworden ist. Da es um 05:30 Uhr noch stockdunkel ist, sieht man die Soldaten auf ihrem Weg zum Speisesaal nur im Lichtkegel der Laternen auftauchen. Ihrer angespannten Körperhaltung ist anzusehen, dass sie nicht mit der Kälte gerechnet haben und Winterbekleidung angebracht ist. Ich flitze die Treppen zu meinem Stubenflur wieder hoch und schnappe mir das wattierte Innenfutter für den Parka und die dicke Wintermütze mit Webpelzfutter und Ohrenklappen. Im Militärjargon werden sie auch Muschi-Liner und Bärenfotze genannt. Mit dem Teil auf dem Kopf sieht man wie ein Dorfdepp aus, aber die Bäfo hält den Schädel samt Ohren wirklich warm. Die Ausbilder wissen das offensichtlich auch zu schätzen, denn die meisten von ihnen, die mir auf dem verschneiten Weg zum Frühstück begegnen, haben ihre Feldmütze ebenfalls gegen die Wintermütze ausgetauscht.

Beim allmorgendlichen Antreten merke ich, dass Schnee und Kälte ihr Gutes haben. Unser Ausbilder sagt uns, dass wir, solange

Schnee liegt und es glatt ist, nicht mehr im Laufschritt von einer Ausbildungsstation zur nächsten hetzen müssen. Es werden auch zwei Freiwillige für den Teedienst gesucht. Mir kommt zwar der Rat meines Kompaniefeldwebels, mich unbedingt für ihn einteilen zu lassen, in den Sinn, aber als ich die vier großen Thermobehälter sehe, die von den beiden getragen werden sollen, glaube ich, dass der Spieß mir einen Streich spielen wollte. Dafür melden sich zwei andere Soldaten eiligst freiwillig. Mir dämmert schon bald, dass ich auf meinen Spieß hätte hören sollen. Während wir an den folgenden Tagen morgens bei eisiger Kälte vor dem Kasernenblock angetreten stehen und der Tagesparole des Hörsaalleiters zuhören, gehen die beiden Freiwilligen in aller Ruhe zur Küche und holen den Tee ab. Und wenn wir Ausbildungsmaterial beim Zeugwart entgegennehmen und an den Ort seiner Verwendung schleppen, sind die beiden mit ihren Teeeimern fein raus. Ich nehme mir vor, mich als Erster zu melden, wenn in der nächsten Woche zwei andere Teeträger gesucht werden.

Wenn ich schon mal in Bayern bin, dann will ich mir auch etwas davon ansehen. Mit einigen meiner Lehrgangskameraden fahre ich am Wochenende in die nahe gelegene Ortschaft im Tal. Wir lassen die bayerische Bergkulisse auf uns wirken und es kommt ein wenig Urlaubsstimmung auf. Beim Abendessen in der Kaserne verabrede ich mich mit meinen Kameraden zu einem Besuch der legendären »Kutsche«. Da beim Bund immer schon um 16:30 Uhr zu Abend gegessen wird, haben wir noch Zeit. Ich verbringe sie damit, umherzuschlendern und mich umzuschauen. Als ich um die Ecke eines Flurs biege, traue ich meinen Augen kaum: Vor mir steht ein Getränkeautomat. An sich nichts Außergewöhnliches, aber einen wie diesen habe ich noch nirgendwo auf einem Kasernengelände gesehen. Es ist ein Bierautomat! Man kann sich Weizenbier in verschiedenen Variationen ziehen. Das probiere ich natürlich sofort aus und werfe ein Fünfmarkstück in den Geldschlitz. Der Automat rumpelt und zwei gut gekühlte Flaschen Bier rollen sanft nacheinander ins Ausgabefach dieses Wundergerätes. Klasse! Von diesem Zeugnis bayerischer

Lebensart muss ich meinem Vater unbedingt erzählen, wenn ich zurück bin. So etwas Tolles gab es bestimmt nicht einmal bei der NVA. Meine Kameraden auf der Stube wollen sich selbst von der Existenz dieses Bierautomaten überzeugen, als ich ihnen davon erzähle.

Als wir zur »Kutsche« aufbrechen, haben wir alle schon leichte Schlagseite. Am Kasernentor fragen wir die Wache nach dem Weg. Der Soldat schaut uns mit einem breiten Grinsen an. Als er uns die Marschroute beschrieben hat und wir aufbrechen, fällt mir auf, dass er uns irgendwie mit schelmisch-wissendem Blick nachschaut. Unterwegs male ich mir gemeinsam mit den Kameraden aus, was uns wohl erwartet. Wir stellen uns vor, dass die Diskothek wie ein Oktoberfestzelt aussehen wird, von hübschen bayerischen Mädels besucht, deren pralle Oberweite in zünftigen Dirndln steckt. Jeder von uns hat schon einiges von der »Kutsche« in Altenstadt gehört. In unserer Vorfreude erwarten wir mitten in der Provinz den absoluten Hammerladen vorzufinden. Umso größer ist unsere Enttäuschung, als wir ankommen. Es ist ein einstöckiges schmuckloses Gebäude irgendwo außerhalb, wie es jeder wohl unter der Bezeichnung »Dorfdisco« kennt. Dementsprechend ist das Publikum: Dorfjugend. Die Einrichtung besteht aus rustikalen Holztischen und Stühlen. Wagenräder und Deichseln ausgeschlachteter alter Holzkutschen hängen als Dekoration an den Wänden und Decken. Die schummerige Kerzenbeleuchtung in Verbindung mit dem dicken Zigarettenqualm lässt mich annehmen, eher in einem Westernsaloon zu sein als in einer Disco, wie es mir so vollmundig in Aussicht gestellt worden war. Den anderen steht die Enttäuschung ebenso deutlich ins Gesicht geschrieben.

Der Türsteher, der auch im Laden seine Runden macht, scheint ebenfalls aus einem Baumstamm geschnitzt zu sein. »Holzmichel« fällt mir bei seinem Anblick ein. Er behält seine betrunkene Kundschaft genau im Auge. Auftreten und Statur lassen keinen daran zweifeln, dass er den Saal zur Not auch ganz allein räumen würde. Aber das soll unsere Sorge nicht sein. Immerhin ist es hier warm und ein paar Mädchen sind auch da. Wir beschließen zu bleiben und uns zu amüsieren. Allein die Einheimischen geben uns reichlich Anlass dazu. Wir sind ausgelassen und fühlen uns auch zahlenmäßig einer möglichen Massenkeilerei gewachsen. Es dauert nicht lange und zwei der Mädels, zu denen wir Blickkontakt aufgenommen hatten, gesellen sich zu uns. Ihrem Gang ist anzumerken, dass sie bereits mehr als ein Bier getrunken haben. Eine setzt sich zu mir auf die Bank und fragt: »Ja hobts ia scho a Wurfeckn oagricht?« Ich bin mir nicht ganz sicher, ob es an ihrem Alkoholpegel oder Dialekt liegt, aber ich muss halb zu ihr hinübergebeugt zurückfragen: »Was ist eine Wurfeckn?« Statt zu antworten, trinkt sie mit einem großen Schluck ihre Bierflasche leer, hält sie mir erklärend entgegen und schleudert sie anschließend mit voller Wucht an unseren Köpfen vorbei an die Wand. Halb erstaunt, halb erschrocken halten wir kurz die Luft an, um im nächsten Moment lauthals loszulachen. So was haben wir ja noch nie erlebt.

Für die beiden Mädels findet der Abend damit jedoch ein jähes Ende. Der Holzmichel schnappt die beiden mit seinen Pranken am Nacken und brüllt: »Für euch ists genug!« Ruckzuck schiebt er sie zur Tür hinaus. Unserer Stimmung tut das keinen Abbruch. Im Gegenteil, wir lachen noch den ganzen Abend über den Vorfall und kehren erst spät in der Nacht vergnügt zur Kaserne zurück. Mit dieser Geschichte konnten wir in der heimatlichen Einheit unseren Beitrag zu den Legenden um die »Kutsche« leisten. Dass die Wurfecke bei den Mannschaftssoldaten und im Unteroffizierskorps eine lang gepflegte Tradition ist, habe ich erst sehr viel später erfahren.

Zum Glück habe ich am Sonntag ausreichend Zeit, um meinen Rausch auszuschlafen. Ich bewundere einen bayerischen Stubenkameraden, der sich mit den Worten »Ah, gegn die Kopfschmerzn hülft nur oa Konterbier!« direkt zum Frühstück ein Weizenbier einschenkt, aber das Rumoren in meinem Magen gibt mir deutlich zu verstehen, dass ich es ihm lieber nicht nachmachen sollte.

Am folgenden Tag erwartet uns der wohl am meisten gefürchtete Teil der Ausbildung – der Sprungturm. Hier trennt sich die Spreu vom Weizen. Auf dem Sprungturm verweigern mehr Leute den Absprung als im Flugzeug. Von unseren Ausbildern haben wir etliche Male gehört: »Jungs, reißt euch da oben zusammen! Wenn ihr da hinausspringt, dann ist der Sprung aus der Transall ein Klacks für euch.« Das macht mir den Marsch zum Turm nicht gerade leichter. Am Fuß des etwa 13 Meter hohen, rechteckigen Holzturms befinden sich an zwei Seiten vis-à-vis kleine graue Hütten mit Schiebefenstern. Sie erinnern mich an die Kartenhäuschen einer Achterbahn. Mich erfasst auch etwa die Anspannung wie vor der rasenden Fahrt, lediglich der wohlige Schauer bleibt aus.

An der Tür des kleinen Häuschens nimmt uns der Hörsaalleiter persönlich in Empfang. Wir treten in der gleichen Formation vor ihm an, in der wir zukünftig beim Fallschirmspringen stehen und das Flugzeug betreten sollen. Etwa sechzig Mann stehen in vier Linien, den sogenannten Sprungreihen, vor ihm, jeweils vier Mann hintereinander und fünfzehn nebeneinander. Die gleichen Nebenmänner hat man später in der Maschine vor und hinter sich. Alle haben eine Attrappe des Reserveschirms und Gurtzeug angelegt, an dem statt des schweren Fallschirmpakets zwei Flachbänder befestigt sind. Die Karabinerhaken an den Enden sollen wir auf der obersten Plattform des vierstöckigen Turms in einen auf Rollen gelagerten Kasten einhaken, der dann ein Stahlkabel entlang schräg abwärts fährt, wenn man vom Turm gesprungen ist. Der Hörsaalleiter ruft uns dabei zu, auf welche Situation wir reagieren müssen, und kontrolliert unser Verhalten vom Absprung an bis zu einer gegebenenfalls notwendigen Öffnung des Reserveschirms. So viel zur Theorie.

In der Praxis werden mir die Beine mit jeder Stufe, die ich hochsteige, schwerer und schwerer. Ich versuche mich auf dem Weg nach oben verzweifelt daran zu erinnern, was um alles in der Welt mich auf die unsägliche Idee gebracht hat, an einem Fetzen Stoff aus einem intakten Flugzeug springen zu wollen. Irgendwie fällt es mir nicht ein. Ich weiß nur noch, dass ich es unbedingt wollte.

Auf jeder Etage sind vier Mann auf der linken Seite und ebenso viele auf der rechten Seite der Holztreppe, die mittig den Turm hinauf verläuft. Sie scheint uns mit jeder Stufe dem unausweichlichen Verderben näher zu bringen. Ich stehe an vierter Position und werde den drei Kameraden vor mir bei ihrem Sprung zusehen, ehe ich selber dran bin. Bevor wir synchron zu den Soldaten auf den anderen Turmebenen eine Etage hinaufsteigen, beantworten wir den Singsang des Ausbilders, der uns oben erwartet: »Vier Mann lin-ke Tür!« Die dünne Luft trägt den Schall weit über den Ausbildungsplatz. Dann stampfen wir wie zur Bestätigung mit dem linken Fuß auf, bevor wir die nächste Ebene erklimmen. Das Aufstampfen hilft mir, das Gefühl für den Boden unter meinen Füßen nicht ganz zu verlieren. Meine Knie sind weich geworden und ich kämpfe gegen Höhenangst, die sich beim Blick nach unten immer mehr in mir ausbreitet, als wir die vierte und letzte Ebene des Turms erreichen. Die Tür dort ist mit den gleichen Rahmenmaßen und den Windabweisern dem Original der Transall grob nachempfunden. Das Häuschen, vor dem der Hörsaalleiter an einem einfachen Schreibtisch sitzt und sich zu jedem seiner Schüler Notizen macht, ist von hier oben unsagbar klein. Genauso gut könnte ich mich jetzt von einem Hochhaus stürzen wollen, denke ich. Damit meine Beine nicht gänzlich zu Pudding werden, lasse ich meinen Blick in die Ferne schweifen. Am Horizont sehe ich die Gipfel der Alpen.

Der Ausbilder an der Türluke der simulierten Transall steht mir genauso wie später der Absetzer in der Maschine gegenüber. Er überzeugt sich, dass die Karabinerhaken an den Flachbändern ordentlich in die sogenannte Laufkatze eines Stahlkabels eingehakt sind, das aus dem Turm hinausführt und irgendwo an einem niedriger gelegenen Erdwall in etwa 150 Meter Entfernung befestigt ist. Ich muss mich wirklich zusammennehmen, um nochmals in die Tiefe gucken zu können, als ich mich mit den Worten »Gefreiter Müller, Nummer 4. Melde mich zum ersten Sprung!« beim Hörsaalleiter ankündige. Er erscheint mir winzig klein. »Ab!«, erhalte ich als

Antwort. Der Ausbilder neben mir gibt mir einen Klaps auf die Schulter. Das Signal, dass ich hinausspringen darf. Darf! Als könnte ich mich kaum noch halten, in der zuvor einige Hundert Mal trocken geübten Haltung weit aus dem Turm hinauszuspringen und unaufhaltsam der Erde entgegenzustürzen. »Hopp-tausend, zwotausend, drei-tausend, vier-tau...!«, schreie ich aus vollem Hals. Die letzte Silbe wird von einem kräftigen Ruck, der mich nach etwa 5 Metern abrupt abbremst und dann wieder ein Stück emporreißt, abgeschnitten. An den Stahlkabeln hängend werde ich auf meiner Fahrt zum Erdwall hin und her gerüttelt. Ich freue mich, den Mut zum Sprung aufgebracht zu haben, und mit dem festen Boden zurück unter den Füßen wirkt das Ganze auf mich wie eine Seilbahn auf einem Kinderspielplatz. Der nächste Absprung kostet mich erheblich weniger Überwindung.

Damit ist der Tag der Wahrheit zum Greifen nahe. »Es gibt Männer und es gibt Nichtspringer!«, habe ich Dutzende Male in meiner Stammeinheit gehört. Ich weiß noch nicht, zu welchen ich gehören werde. Mit jedem Tag und jeder Stunde, die mein erster Fallschirmsprung näher rückt, wächst das Gefühl des Unbehagens. Schließlich ist es so weit. Wir fahren mit einem Shuttlebus etwa eine Stunde zum Flugplatz Penzing bei Landsberg. Dort nehmen wir unseren Fallschirm und den Reserveschirm direkt von der Ladefläche eines Lkw, dem sogenannten Schirmfahrzeug, in Empfang. Im Hangar tun wir uns paarweise zusammen und helfen uns beim Anlegen der Ausrüstung. Ich bin dabei sehr gewissenhaft, in dem Bewusstsein, für die Sicherheit meines Kameraden Verantwortung übernommen zu haben. Die gleiche Sorgfalt erwarte ich von ihm. Mit über den Kopf gestreckten Armen und den Worten »Neuer Mann im Gurtzeug!« melden wir uns anschließend bei einem Absetzer und lassen sein geschultes Auge den richtigen Sitz der Ausrüstung und die Funktionsfähigkeit der Auslösemechanismen überprüfen. Danach setzen wir uns, so gut es in dem straff angelegten Gurtzeug geht, auf den Boden der Halle und warten. Das Warten, so wurde uns gesagt, nimmt den größten Teil des Sprungdienstes in Anspruch. Obwohl ich extra vor dem Anlegen des Fallschirms das Klo aufgesucht habe, drückt mir schon nach Kurzem die Blase. Ich traue mich aber nicht zu gehen, weil ich die Beingurte nochmals lösen und hinterher wieder überprüfen lassen müsste. Ich möchte mir den verärgerten Blick und die höhnischen Bemerkungen sparen, mit denen einen der Absetzer bedenkt, wenn man es nicht schafft, bis nach dem Sprung an sich zu halten.

Als wir auf die abgesenkte Heckklappe des Transportflugzeugs zumarschieren, habe ich das Gefühl, zum Schafott geführt zu werden. Mir wird etwas übel vom Kerosingeruch und der gestauten Wärme im Inneren der Maschine. Paarweise betreten wir die Rampe, mit den Händen auf dem Stahlhelm. Dadurch können die beiden Absetzer sich nochmals vom korrekten Sitz der Sprungausrüstung überzeugen. Schnell füllen sich die Sprungreihen an den Bordwänden und anschließend in der Mittelreihe. Jeweils drei Personen können zusammengequetscht auf einer Klappbank Platz nehmen. Wir sitzen einander zugewandt und unsere Knie stoßen an die Knie der gegenüber sitzenden Person. Die bleichen und starren Gesichter unter den Helmen bestätigen mir, dass ich nicht der Einzige bin, der sich fühlt, als flöge er direkt in sein Verderben. Die Ladeklappe schließt sich und die Maschine beginnt unter der Kraft der Propellermotoren zu vibrieren. Mir schießt der Gedanke durch den Kopf, was wohl passiert, wenn ich nach dem Absprung ohnmächtig werde. Würde ich das überleben? Und was, wenn sich dann mein Schirm nicht richtig öffnet? Ich könnte in dem Fall ja nicht einmal die Reserve ziehen. Und wenn man nicht weit genug aus dem Flugzeug hinausspringt, erfasst einen der Luftstrom um die Maschine, man schlägt gegen die Bordwand und wird möglicherweise auf die andere Seite der Maschine gewirbelt, wo ein anderer Springer gleichzeitig abgesetzt wird.

Die Grübelei findet mit den Anweisungen des Absetzers ein jähes Ende. Laut brüllt er gegen die donnernden Motoren der Transall an: »Fertig machen!« Er macht dabei einen Ausfallschritt und stößt die flache Hand wie ein Surfer nach vorne. Die beiden Sprungreihen an der Bordwand, zu denen auch ich gehöre, lösen den Sicherheitsgurt und beugen sich einmal nach vorne. Dann heißt es »Aaaaufstehn!« Die Handinnenfläche des Absetzers ist bei der hebenden Bewegung nach oben gerichtet. Wir erheben uns, klappen die Sitze an die Bordwand und befestigen sie mit dem dafür bestimmten Flachgurt. Schon erfolgt das nächste Kommando: »Einhaken!« Der Absetzer formt mit Daumen und Zeigefinger ein C und macht eine Einhakbewegung. Wir klinken den Karabinerhaken unserer Aufziehleine an der Ankerleine ein, einem Stahlseil, das oberhalb der Köpfe mittig zwischen den beiden Sprungreihen einer Bordseite verläuft. In dem Moment, in dem wir abspringen, wird diese gelbe Leine gestrafft und soll die Packhülle vom Fallschirm reißen. Der Schirm wird dadurch automatisch geöffnet. Ein dicker Draht, den wir durch ein kleines Loch am Karabinerhaken stecken und umknicken, soll verhindern, dass der Haken sich versehentlich öffnet. Die Absetzer gehen ihre jeweilige Sprungreihe ab und überzeugen sich bei jedem Einzelnen von uns, dass er richtig eingehakt ist und die Aufziehleine ihren Zweck erfüllen kann.

Ein Schlag mit der flachen Hand auf das Schirmpaket ist das Zeichen, dass alles in Ordnung ist. Die Absetzer begeben sich an die Sprungtüren, öffnen sie und klappen die Türen seitlich weg. Dann beugen sie sich aus der Türluke hinaus und prüfen, ob außen an der Maschine nichts im Weg ist, was die Springer verletzen oder behindern könnte. Als der Absetzplatz in Sichtweite ist und die Grenzen der Landezone sichtbar werden, lehnt sich ein Absetzer zurück zu uns in die Maschine und ruft: »Straaaße!« Als Zeichen, das verstanden zu haben, antworten wir wie aus einer Kehle: »Straaaße!« Das von ihm folgende »Eisenbahn!« wird wie ein Echo von uns wiederholt. Dann heißt es »Vorrücken!« Mit einer entsprechenden Geste wird uns signalisiert, an die offene Tür des Flugzeuges heranzushuffeln. Es ist eine Art Gleitschritt, denn würde man versuchen, einfach zu gehen, wäre an Bord ein einziges Stolpern und Stürzen. Der Wind, der durch die offenen Hecktüren dringt, verursacht einen Höllenlärm. Die Transall fliegt jetzt in 350 bis 400 Meter Höhe mit einer Absetzgeschwindigkeit von 240 km/h. Meine Nerven sind zum Zerreißen gespannt. »Gleich ist es so weit, gleich ist es so weit! Gleich, gleich, gleich!«, ist der einzige Gedanke, der mich in diesem Moment erfüllt. Und tatsächlich, die rote Leuchte über der Tür schaltet auf Grün. Ein Hupsignal durchdringt meinen ganzen Körper. Ich weiß, was ich zu tun habe.

Nachdem der erste Kamerad, der in Absprunghaltung in der Tür steht, mit einem flachen Schlag auf die Schulter sein »Ab!« erhält und einfach aus dem Blickfeld verschwindet, geht alles rasend schnell. Wie die Lemminge folgen wir mit starrem Blick und leerem Hirn seinem Beispiel. »Hopp-tausend, zwo-tausend, drei-t...!« Bevor ich weiß, wie mir geschieht, hat sich mein Fallschirm mit einem harten Ruck geöffnet. Völlig selbstverständlich greife ich in die Fangleinengurte über mir und rufe: »Überprüfe Kappe!« In voller Pracht haben sich die 83 Quadratmeter olivgrünen Nylons zu einer Rundkappe mit 10 Meter Durchmesser geöffnet. Erleichtert schaue ich mich nach anderen Springern um, die mir gefährlich nahe kommen könnten. Die Worte »Halte Umschau!« verlassen kaum noch hörbar meine Lippen. Während der Wind mich der Erde entgegenträgt, erfasst mich ein unbeschreibliches Glücksgefühl. Die Stille um mich herum und das Gefühl, frei wie ein Vogel zu sein, erfüllen mich mit Ruhe. Ich habe soeben den ersten Flug meines Lebens mit einem Fallschirmsprung gekrönt. Mir ist plötzlich klar, warum man in der Fallschirmjägertruppe der Frage, ob man Springer oder Nichtspringer ist, eine so große Bedeutung beimisst. Aus der Sicht vieler Militärexperten gilt das Absetzen mehrerer Hundert Soldaten in Feindesland zwar längst als taktisch überholt, weil es keinen Überraschungsvorteil mehr mit sich bringt. Doch wer bereit ist, seine Todesangst zu überwinden, indem er sich aus einem Flugzeug in die Tiefe stürzt, hat eine gehörige Portion Mut bewiesen. So etwas lässt sich nicht mit einem Sprung vom Zehnmeterturm im Schwimmbad mal eben simulieren.

In nicht einmal einer Minute haben mehr als dreißig Fallschirmjäger die Transall verlassen. Die Männer aus den mittleren Sprungreihen B und C werden unserem Beispiel sicherlich gleich folgen. Ich richte mich auf die Landung ein und presse die Knie und Füße so fest ich kann aneinander, um ihnen dadurch mehr Stabilität beim Aufschlag zu geben. Bei einer Sinkgeschwindigkeit von 6 bis 9 Metern pro Sekunde ist die Schirmfahrt leider nach nicht einmal 50 Sekunden beendet. Der Landefall gelingt mir besser als gehofft. Ich spüre nach, ob ich irgendwo Schmerzen habe. Aber es ist alles in Ordnung und auch die Hose ist trocken geblieben. So schnell es geht, streife ich das Gurtzeug ab und verpacke den Fallschirm in einer eigens dazu mitgeführten Stofftasche. Das Gefühl der Erleichterung lasse ich durch meinen Körper strömen. Die ungenutzte Reserve befestige ich mit den Schnappkarabinern an den Trageschlaufen der Tasche und werfe mir das Zeug so über die Schulter, dass mein Kopf zwischen der Packtasche auf dem Rücken und dem Reservepaket unter dem Kinn hervorschaut. Im Laufschritt eile ich vom Landeplatz in Richtung Shuttlebus. »Noch vier Sprünge, dann hast du das begehrte Abzeichen!«, denke ich.

Während der Fahrt zum Flugplatz erzählen wir uns aufgeregt und in ausgelassener Stimmung, wie wir den ersten Sprung erlebt haben. Kein Detail wird ausgelassen und jede Erfahrung meiner Kameraden, die mir nützlich sein kann, sauge ich wie ein Schwamm auf. In Penzing wartet die Transall C-160 bereits mit laufenden Motoren auf uns. Solange es das Wetter hergibt, soll gesprungen werden. Die Fallschirme werden uns im Vorbeigehen von der Ladefläche des Schirmwagens zugeworfen. Wieder helfen wir uns zu zweit beim Anlegen des Gurtzeugs. Das ganze Spiel wiederholt sich. In der Maschine stehe ich dieses Mal ganz dicht an der Tür, direkt hinter dem sogenannten Türspringer. Der ist bereits in Absprunghaltung im Türrahmen, während wir noch auf den Absetzplatz zufliegen, und hat einen perfekten Ausblick. Ich kann sehr gut an ihm vorbei in die Landschaft sehen. Erstaunlich, wie anders einem die Welt aus 350 Meter Höhe vorkommt.

Direkt hinter mir steht einer der Kameraden meiner Heimatkaserne, mit denen ich im Zug angereist bin. Er hat mir bei der letzten Sicherheitsüberprüfung in der Maschine zur Bestätigung einen besonders kräftigen Schlag auf die Schulter verpasst. Als ich über die Schulter zu ihm blicke, grinst er mich an und sagt: »Du, bei dir steht Attrappe auf dem Schirmpaket!« Ein blöder Witz, über den ich nicht lachen kann. Obwohl die so gekennzeichneten Schirmpakete, die wir während der Bodenausbildung erhalten, nie in den Umlauf mit den realen Fallschirmen kommen, steigert allein der Gedanke an so eine fatale Verwechslung mein Unbehagen vor dem Sprung. Viel Zeit zum Ärgern bleibt mir nicht. Das Lämpchen an der Tür schaltet von Rot auf Grün, die Hupe ertönt und wir stürzen uns aus der Maschine. Die Zögerlichkeit des ersten Sprungs ist vergangen. Jetzt scheint jeder nur noch schnell den kritischen Moment des Absprungs hinter sich bringen zu wollen. Auch mein Hintermann ist mir dicht auf den Fersen. Als ich meinen Blick nach dem Öffnungsvorgang des Schirms nach oben richte, um meine Fallschirmkappe zu überprüfen, sehe ich, wie der Möchtegernkomiker mir gefährlich nah kommt. Jetzt kriege ich wirklich Schiss und schreie ihm zu: »Hau ab, Mann – du bist viel zu dicht!« – »Alter, das geht nicht. Ich hänge irgendwie mit meinem Stiefel an deinem Basisnetz fest.« Wie bitte – er hängt an dem Basisnetz meines Schirms fest? Ich spüre, wie ich erbleiche.

Die Ausbilder haben uns gesagt, was passiert, wenn zwei Springer sich zu dicht beieinander befinden. Dem oberen Fallschirm fehlt der Luftwiderstand. Er fällt in sich zusammen und der Springer sackt mit dem Schirm an seinem Kameraden vorbei ab. Dann füllt sich sein Schirm wieder mit Luft, bläht sich auf und nimmt nun der Schirmkappe über sich den nötigen Auftrieb. Das böse Spiel wiederholt sich, bis beide Springer erheblich zu schnell auf die Erde krachen. Fahrstuhl fahren wird dieses Phänomen genannt. Ich bin nicht erpicht darauf, wie ein Kühlschrank auf den Boden zu schlagen, und reiße mit aller Kraft an den Fangleinen meines Schirms, um den Kerl loszuwerden. Ein lächerlicher Versuch. Die Kräfte, die auf uns wirken, sind wesentlich stärker. Zumindest bleiben die Schirme halbwegs geöffnet, da wir aneinander festhängen, aber sie haben sich schräg zueinander gestellt, wodurch wir der Erde schneller nahe kommen, als uns lieb sein kann. Panisch schreit der Trottel: »Das schaffen wir nicht! Wir stürzen ab!« Tatsächlich kommen schon etliche Personen auf unsere ungefähre Landezone zugelaufen und durch ein Megafon wird uns gesagt, dass wir uns auf die Landung vorbereiten sollen. Die plastische Darstellung unseres Ausbilders kommt mir in den Sinn. Er hatte zwei Streichhölzer zwischen Daumen und Zeigefinger genommen und gesagt: »Ihr müsst die Füße, Knie und Beine fest aneinanderpressen. Sonst zerbrechen sie beim Aufschlag wie Zündhölzchen.« Er erhöhte den Druck der Finger, die Hölzchen knacksten leise.

Ich presse meine Beine mit aller Kraft zusammen. Sie sollen nicht so zerknicken. Ohne einen klaren Gedanken fassen zu können, schlage ich mit Wucht auf die hart gefrorene Rasenfläche. Die Schneeschicht auf dem Boden ist leider noch viel zu dünn, um den Aufschlag merklich abzuschwächen. Der Schrei meines Kameraden endet abrupt beim Aufschlag. Ich öffne die Augen, die ich wohl automatisch so fest geschlossen hatte wie meine Beine, und schaue mich um. Sanitäter und Ausbilder stehen bereits neben uns. »Tut Ihnen etwas weh?«, höre ich. Zu meinem Erstaunen stelle ich fest, dass ich keinerlei Schmerzen habe. Auch mein übereifriger Kamerad scheint nicht schlimm verletzt zu sein. Ich würde das gerne nachholen und schreie ihn an: »Du Idiot! Das kommt davon, wenn man so dicht hinterherspringt!« Ein Ausbilder bringt mich zur Räson. »Beruhigen Sie sich, es ist ja noch mal gut gegangen. Trinken Sie heute Abend lieber gemeinsam ein Bier auf Ihre überstandene Bruchlandung!« Auch ein Sanitäter meldet sich zu Wort und fragt nochmals nach, ob wir irgendwo Schmerzen haben. Als wir beide verneinen, verrät ein leises Kopfschütteln das Erstaunen des Sani. »Wenn noch was sein sollte oder Ihnen auch nur schwindlig wird, dann melden Sie sich im Sanbereich«, sagt er uns noch. Ich habe es überlebt, denke ich erleichtert und bin stolz auf meine Leistung. Es ist ein denkwürdiger Tag für mich, der 26. November 1998. Leider verstärken sich der Wind und das Schneegestöber an den folgenden Tagen, sodass an weitere Sprünge erst einmal nicht zu denken ist. Die Idee der Ausbilder, sich die Wartezeit in der Pendelhalle mit Landefallübungen zu vertreiben, erweist sich als eher schädlich. Mit der Zahl absolvierter Landefälle erhöht sich auch die Unfallrate. Ein Bildungstag wird eingelegt, an dem wir Schloss Neuschwanstein besuchen.

Unser Aufenthalt in Bayern verlängert sich um 14 Tage. Mit jedem weiteren Tag wachsen meine Zweifel, ob ich überhaupt noch einmal das Risiko eines Fallschirmsprungs auf mich nehmen sollte. Aber als der nächste Sprung endlich so weit ist, stehe ich ihn ohne Blessuren durch. Wie zur Belohnung verschlechtert sich die Wetterlage derartig, dass nur noch die Hubschrauber Starterlaubnis bekommen. Meine beiden folgenden Sprünge von der Heckklappe des Transporthubschraubers CH 53 kommen mir wie ein verfrühtes Weihnachtsgeschenk vor. Ohne Hektik schreite ich die Laderampe entlang, bis ich ins Leere trete. Da der Hubschrauber wesentlich langsamer fliegt als die C-160, erfasst einen kein heftiger Windstoß. Der Schirm öffnet sich in 450 Meter Höhe und ich gleite in den Tiefschnee, als sei ich selbst eine Flocke. So schön sanft und entspannt kann ein Fallschirmsprung sein. Die feierliche Verleihung des deutschen Springerabzeichens, das einen kleinen eichenlaubumkränzten Fallschirm zwischen zwei Schwingen darstellt, ist ein besonderer Moment. Wir treten dazu im »kleinen Diener« an. Zum ersten Mal seit Wochen tragen wir endlich wieder das bordeauxrote Fallschirmjägerbarett. In München stoße ich mit meinen Lehrgangskameraden auf unsere neuen Sprunglizenzen, die Springerscheine, an, dann trennen sich unsere Wege. Während der Heimfahrt denke ich darüber nach, meinen Wehrdienst um weitere 13 Monate zu verlängern.

# KFOR – EINSATZ IM KOSOVO

Nachdem ich mich bei meinem Spieß zurückgemeldet habe, darf ich meinen Weihnachtsurlaub antreten. Ich verbringe die Weihnachtszeit 1998 mit meinen Eltern und Geschwistern. Natürlich erzähle ich ausführlich von meinem Jungfernflug, vom Fallschirmspringen und von der beeindruckenden schneebedeckten bayerischen Landschaft. Dass mein zweiter Sprung auch mein letzter hätte werden können, lasse ich dabei aus. Ich möchte meine Familie nicht ängstigen. Die derzeitige Berichterstattung über den Einsatz der NATO im Kosovokonflikt beunruhigt meine Eltern sowieso schon. Ich mache mir keine großen Sorgen darüber, es beeinflusst auch nicht meine Entscheidung, mich für mehr als ein Jahr weiter zu verpflichten. Der Einsatz der Luftwaffe zur Überwachung der zerstrittenen Parteien im zerfallenden Jugoslawien betrifft mich als Infanteristen ja nicht. Das glaube ich zumindest, denn Auslandseinsätze der Bundeswehr mit bewaffneten Bodentruppen waren bislang die Ausnahme.

Allerdings ändert sich die Politik überraschend schnell: Ausgerechnet Außenminister Joschka Fischer von den Grünen setzt sich für die aktive Beteiligung deutscher Soldaten im Kosovo ein. Verteidigungsminister Rudolf Scharping spricht sich ebenfalls für den Einsatz von Bodentruppen aus. Es wird öffentlich über die Verpflichtung Deutschlands diskutiert, dem Völkermord im nach Autonomie strebenden Kosovo ein Ende zu bereiten. Die Bombardierung Serbiens durch die NATO im März 1999 stößt innenpolitisch letztlich kaum auf Widerstand. Etwa zwei Monate später verkündet uns der Spieß beim allmorgendlichen Antreten, dass wir als Einsatzverband für den Kosovo eingeplant sind. Ich wundere mich über diese Entscheidung der Regierung. Mit Heimatverteidigung scheint mir das nichts zu tun zu haben. Die Vorstellung, wie deutsche Fallschirmjäger über Jugoslawien aus der Transall C-160 abgesetzt werden und den Kampf aufnehmen, spukt mir durch den Kopf. In meiner Fantasie vermischt sich das, was ich aus Kriegsfilmen kenne, mit dem, was ich durch meine Ausbildung bereits weiß, zu einer unwirklichen Vorstellung dessen, was möglicherweise auf mich zukommt.

In der folgenden Woche bekomme ich von meinem Zugführer den Befehl, mich sofort beim Spieß zu melden. Meist bedeutet das nichts Gutes. Mit einem mulmigen Gefühl betrete ich das Geschäftszimmer. Obergefreiter Kutz, mit dem ich die Grundausbildung absolviert habe, sitzt als männliche Vorzimmerdame an seinem Schreibtisch. Als gelernter Bankkaufmann hat er die unter Infanteristen seltene Fähigkeit, einen PC bedienen und tippen zu können. Damit war seine Verwendung bei der Armee besiegelt. Er liest mal wieder den Sportteil der Tageszeitung. »Kutz, eh Kutz!« Leicht genervt schaut er von seiner Zeitung auf. »Ach, Müller, na wasn los?« – »Was los ist? Mensch, ich soll mich beim Spieß melden. Sag du mir was l…« Zum Ausreden komme ich nicht mehr. »Spieß, der Müller ist da!« So ein Blödmann, denke ich. Spieß Kams kommt aus seinem Dienstzimmer und stellt sich mir direkt gegenüber. Ich nehme schnell Haltung an. »Herr Hauptfeldwebel, Obergefreiter Müller. Ich melde mich wie befohlen!« – »Ja, ist gut, Müller. Stehen Sie bequem. Es werden noch Freiwillige für den Kosovoeinsatz gesucht. Wollen Sie mit?« – »Ich hab mich auch freiwillig gemeldet!«, ruft Kutz dazwischen. »Für die Zeit des Einsatzes würden Sie zum AVZ in die 1. Kompanie versetzt werden. Sie können aber auch hierbleiben und in der 5. Unteroffizier werden. Ich schick Sie dann auf den nächsten Unteroffizierslehrgang. Was meinen Sie?« Ich bin völlig perplex. Weder mit dem einen noch mit dem anderen habe ich gerechnet. Ich stammle irgendetwas Unsinniges, weswegen ich Bedenkzeit bräuchte. Der Spieß schaut mich leicht vergrätzt an. »Morgen will ich eine Entscheidung hören. Das ganze Bataillon geht in den Einsatz. Denken Sie daran!«

Das lässt mich stutzen. Ich will nicht als Drückeberger oder Fußkranker gelten, der die leer stehende Kaserne bewacht, während meine Kameraden sich im scharfen Einsatz beweisen müssen. Dass der Spieß mich überhaupt dem Aufklärungs- und Verbindungszug überstellen will, ist schon eine Art Auszeichnung, durch die ich mich geehrt fühle. Der AVZ hat die Aufgabe, eigenständig Marschwege zu erkunden und den nachfolgenden Einheiten eine sichere Route zu weisen. Er hat mit allergrößter Wahrscheinlichkeit auch als Erster Kontakt mit potenziellen Gegnern – eine verantwortungsvolle und gefährliche Aufgabe, da immer nur kleine Gruppen des AVZ unterwegs sind, um bei ihrer Erkundungstour möglichst unentdeckt zu bleiben. Daher sind in dieser Einheit viele raue Burschen, die jeder in der Kaserne kennt und sofort zuordnen kann. Viele altgediente Mannschaftssoldaten, die sich teilweise bereits im Einsatz in Bosnien ihre Sporen verdient haben. Keiner der jungen Soldaten wagt es, sich im Speisesaal oder im Mannschaftsheim zu ihnen zu setzen. Diese Männer, oftmals schon im Rang eines Stabs- oder gar Oberstabsgefreiten, werden von den Offizieren und Unteroffizieren sehr geschätzt. Manche sind schon sehr viel länger Soldaten als ihre Vorgesetzten und haben diese teilweise noch als Rekruten ausgebildet. Es sind aber auch einige weniger erfahrene Soldaten in ihren Reihen. Einer von ihnen ist der Obergefreite Limmann, der während der Grundausbildung mit mir auf einer Stube war. Er wird mir sagen können, was mich bei ihnen erwartet.

Ich gehe gleich zu ihm und finde, als ich eintrete, eine außergewöhnlich gemütlich eingerichtete Stube vor. Sessel, Kühlschrank, Fernseher und sogar eine Spielekonsole stehen in dem Raum. Da niemand zu sehen ist, will ich gleich wieder rückwärts hinaus. Ich pralle gegen jemanden, der sich unbemerkt hinter mich gestellt hat. Wütend fährt er mich an: »Alter, was willst du hier? Wer bist du überhaupt?« Ich fühle mich ertappt und zucke zusammen. Als ich mich umdrehe, erkenne ich den Oberstabsgefreiten Zott – ein muskulöser Kampfsportler mit kurz geschorenem Haar, der eine sehr kompakte Erscheinung abgibt. Schnell trete ich einen Schritt zur Seite. »Ich wollte zu Limmann«, bringe ich kleinlaut hervor. »Limmann? Der ist mit den anderen Kradmeldern draußen. Die kommen erst morgen wieder«, kriege ich zu hören. Dann knallt er mir die Tür vor der Nase zu. Mist, ihn kann ich also nicht um Rat fragen.

Zum Glück treffe ich beim Verlassen des Gebäudes auf einen anderen Bekannten, der als Fernmelder für die Funkgeräte der 1. Kompanie verantwortlich ist. Er beantwortet meine Fragen bereitwillig und nimmt mir meine Bedenken, mich zum AVZ versetzen zu lassen. »Die Jungs sind alle in Ordnung. Einige sind etwas grob, aber davon solltest du dich nicht abschrecken lassen. Und mit Hauptfeldwebel Festas hast du einen superguten Häuptling. Der fordert seinen Leuten zwar ne Menge ab, aber er ist auch sehr fair. Ein Infanterist durch und durch. Wird aber dauern, bis du ihn kennenlernst. Er ist auf dem Rangerlehrgang in den USA. Ein Training für Spezialkräfte, bei dem du sechs Monate ununterbrochen auf den Einsatz in allen Regionen der Erde vorbereitet wirst. Von der Wüste bis zum Dschungel ist alles dabei.« Das klingt spannend. Meine Entscheidung ist gefallen. Wenn ich in den Einsatz gehen soll, dann mit diesen Männern. Keine vier Stunden nach unserem letzten Gespräch melde ich mich erneut beim Spieß und sage ihm, wie ich mich entschieden habe. »Das ging aber fix. Schön, dann lassen Sie sich von Kutz das 90/5-Formblatt zur Feststellung Ihrer Auslandsverwendungsfähigkeit geben. Sie können dann gleich mit ihm zur Truppenärztin gehen und sich durchchecken lassen.«

Die folgenden Wochen beim AVZ vergehen mit der einsatzorientierten Vorausbildung. Patrouillen zu Fuß und mit Geländewagen vom Typ Mercedes Wolf 250 GD, Tarnung, verdeckte Überwachung, Fahrzeug- und Personenkontrollen und so weiter füllen die Tage aus. In der Kaserne geht es zu wie in einem Ameisenhaufen. So intensiv habe ich meinen Dienst bisher nicht wahrgenommen. Der bevorstehende Einsatz motiviert mich und all die anderen, mit einem neuen Verständnis und großer Ernsthaftigkeit zu trainieren. Vorbei ist die Zeit, in der man in spielerischen Trockenübungen einen imaginären Feind bekämpft hat. Meinen Eltern sage ich vorläufig noch nicht, was auf mich zukommt. Ich ahne, dass besonders meine Mutter versuchen wird, mir das auszureden. Als wir zum Abschluss der Vorausbildung geschlossen in das Übungsdorf Bonnland verlegt werden sollen, will ich diese unangenehme Stunde der Wahrheit aber nicht weiter hinauszögern. Uns wird klargemacht, dass wir bereits während der Ausbildungswochen jederzeit mit dem Marschbefehl in den Kosovo rechnen müssen. Es wird uns nahegelegt, unsere finanziellen und sonstigen Angelegenheiten für die nächsten sechs Monate zu regeln und Vertrauenspersonen mit einer Vollmacht auszustatten. Auch mit so unschönen Dingen wie einem Testament und einer Patientenverfügung müssen wir uns auseinandersetzen.

Ich bin jung, gesund und stark. Mir passiert schon nichts! Außerdem ist die Bundeswehr ja mit humanitären Aufgaben betraut und nicht wie die Amerikaner ständig in Kampfhandlungen verstrickt. Aber wie erklärt man das seiner Mutter? Am letzten gemeinsamen Wochenende fasse ich mir ein Herz. Ich besorge Samstag früh Brötchen von unserem Lieblingsbäcker und decke den Tisch. Nach dem Frühstück bitte ich meine kleine Schwester, aufs Zimmer zu gehen, da ich mit unseren Eltern etwas zu bereden hätte. Ruhig und bestimmt sage ich dann: »Ich werde in den Kosovoeinsatz gehen.« Meine Mutter reagiert viel heftiger, als ich erwartet habe: »In den Kosovo? Du spinnst ja wohl! Da gehen doch nur Mörder hin. Wenn du dort hingehst, wirst du auch zum Mörder!« Ich blicke zu meinem Vater hinüber. Auch er scheint überrascht zu sein, wie vehement sie sich gegen den Einsatz ausspricht. Vielleicht sagt er deshalb lieber gar nichts. Meine Mutter hingegen ist nicht mehr zu bremsen. Alle meine Versuche, sie umzustimmen, und jedes Argument von mir, weshalb es politisch und humanitär wichtig ist, sich dort zu engagieren, schmettert sie ab. »Seit wann interessierst du dich denn für Politik? Du hast doch keine Ahnung, was in Jugoslawien los ist. Und beim Bund haben die euch bestimmt auch nichts über die Zusammenhänge erzählt. Da auf dem Balkan bekriegen sie sich schon seit Jahrhunderten.« Wütend schreie ich durch die Küche: »Das ist mir doch egal! Ich gehe in den Einsatz! Ich habe mich schon dazu verpflichtet!« Jetzt fängt meine Mutter auch noch an zu weinen. Mein Vater nimmt sie tröstend in die Arme und ich komme mir furchtbar schlecht vor. Wütend verlasse ich die Wohnung und knalle hinter mir die Tür zu.

Ziellos laufe ich durch die Stadt und überlege, wie ich mich verhalten soll. Ich will mit meinen Kameraden in den Einsatz. Wir haben so viel gemeinsam erlebt und durchgestanden, da will ich mich jetzt nicht ausschließen. Irgendwie bin ich auch stolz darauf, dass ich als Soldat für diese heikle Aufgabe eingeplant bin, und habe das auch von meinen Eltern erwartet. Ich bin enttäuscht und beschließe, noch heute zurück in die Kaserne zu fahren. Meine kleine Schwester sitzt auf der Treppe vor dem Haus. Sie freut sich, mich zu sehen, vielleicht hat sie auf mich gewartet. »Mutti ist ganz schön sauer«, sagt sie. Ich packe schnell meine Sachen zusammen. Meine Eltern sagen zum Glück nicht viel, aber die Stimmung ist bedrückt. So hatte ich mir den Abschied nicht vorgestellt. Im Vorbeigehen sage ich: »Ich bin jetzt erst einmal ein paar Wochen in Hammelburg im Übungslager. Zum Telefonieren komme ich da aber nicht.« Die kleine Reisetasche mit meiner Wäsche schmeiße ich auf den Rücksitz meines Autos und fahre verärgert zur Kaserne. »Mörder«, geht mir durch den Kopf. Als ob ich ein Mörder wäre ... So ein Quatsch!

Der Montagmorgen in der Kaserne beginnt bei tiefster Dunkelheit. Wir werden vom nahe gelegenen Güterbahnhof aus starten und etwa 13 Stunden bis zu unserem Ziel in Bayern brauchen. Antreten, Beladen der Lkw, geordnete Aufstellung an der Waffenkammer zum Waffenempfang, ein letztes Frühstück in unserem Speisesaal, wo wir auch unsere Marschbeutel mit der Verpflegung für die nächsten

24 Stunden erhalten, alles läuft nach einer Art Choreografie ab. Ich beeile mich mit dem Frühstück, da ich als Fahrzeugführer dafür verantwortlich bin, den Geländewagen auf dem Güterwaggon zu verzurren und gegen Wegrollen zu sichern. Als die Bahn sich in Bewegung setzt, herrscht eine ausgelassene Stimmung. Ich muss unwillkürlich an die Bilder der jungen Soldaten denken, die fröhlich aus einem Güterwaggon winkend in den Ersten Weltkrieg ziehen. Den Gedanken schiebe ich lieber schnell zur Seite und frage den Oberstabsgefreiten Zott, der mit mir im Abteil sitzt, weshalb wir 13 Stunden bis Hammelburg brauchen. »Fährst wohl das erste Mal nach Hammelburg?«, kriege ich zur Antwort. Ein schiefes Lächeln erhellt sein mürrisches Gesicht. Ich nicke nur etwas verlegen. »Alter, du hast ja keine Ahnung! Alle Personenzüge, die unseren Weg kreuzen, haben Vorrang. Die meiste Zeit der Fahrt warten wir dumm vor den Bahnhöfen, bis die Zivilisten durch sind. Klar?« – »Klar.«

Dann werfe ich einen Blick in den Marschbeutel. Das ist wohl die stille Rache der Küchensoldaten, weil wir uns immer über das Essen beschweren, geht mir durch den Kopf. Vom Knistern der Plastiktüte animiert, kramt auch Zott seinen Proviant aus der Seitentasche seines Rucksacks hervor. Dort, wo ich streng nach Verpackungsplan eine wassergefüllte Feldflasche aus Aluminium und ein kleines olivgrünes Stoffmäppchen mit Nähzeug habe, zaubert er eine Flasche Cola und ein Paket Waffeln hervor. Zott bemerkt meinen gierigen Blick und reicht mir beides herüber. »Verpackungsplan schön und gut. Aber du musst lernen, in Zukunft zweckmäßig zu packen.« – »Ja«, sekundiert der ansonsten wortkarge Hauptgefreite Jennrich aus seiner Ecke: »Mann, du weißt doch, dass die nur unnützen Kram in die M-Arsch-Beutel stopfen!« Trotz meiner inzwischen fast 15 Monate Dienstzeit komme ich mir zwischen diesen alten Hasen wie ein Grünschnabel vor. Als wir Hammelburg erreichen, ist es später Abend. Bis weit nach Mitternacht sind wir mit dem Abladen und dem Beziehen der Unterkunftsgebäude beschäftigt. Als wir uns endlich hinlegen dürfen, bin ich völlig erledigt und schlafe sofort ein.

Am nächsten Morgen erkunde ich das Lager genauer. Der Aufklärungs- und Verbindungszug wurde beauftragt, den Weg zu den einzelnen Übungsstationen mit Wegweisern zu kennzeichnen. Dabei erfahre ich von Oberfeldwebel Rüstmann, meinem direkten Vorgesetzten, den ich bei dieser Aufgabe begleite, dass Hammelburg bereits seit 1896 der Infanterie als Truppenübungsplatz dient. Die Ortschaften Bonnland und Hundsfeld sind zentraler Bestandteil dieser Anlage, in der man den Orts- und Häuserkampf besonders realistisch übt, weil diese Gefechtssituation für diejenigen, die in Gebäude eindringen wollen, äußerst riskant und verlustreich ist. »Damit die ›Sturmtruppen‹ das üben können, wurden die beiden Siedlungen 1937 von den Nazis kurzerhand zwangsgeräumt«, erzählt mir der Oberfeldwebel, während wir die Hinweisschildchen in den Boden pflanzen. Es ist die größte Anlage in Europa, um den Kampf in einer Ortschaft zu üben. Soldaten aus Partnerstaaten wie Frankreich und Belgien kommen hierher, um zu trainieren. Allein in Bonnland stehen etwa 120 Häuser. Sie sind teilweise voll eingerichtet. Es gibt ein Straßencafé, ein Gemeindehaus mit Bürgermeisterstube, eine Werkstatt und viele kleine Schweinereien wie ein unterirdisches Kanalsystem, Scharfschützenverstecke, Löcher in der Decke und in den Wänden, von wo jederzeit ein Angriff erfolgen kann. »Die haben sogar ein Hochhaus hingestellt, damit wir uns vom Dach abseilen und durch die Fenster schwingen können«, erzählt mir Rüstmann lachend. Er liebt diese Art Nervenkitzel wohl und freut sich ganz offensichtlich auf die Wochen auf dem Übungsplatz. Anhand der eingelagerten Munition kann ich erahnen, dass wir in nächster Zeit mehr Patronen verschießen werden, als ich es während meiner gesamten bisherigen Dienstzeit getan habe.

Vom Ausschildern zurück, steht erst einmal trockener Unterricht auf dem Plan. Wir werden in die Sitten und Gebräuche Jugoslawiens eingewiesen und erhalten etwas Landeskunde. Auch die gebräuchlichsten Sätze für unseren Auftrag werden uns mitgegeben. Fett gedruckt ist dabei »Stop or I fire«, auf Serbokroatisch »Stani ili pucam« und auf Albanisch »Ndal ose une do te Quelloy«. Später gehen wir in eine Scheune. Um einen Sandkasten herum sind mehrere Holzbänke aufgestellt. Uns wird anhand des darin errichteten Modells der Ortschaft ein Übungsszenario beschrieben, das wir im Anschluss bewältigen sollen. Die Männer des AVZ sind einer Kampfkompanie unterstellt und auf die einzelnen Züge aufgeteilt worden. Mich hat man mit Oberfeldwebel Rüstmann dem Zug von Hauptfeldwebel Schleifer aus der 2. Kompanie zugeteilt. Ein sehr großer, kräftiger Mann mit lauter und sonorer Stimme. Ich habe ihn noch nie lächeln sehen, geschweige denn lachen hören. Er ist bekannt dafür, dass er die Dienstvorschriften nahezu wörtlich umsetzt und seinen Männern ein hohes Maß an Disziplin abverlangt.

Nach der Instruktion teilt der Hauptfeldwebel den einzelnen Gruppen seines Zuges ihre Aufgaben zu. Ich soll mich mit den Sanitätern in weniger exponierter Position aufhalten – eine logische Entscheidung, damit niemand im Weg steht, wenn er seine gut aufeinander eingespielten Leute durch das Geschehen dirigiert. Trotzdem bin ich enttäuscht und wäre lieber mehr eingebunden worden. Die Gelegenheit dazu bietet sich gleich nach dem ersten Szenario. Zwei Übungsgruppen, die miteinander verfeindete Ethnien in der Konfliktregion darstellen, sollen davon abgehalten werden, sich auf offener Straße anzugehen. Die ganze Situation wird in einem Worst-Case-Szenario auf die Spitze getrieben. Aus den umliegenden Gebäuden kommen immer weitere Akteure. Aufgebrachte Personen rufen von der Straße wütend irgendetwas Unverständliches in das Haus der anderen Konfliktgruppe. Die Stimmung ist merklich feindselig. Ein fremdartiges Sprachgewirr erschwert es den Soldaten auf dem Prüfstand, die aufgebrachten Parteien voneinander zu trennen. Da ein Teil der Darsteller russisch spricht, biete ich mich als Dolmetscher an.

Ab sofort bin ich mitten im Geschehen und werde beauftragt, in der nächsten Übungsdarstellung vorweg in ein einsturzgefährdetes Haus zu gehen. In dem Gebäude, aus dem dicke Rauchschwaden emporsteigen, soll sich noch eine Person befinden, die gerettet werden soll. Menschen, deren Absichten unklar sind, laufen aufgeregt umher, sie schreien und werden zudringlich, außerdem kann man sich im Haus nur mithilfe des Tastsinnes durch Geröll und Schutthaufen bewegen – ich gerate in erheblichen Stress. Obwohl es sich um eine Übung handelt, steigt mein Adrenalinspiegel. Ich muss mir immer wieder bewusst machen, dass es nur darum geht, uns auf heikle Situationen im Einsatzland gefasst zu machen. Meine Kameraden, von denen ich größtenteils nicht einmal die Namen kenne, und ich meistern die Aufgabe zur vollen Zufriedenheit der Ausbilder, die uns die ganze Zeit mit Argusaugen beobachtet haben. Als ich bei der abschließenden Beurteilung vom Übungsleiter vor die Front gerufen werde und mein Handeln explizit gelobt wird, bin ich mehr als nur stolz. Ich habe die Hoffnung, von den Berufssoldaten anerkannt und nicht mehr nur als einer dieser Wehrdienstleistenden wahrgenommen zu werden, die kommen und wieder gehen.

Es gibt noch andere Arten der Prüfung für uns. Dicht aufeinander folgend müssen wir ohne Taschenlampe einen engen Kanal durchkriechen, der vollständig abgedunkelt ist. Man möchte herausfinden, wer in solch einer Situation dazu neigt, die Nerven zu verlieren. Das zügige Überqueren eines Dachbodens auf einem schmalen Balken, ohne durch ein Seil gegen einen 4 Meter tiefen Sturz gesichert zu sein, kostet ebenfalls Überwindung. Obwohl ich bereits mehrmals aus einem Flugzeug gesprungen bin, muss auch ich sehr gegen Höhenangst ankämpfen. Kaum ist das überstanden, erwartet jeden Einzelnen von uns ein Sprung in ein finsteres Loch, dessen Grund auch bei genauem Hinsehen nicht auszumachen ist. Ich höre angestrengt, ob ich anhand des Aufschlags der Soldaten, die vor mir in die Tiefe springen, abschätzen kann, wie lange man fällt. Es ist nutzlos. Mir bleibt nichts anderes übrig, als mein Leben und meine Gesundheit in die Hände der mir vorgesetzten Ausbilder zu legen und Vertrauen zu haben. Ich tröste mich mit dem Gedanken, dass die eine Menge Ärger bekommen und etliche Stapel Papier ausfüllen müssten, falls mir etwas zustößt. Die nächste Beförderung ließe dann auch auf sich warten.

Eine Ausbildungsstation beeindruckt mich mehr als alle anderen. Es ist der Minenlehrpfad. Statt einer Detonation löst man glücklicherweise nur eine Klingel aus, aber die Häufigkeit, mit der ich versehentlich eine versteckte Sprengladung oder Mine ausgelöst hätte, erschreckt mich. Ein paar Meter weiter ist anhand einer durchsiebten Mauer, eines völlig verformten Autowracks und anderer, vermeintlich stabiler und schützender Objekte dargestellt, welch verheerende Wirkung bereits kleine Mengen Sprengstoff haben können. Zum ersten Mal entsteht in mir eine reale Vorstellung vom Krieg. Und trotzdem wächst mein Selbstbewusstsein. Ich bekomme das Gefühl, zusammen mit meinen Kameraden jede noch so schwierige Aufgabe bewältigen zu können. Die Rolle als Kampfsau mit schwarz getarntem Gesicht unter dem Gefechtshelm und dem Sturmgewehr im Anschlag fühlt sich irgendwie gut an.

Kurz vor unserer Rückfahrt in die Kaserne wird uns an einem Freitag Ausgang bis zum Abend gewährt. Jeder nutzt diese Gelegenheit und versucht so viel wie möglich vom schönen Leben zu erhaschen, bevor wir bald schon in eine uns fremde und gefährliche Welt aufbrechen. Die Wirtshäuser und Weinstuben sind an diesem Tag mehr als gut gefüllt. Die meisten von uns haben keine Zivilkleidung dabei und sind in Uniform unterwegs. Glücklicherweise stößt das in diesem Teil der Republik eher auf Zuspruch und etliche der hiesigen Mädchen erliegen unserem an diesem Tag mit besonderer Intensität versprühten Charme. Am Samstag beginnt der Dienst gnädigerweise erst um 08:00 Uhr. Wir nutzen die guten Trainingsmöglichkeiten an der Infanterieschule in Hammelburg auch am Wochenende für eine intensive Vorbereitung auf den Einsatz im Kosovo. Dafür wird uns für den Abbau und die Verpackung der Ausrüstung verhältnismäßig wenig Zeit eingeräumt. Zurück in unserem Heimatstandort in Varel, geht es in aller Hast weiter. Wir haben durchgehend Dienst und bekommen kaum die Gelegenheit, während einer kurzen Dienstunterbrechung noch ein paar Kleinigkeiten wie Rasierzeug oder Zahnpasta einzukaufen.

Am darauf folgenden Wochenende bekommen wir von Freitag bis zum späten Sonntagabend die letzte Gelegenheit, unsere Angelegenheiten zu regeln. Bis zum Zapfenstreich um 22:00 Uhr muss sich jeder beim UvD zurückgemeldet haben. Wer sich verspätet, muss mit ernsten Konsequenzen, sogar mit einer Inhaftierung rechnen. Ein Witz, denn eigentlich habe ich nur am Freitagvormittag die Möglichkeit, mein Auto abzumelden und bei der Bank eine Vertrauensperson zu bevollmächtigen. Das ist nicht ganz einfach, wenn die dazu bestimmte Person, meine Mutter, persönlich und in meinem Beisein einem Angestellten der Bank ihren Personalausweis vorlegen muss. Mein Konto habe ich nämlich am Standort meiner Kaserne eingerichtet. Die Zulassungsstelle hingegen, bei der ich mein Auto abmelden will, befindet sich 200 Kilometer entfernt an meinem Wohnort. Eine Unfall- und Sterbegeldversicherung abzuschließen, wie es uns empfohlen wurde, schenke ich mir, um mich nicht noch mehr zu stressen. Es ist mir wichtiger, mich in Ruhe von meiner Familie zu verabschieden. Ein Testament will ich auch nicht schreiben. Das empfände ich als ein schlechtes Omen. Was soll mir schon passieren? Immerhin gehe ich mit Leuten in den Einsatz, die bereits am SFOR-Einsatz in Bosnien oder sogar am Somaliaeinsatz beteiligt waren. Dort wurde die Bundeswehr auch aus allen Kampfhandlungen herausgehalten. Ich vertraue auf die Fähigkeiten meiner Vorgesetzten und darauf, gut ausgebildet worden zu sein. Das Gefühl von Besorgnis lasse ich gar nicht erst aufkommen.

Das Wochenende vergeht schnell und zum Glück friedlich. Meine Eltern fahren mich zur Kaserne und halten am Tor vor dem Wachgebäude. Ich will mich schnell im Auto verabschieden, aber meine Eltern lassen es sich nicht nehmen, mit mir auszusteigen. Meine Mutter umarmt und küsst mich tränenreich. Weil ich allzu rührselige Szenen vor den Augen der Wachsoldaten vermeiden will, bitte ich sie ganz sachlich, meine Wohnungsschlüssel mitzunehmen, die ich ja erst mal nicht brauchen werde, und kündige an, nach meiner Rückkehr per Bahn direkt zu ihnen zu kommen. Leider erziele ich die genau entgegengesetzte Wirkung. Unter Tränen fleht meine Mutter: »Robert, pass bitte gut auf dich auf. Geh ja keine unnötigen Risiken ein, hörst du? Und schreib uns, wenn du angekommen bist.« Erneut umarmt und drückt sie mich. Na toll, wenn die Wachmannschaft das beobachtet, werden die mich gleich schön damit aufziehen, wie Mutti ihren kleinen Liebling in den Krieg ziehen lässt.

Zum Glück ist mein Vater weniger dramatisch und drückt mir zum Abschied einfach nur fest die Hand. Ich rate ihnen noch, beim Chinesen gegenüber der Kirche essen zu gehen, um auf andere Gedanken zu kommen. Meiner Mutter laufen weiter die Tränen über das Gesicht, als mein Vater sie sanft zum Wagen schiebt und sagt: »Das wird schon gut gehen mit Robert.« Erleichtert winke ich den beiden kurz nach, als sie hupend davonfahren. Innerlich richte ich mich auf den Spott meiner Kameraden ein, doch glücklicherweise lächeln die nur milde und der Wachhabende sagt mir im Vorbeigehen: »Bist heute nicht der Einzige, dems so geht, Müller!« Nach und nach treffen alle Männer des AVZ in ihren Stuben ein. Bis zum Zapfenstreich trinken wir noch ein paar Dosen Bier und reden über belanglose Dinge, um die Anspannung zu lösen.

Am nächsten Morgen läuft alles wie ein Uhrwerk ab. Selbst die kleinen Pannen, die es sonst immer gibt, bleiben heute aus. Sogar die Truppenküche hat sich besonders viel Mühe gegeben und uns außer einem guten Frühstück auch reichhaltig gefüllte Marschbeutel bereitgestellt. Es geht also doch! Die gesamte Ausrüstung des Bataillons ist bereits von einer Spedition zum Flughafen gebracht worden. Fast alle Keller und Waffenkammern sind komplett leer geräumt. Da der Nachschub erfahrungsgemäß erst nach einigen Wochen ins Rollen kommt, hat man uns alles zusammenpacken lassen, um in der ersten Zeit möglichst autark zu sein. Es ist der erste Kriegseinsatz der Bundeswehr und wir werden als die ersten deutschen Bodentruppen in einem vom Krieg verwüsteten Gebiet ankommen.

Medienberichten der letzten Wochen zufolge ist die Infrastruktur dort völlig zusammengebrochen. Bilder der Ströme von Flüchtlingen, die verzweifelt versuchen, die Auffanglager des UNHCR zu erreichen, sind allgegenwärtig, ebenso die Berichterstattung über die Bombardierung Jugoslawiens durch die NATO. Unser oberster Dienstherr, Verteidigungsminister Rudolf Scharping, macht seine Haltung vor dem Parlament und der Öffentlichkeit deutlich: »Wenn ich höre, dass im Norden von Pristina ein Konzentrationslager eingerichtet wird, wenn ich höre, dass man die Eltern und die Lehrer von Kindern zusammentreibt und die Lehrer vor den Augen der Kinder erschießt, wenn ich höre, dass man in Pristina die serbische Bevölkerung auffordert, ein großes S auf die Türen zu malen, damit sie bei den Säuberungen nicht betroffen sind, dann ist da etwas im Gange, wo kein zivilisierter Europäer mehr die Augen zumachen darf, außer er wolle in die Fratze der eigenen Geschichte schauen.« Außenminister Joschka Fischer bringt es mit seinem Appell an seine Partei auf den Punkt: »Wir haben immer gesagt: ›Nie wieder Krieg!‹ Aber wir haben auch immer gesagt: ›Nie wieder Auschwitz!‹«

Wir wissen nicht, was uns erwartet, aber wir hoffen für alle Eventualitäten gerüstet zu sein, als wir abrücken. Außer der sogenannten persönlichen Ausrüstung, dem Seesack und der Tragetasche, worin unser gesamter Spindinhalt verstaut ist, haben wir unseren Rucksack am langen Arm dabei. Glücklicherweise bin ich inzwischen um einiges kräftiger als damals, als ich das ganze Zeug zum ersten Mal schleppen musste. Mehrere Kraftomnibusse der Bundeswehr, kurz KOM genannt, stehen auf dem Exerzierplatz für uns bereit. Gerade als wir losfahren wollen, bemerkt einer, dass seine Waffe weg ist. Wir müssen auf den Befehl unseres wütenden Kompaniechefs hin alle wieder aussteigen und vor dem Bus antreten. Dem unseligen Kameraden fällt ein, dass er die Waffe im Speisesaal hat liegen lassen. »Sie haben exakt drei Minuten, um sich bei mir zurückzumelden«, wird ihm zornig entgegengeschleudert. Während er mit hochrotem Kopf an uns vorbeirennt, kassiert er Ausrufe wie

»Idiot!«, »Mann, bist du blöd!« und »«Dämlicher Arsch!« Die Nerven liegen bei vielen blank. Ich nehme mir vor, noch besser auf meine Waffe aufzupassen, damit ich nicht zur Zielscheibe für Spott und Scheißaufträge werde.

Der amtierende Trottel der Kompanie erscheint zu seinem Glück wenige Sekunden vor Ablauf der gesetzten Frist und wir zwängen uns wieder in den Bus. Am Militärflughafen erwartet uns eine Transall C-160. Ich bin gespannt, wie es ist, mit der Maschine nach dem Flug auch mal zu landen und nicht immer vorher rauszuspringen. Während des Flugs kreisen meine Gedanken. Ob ich wohl gezwungen sein werde, auf Menschen zu schießen? Die Taschenkarte mit den Rules of Engagement (RoE), also den Einsatzregeln, besagt, dass wir uns oder andere notfalls mit der Schusswaffe verteidigen dürfen. Das Massaker von Srebrenica vom Juli 1995 hat deutlich gemacht, dass man sich und seine Schutzbefohlenen teilweise nur durch Waffengewalt vor Übergriffen oder gar Ermordung schützen kann. Doch das alles sind Gedanken, mit denen ich mich jetzt und hier nicht befassen will. Ich versuche mich abzulenken und frage den Bordmechaniker, der an mir vorbeigeht, ob ich aufstehen darf, um aus dem Fenster zu schauen. Er bejaht das und weist mich zu meiner Belustigung noch auf die Militärausgabe einer Flugzeugtoilette hin: ein schmaler grauer Vorhang, hinter dem sich eine Nische mit einem kleinen, auf Hüfthöhe angebrachten Becken befindet.

Wir landen in Skopje, von wo aus die NATO den Personen- und Materialtransport in den benachbarten Kosovo koordiniert. In der Hauptstadt Mazedoniens herrschen Temperaturen von über 40 Grad. Kaum trete ich aus der Maschine, läuft mir der Schweiß über das Gesicht. Als wir uns den Reisebussen, die von den örtlichen Reisegesellschaften angemietet wurden, nähern, traue ich meinen Augen kaum. Mit diesen völlig abgewrackten Touristenbussen sollen Soldaten in eine Krisenregion transportiert werden? Unsere Militärfahrzeuge werden im Einsatzland regulär TÜV-geprüft, unabhängig davon, dass sie in kurzen Intervallen von der Instandsetzungseinheit auf ihren erstklassigen Zustand gecheckt werden, damit sie immer zuverlässig funktionieren. Wenn da ein Teil hakt, legt man den Wagen sofort still. Aber jetzt mit diesen schrottreifen Bussen hier auf abgefahrenen Reifen unterwegs zu sein, auf Straßen, die diese Bezeichnung nicht verdienen, mit einem Schlagloch neben dem anderen, ab und an auch noch mit einer Bodenwelle dazwischen – was soll man davon halten? Darauf gibt es die Standardantwort wie auf die meisten Fragen bei der Bundeswehr: »Ist halt so!«

Also steige ich mit meinem Rucksack beladen in das Schrottmobil ein. Die rostige Stufe gibt verdächtig unter meinem Gewicht nach, aber der jugendliche Busfahrer, der wie ein Freischärler in bunt zusammengewürfelter Militärbekleidung steckt, winkt mich freundlich hinein. Klar freut er sich, denke ich misstrauisch. Unbewaffnet, wie wir sind, verkauft er uns an der nächsten Ecke an einen serbischen Kriegsverbrecher. Wir türmen unsere Rucksäcke im Mittelgang übereinander auf und quetschen uns auf die viel zu kleinen Sitze. Dass sich die vordere Tür des Busses während der Fahrt nicht schließen lässt, ignoriere ich ebenso wie die leichte Schräglage. Für die knapp 50 Kilometer werden wir mindestens eine Stunde unterwegs sein.

Gerade als ich mir die Kopfhörer meines Discman in die Ohren stecken will, um mich während der Fahrt nach Tetovo etwas zu entspannen, kracht es heftig. Natürlich denke ich zunächst, dass etwas von dem Vehikel abgebrochen ist. Doch der anhaltende prasselnde Lärm und ein Blick aus dem Fenster belehren mich eines Besseren. Am Straßenrand stehen Leute, die uns mit einem Steinhagel begrüßen. Sechs oder sieben Männer haben die rechte Hand erhoben und machen den Hitlergruß und mit der Linken fahren sie sich über die Kehle. Der Busfahrer tritt aufs Gaspedal, aber die überladene Krücke kommt nicht in Fahrt. Wir haben noch nicht einen Schuss Munition in der Tasche und ich frage meinen Sitznachbarn Wolf: »Sollen wir uns hier vielleicht mit dem Messer verteidigen oder was hat sich unsere schlaue Führung gedacht?« – »Tja, Y-Tours, wir buchen – Sie fluchen«, antwortet er mir mit dem gleichen Sarkasmus in Anspielung auf die mit Y beginnenden Kfz-Kennzeichen der Bundeswehr. Während der Vorausbildung in Hammelburg gab es ein ähnliches Szenario, das mit einer Geiselnahme durch Aufständische endete. Besorgt und sicherlich auch etwas naiv frage ich laut, was die denn für ein Problem haben. Obergefreiter »Atze« Schröder dreht sich zu uns um und sagt in seiner lakonischen Art: »Da haben unsere Großväter wohl einen bleibenden Eindruck hinterlassen.« Atze gehört auch zum AVZ. Er ist ein großer, aber eher drahtiger Typ, der beim Laufen immer ganz weit vorn an der Spitze ist, obwohl er kaum dafür trainieren muss. Häufig bringt er uns mit seinem trockenen Humor zum Lachen. Endlich lassen wir die aufgebrachte Meute hinter uns. Die Fenster haben den Steinwürfen irgendwie standgehalten und niemand ist zu Schaden gekommen.

Auf der kurzen Strecke nach Tetovo wird kein Zwischenhalt eingelegt. Dummerweise haben aber einige wegen der Hitze im unklimatisierten Bus ihren Getränkevorrat geleert, ohne sich Gedanken zu machen, wo sie ihre Blase entleeren könnten. Der Bus hat keine Toilette und so müssen sie sich anders behelfen. Wer das Glück hat, eine Plastikflasche dabei zu haben, schneidet ihr den Hals ab und zirkelt so gut es geht seinen Urinstrahl hinein. Mit spitzen Fingern werden sie dann nach vorne zur offenen Tür durchgereicht und mit einem gekonnten Wurf wie eine Handgranate aus dem Bus geschleudert.

# IM NATO-LAGER

Im NATO-Lager Tetovo werden uns nach der Ankunft eine schusssichere Weste und 60 Schuss Munition ausgehändigt. Das bedeutet, dass wir mit gerade einmal 2 vollen Magazinen pro Kopf das »robuste Mandat« durchsetzen sollen. Bei einem unerwarteten Feuerkampf mit gleichwertig bewaffneten Gegnern würde das nicht einmal genügen, um sich den Weg in die nächstgelegene Deckung freizuschießen. Ich frage fassungslos den Obergefreiten Kehl, der auch im Aufklärungs- und Verbindungszug dient, was man sich dabei denkt, uns mit den paar Murmeln abzuspeisen. Der Friese hat die gleiche gemütliche Art wie die Kaltblutpferde aus seiner Region und ähnlich viel saufen kann er auch, wie ich in Hammelburg am Abschlussabend feststellen konnte. Jedenfalls rechnet er mir, während er sein Magazin aufmunitioniert, vor, was wir nicht sowieso alles schon zu tragen hätten, mehr Munition bedeute auch mehr Gewicht. Wir schleppten doch jetzt schon viel zu viel. Allein die Bristolwesten mit den Keramik-Aramid-Platten wögen schon 15 Kilo. Wenn man noch den Genitalschutz dran festmache, seien es sogar 18 Kilo. Sowieso müsse man nicht schießen. Mir hingegen wäre das zusätzliche Gewicht von weiteren 60 Patronen eine angenehme Last gewesen.

Es dauert zwei weitere Tage, bis unsere Fahrzeuge, die auf dem Seeweg von Deutschland hierhertransportiert werden, im Lager eintreffen. Wir akklimatisieren uns währenddessen. Das Feldlager ist sehr modern ausgestattet. Besonders angenehm überrascht bin ich von der Feldküche. Allein die Frühstücksbuffets sind so vielfältig mit frischen Lebensmitteln angerichtet wie die, die ich selbst als Koch vor inzwischen mehr als einem Jahr aufgebaut habe. Am Morgen des dritten Tages setzen wir unseren Weg in den Kosovo fort. Ich soll einen der Zweitonner fahren. Oberstabsgefreiter Malcom begleitet mich und übernimmt aus der Dachluke herausspähend mit seinem G36 unsere Sicherung gegen etwaige Angriffe. Meine Begeisterung darüber, ihn als Beifahrer zu haben, hält sich in Grenzen. Malcom ist zwar ein sehr versierter Soldat, aber leider auch in seiner Freizeit sehr auf Kampf gebürstet. Wenn er gelangweilt ist, bricht er gerne mal aus heiterem Himmel einen Streit vom Zaun. Ich habe ihn einige Male in Aktion gesehen, wenn wir ein Dorffest in der Umgebung unserer Kaserne besuchten. Er war bei jeder handfesten Auseinandersetzung mittendrin und selbst die kräftigsten Männer blieben regungslos auf dem Boden liegen, wenn er auch nur ein Mal zuschlug. Trotz seiner hünenhaften, muskelschweren Statur ist er ein sehr schneller und ausdauernder Läufer. Da sein Vater, wie ich hörte, ein Afroamerikaner und Soldat in der US-Army ist, hat Malcom eine dunkle Hautfarbe, abgesehen von seinem linken Handrücken. Der wird von einer tiefen purpurroten Narbe verunziert. Als man ihm nämlich sagte, dass er wegen einer Tätowierung auf der Hand nicht weiter verpflichtet werden würde, schüttete er sich kurz entschlossen Schießpulver aus einer Patronenhülse darauf und brannte sie aus. Er trägt das Einzelkämpferabzeichen auf der Uniform, was unter Mannschaftsdienstgraden eine große Ausnahme ist. Außerdem gehört er zu den äußerst wenigen Freifallspringern der Brigade, die im Gegensatz zu den normalen Fallschirmspringern in kleinen Gruppen aus großer Höhe mit einem Matratzenschirm statt der Rundkappe abgesetzt werden, um unentdeckt in ein Gebiet einfliegen zu können. Das kommt, weil er schon vor meiner Dienstzeit einer sogenannten Bravokompanie angehörte, einem Vorläufer des Kommandos Spezialkräfte. Wohin ihm der Wechsel als Mannschaftssoldat allerdings versperrt ist.

Wir fahren im Konvoi mit einer Marschgeschwindigkeit von maximal 50 km/h und rechnen damit, in etwas mehr als drei Stunden Prizren zu erreichen. Die Fahrzeuge des Bataillons reihen sich in einer langen Schlange, deren Anfang und Ende nicht mehr zu überschauen sind. Die Kommunikation erfolgt über Funkgeräte und per Handzeichen. Es ist ein eigenartiges Gefühl, in einer völlig fremden Umgebung zu fahren, ohne eine Idee davon, wo man sich gerade befindet. Die wenigen topografischen Karten im Maßstab 1:50 000 verteilen sich auf die Führungsfahrzeuge. Stünde ich plötzlich allein hier, wäre ich ziemlich verloren. Ohne Zwischenhalt überqueren wir die Grenzstation. Je weiter wir ins Landesinnere des Kosovo gelangen, umso mehr wird sichtbar, dass hier noch vor Kurzem der Krieg getobt hat. Überall stehen von Kugeln durchsiebte Autos am Straßenrand. Wenn wir uns einer Ortschaft nähern, säumen immer mehr Fahrzeugwracks, Pferdegespanne, Handwagen und durchwühlte Koffer den Weg. Verwilderte Hunde suchen in diesem Chaos zwischen Müll und Minenwarnschildern nach etwas Essbarem. Die Häuser, an denen wir vorbeifahren, sind größtenteils ausgebrannt. Ein trostloses Bild. Die wenigen Menschen, die wir zu Gesicht bekommen, huschen in ihre Hausruinen, sobald sie uns sehen.

Als wir gegen Mittag Prizren erreichen, werden wir offenbar bereits erwartet. Hunderte Menschen säumen die Straßen. Sie winken uns fröhlich zu und bejubeln unseren Einmarsch in die Stadt. Hübsch gekleidete junge Kosovarinnen werfen uns Blumen und Kusshände zu. Malcom, der mit dem Oberkörper aus der Dachluke des Zweitonners hinausragt, ist ganz außer sich. »Wie geil ist das denn!«, ruft er mehrfach aufgeregt zu mir hin. Ich fahre Schrittgeschwindigkeit, um die Menschen, die begeistert auf unsere Lkw springen und mit Freudentränen in den Augen ein Stück mitfahren, nicht zu gefährden. Großartig, so müssen sich die Alliierten gefühlt haben, als sie die von den Nazis besetzten Länder befreiten. Es ist wie in einem Film. Obwohl ich gerade erst zu meinem Einsatz eintreffe, genieße ich das Gefühl, als heldenhafter Retter begrüßt zu werden. Ich fühle mich diesen Menschen in diesem Moment unbeschreiblich verbunden. Alle Zweifel der letzten Wochen und Monate, ob es richtig ist, an diesem Einsatz teilzunehmen, sind fort.

In einem Bezirk etwas außerhalb der Stadt befindet sich eine ehemalige Teefabrik. Das eingezäunte Gelände ist als geeignete Basis für unser Feldlager erkundet worden. Das kleine Wachgebäude am Eingangstor ist schon von unseren Leuten besetzt, die jeden kontrollieren, der Zutritt zu dem Areal sucht. Unsere Kameraden winken uns durch, einer deutet auf eine Freifläche, auf der wir unsere Fahrzeuge abstellen können. Zu sehen, wo wir die nächste Zeit verbringen sollen, ist allerdings ein kleiner Schock. Die wenigen Typ-1-Zelte der Bundeswehr, die von unserer Vorhut bereits aufgebaut wurden, sind schnell völlig überfüllt. Die Hitze staut sich in diesen Zelten aus schwerer Baumwolle. Beim Betreten erscheinen sie einem als provisorische Sauna. Die Alternative dazu ist auch nicht besser: Mir wird ein Feldbett zugewiesen, das einfach in den Kies gestellt wurde. Kein Dach, Baum oder Sonnensegel, die etwas Schatten spenden könnten, ist weit und breit zu sehen. Einige Soldaten haben sich ihren Schlafplatz sogar direkt auf dem Boden eingerichtet. Sie finden es offenbar angenehmer, nur mit unserer dünnen Isoliermatte abgepolstert im Schotter zu schlafen als in den durchgelegenen Feldbetten. Das einzige feste Gebäude, eine große blaue Halle, steht verloren auf diesem mehrere Hektar großen Areal.

Mit einigen Kameraden bekomme ich den Auftrag, es zu durchsuchen. Kein ungefährliches Unterfangen, da die Kriegsparteien leer stehende Häuser gerne mit Sprengfallen versehen, um sie für den Feind unbrauchbar zu machen. Überall auf dem Boden liegen Munitionshülsen verschiedenster Kaliber. Die Wände sind stellenweise von Einschusslöchern durchsiebt. Die Sprengstoffexperten vom EOD-Team, das uns begleitet, geben Entwarnung, nachdem wir jeden Winkel mit ihnen genau in Augenschein genommen haben. Die Halle kann eingerichtet werden. Von Oberfeldwebel Rüstmann werden wir noch gewarnt: »Bewegt euch nur auf den Betonplatten und den festen, bereits mit Trassierband gekennzeichneten Wegen. Hier können überall noch Minen eingegraben sein.« Das ist nicht gerade beruhigend. Die räudigen Hunde, die frei auf dem Gelände herumlaufen, sind uns auch nicht geheuer. Der Gedanke an Tollwut liegt nahe.

Zu unserem Glück bekommt der AVZ zwei Räume innerhalb der Halle zugewiesen. Sie sind zwar klein, aber wir fühlen uns darin einigermaßen geschützt. Als ich auf die blöde Idee komme, meinen Kameraden Kehl zu fragen, ob er irgendwo Steckdosen gesehen hat, fange ich mir einen Spruch ein. Es gibt ja nicht mal genug Betten, geschweige denn fließend Wasser oder ein Klo. Aus zusammengesammelter Kartonage, die in der alten Teefabrik noch herumliegt, richten wir uns einen einigermaßen weichen Schlafplatz her. Die großen, blassgelben Fliesen, mit denen der Boden und die Wände der Halle ausgelegt sind, wurden durch die eingeschlagenen Geschosse zum größten Teil beschädigt. Was von ihnen übrig ist, bedeckt als dicke Schutt- und Staubschicht den Boden. Trotz der Pappenunterlage und meiner Isoliermatte erweist sich das Probeliegen in meinem Schlafsack als nicht gerade bequem. Es bleibt uns nicht mehr viel Zeit, um die Lkw zu entladen. Nach Sonnenuntergang wird es fast schlagartig so dunkel, dass man die Hand vor den Augen nicht mehr sieht. Bis dahin muss alles Wichtige erledigt sein. Die Wege und Eingänge markieren wir uns auch innerhalb des Gebäudes mit dem phosphoreszierenden Trassierband. Wir werden eben fertig, als die Dunkelheit hereinbricht. Plötzlich ist alles wie verwandelt. Die geschäftige Betriebsamkeit kommt zum Erliegen, Ruhe kehrt ein. Zikaden geben in der angenehmen Kühle der Nacht ihr lautes Konzert und am Himmel werden so viele funkelnde Sterne sichtbar, wie ich es vorher noch nie gesehen habe. Nachdenklich gehe ich ins Gebäude. Auch dort tanzen Lichter im Dunkeln. Es sind meine Kameraden, die im Schein ihrer Taschenlampen an ihrem Lager sitzen. In den Räumen des AVZ erwartet mich eine Überraschung: ein im Wasserbad gut gekühltes Bier. Ein Bier! Hier, in dieser Einöde. Einer der alten Hasen muss eine Palette mitgeschmuggelt haben. Was für ein Luxus! Ich bin begeistert. Wir sitzen noch eine gute Stunde beisammen, lassen unsere Eindrücke Revue passieren und geben dem turbulenten Tag noch einen gemütlichen Abschluss.

Der nächste Morgen beginnt noch vor Sonnenaufgang. Wir haben genug Brauchwasser zur Verfügung, um uns abzuduschen. Dazu durchlöchern wir den Boden oder den Deckel einer 1,5-Liter-Wasserflasche. Auf diese Weise können wir den Wasserstrahl mit etwas Druck auf die Flasche regulieren und auf die einzelnen Körperpartien richten. Die Rasur und Zahnpflege geht ähnlich spartanisch vonstatten. Um Durchfall und Entzündungen vorzubeugen, schütten wir einen Schluck unseres kostbaren Trinkwassers in unser Koch- und Essgeschirr, auch Pig-Pott genannt. Für die Rasur nutze ich den Außenspiegel eines Geländewagens. Wie gewohnt stehe ich acht Minuten später fertig in den Stiefeln und gehe mit dem Pig-Pott erwartungsvoll zum Verpflegungszelt. Ich sehe schon beim Eintreten die Massen übereinandergestapelter EPa-Kartons. Diese als Einmannpackung bezeichnete Notration soll die Kampfkraft eines Soldaten für einen Tag erhalten. Ebenso trocken wie die militärische Bezeichnung ist der Inhalt aus Hartkeksen, Brotaufstrich, Zartbitterschokolade und Fertiggerichten, die sowohl warm als auch kalt verzehrt werden können. Dazu gehören Kaffee-, Tee- und Getränkepulver. Eine Feldküche ist noch nicht eingerichtet worden, es ist auch nicht abzusehen, wann das geschehen wird. Daher soll sich jeder von den EPa so viel nehmen, wie er tragen kann. Die Auswahl besteht aus Typ II, Gulasch mit Kartoffeln und Cevapcici mit Reis, und Typ III, Hamburger in Tomatensoße und Tofu mit Gemüse. Ich nehme mir möglichst viele Pakete mit Hamburgern. Die dünnen Fleischfrikadellen sind auch kalt einigermaßen zu genießen. Wenn man Weißbrot dazu bekommt, kann man sich etwas zusammenstellen, das entfernt an einen Hamburger erinnert. Den Tofu nehme ich in Kauf. Er ist allerdings so fade, dass selbst die streunenden Wildhunde ihn verschmähen, wenn man es ihnen anbietet. Die nächsten Wochen werde ich also zwischen diesen opulenten Mahlzeiten wählen dürfen, bis die mobile Küche eintrifft.

Doch die Aussicht, wochenlang von diesen Notrationen zu leben, ärgert mich weitaus weniger als das, was mich als Nächstes erwartet. Da die Blaue Halle viel zu klein ist, um alle Soldaten unterzubringen, soll die Freifläche zum Aufbau einer Zeltstadt genutzt werden. Es hat sich allerdings herumgesprochen, dass kurz vor unserer Ankunft ein Hauptfeldwebel der Pionierkompanie auf eine Mine am Rand der etwa zwei Hektar großen Sandfläche getreten ist und schwer verletzt evakuiert wurde. Niemand von uns verlässt die markierten Wege. Über die verheerende Gefahr, die von diesen verborgenen Wächtern ausgeht, sind wir uns alle im Klaren. Von der PMA-3-Mine, die einem Eishockeypuck ähnelt, über die nach ihrer Form und Oberfläche benannte PMR-2-Maiskolbenmine bis zur tortenschachtelgroßen Panzermine haben wir hier schon einige Exemplare zu sehen bekommen.

Die kleine Puckmine ist so konzipiert, dass ihre 35 Gramm Sprengstoff einen Fuß und den Unterschenkel zerfetzen. Verwundete binden mehr Kräfte als Tote. Eine acht Mann starke Gruppe wäre in so einer Situation gezwungen, einen Auftrag abzubrechen, um den Verletzten zu bergen und sich dabei selbst gegen einen Angriff zu sichern. Die Antipersonenmine löst bereits bei einer Druckbelastung von 8 Kilo aus, daher sind Kinder ebenfalls gefährdet. Die Maiskolbenmine wird durch einen Stolperdraht ausgelöst. Der zieht einen Splint und zündet 100 Gramm TNT. Den Kameraden, die am etwa 17 Kilometer entfernten Morinipass an der kosovo-albanischen Grenze stationiert sind, fiel erst, drei Tage nachdem sie ihre Zelte bezogen hatten, eine dieser Minen in einer Baumkrone neben den Zelten auf. Glücklicherweise war es bis dahin windstill gewesen. Bei etwas stärkerer Bewegung der Äste wäre der Splint gezogen worden und ein Metallsplitterregen wäre über die Männer hereingebrochen. Auch die Panzerminen waren durch Anbrechen des Plastikoberteils teilweise so präpariert, dass sie bereits bei 50 Kilogramm

Belastung detonieren konnten. Von dem Unglücklichen, der sie auslöst, wäre nicht viel übrig geblieben. Als Test, ob das Erdreich tatsächlich minenfrei ist, wurde dem Fahrer eines Truppentransportpanzers aufgetragen, einen Tisch hinter sein Fahrzeug zu binden und wie ein Landwirt beim Pflügen die Fläche abzufahren. Dass eine Tischplatte wohl kaum den Druck aufbringt, um eine Mine auszulösen, ist selbst uns Mannschaftssoldaten klar. Trotzdem erhalten wir nun den Befehl, ein Zeltdorf auf dem Sandboden zu errichten, wobei man zwangsläufig Erdnägel zur Befestigung in den Boden schlagen muss. Den Unteroffizieren, die den Befehl des stellvertretenden Kommandeurs, Oberstleutnant Loch, an uns weitergeben, ist merklich unwohl dabei. Aus den Reihen der angetretenen Soldaten werden Stimmen laut, die ihn unverhohlen infrage stellen. »Wer befiehlt denn so einen Bullshit?«, ruft einer. Ein anderer Soldat dicht neben mir macht seinem Unmut ebenfalls Luft: »So etwas nennt man Himmelfahrtskommando!« Als Antwort kriegen wir zu hören: »Hier werden schon keine Minen sein, steht nicht dumm herum, sondern fangt an!« Die Arbeit geht allerdings deutlich langsamer voran, als der stellvertretende Kommandeur es sich wohl gewünscht hat. Der Schweiß perlt uns in großen Tropfen von der Stirn – nicht wegen der glühenden Hitze, sondern aus schierer Angst.

Bereits auf dem Weg ins Einsatzgebiet waren die Minen bei uns ein Hauptgesprächsthema. Viele hatten mehr Angst davor, verkrüppelt zurückzukehren, als zu sterben. Einige trafen untereinander mit nahestehenden Kameraden die Verabredung, sich in so einem Fall gegenseitig den Gnadenschuss zu geben. Ein Versprechen, das ich niemandem geben würde. Das Äußerste wäre, eine Waffe in Reichweite zu legen. Den letzten Schritt kann ich aber niemandem abnehmen. Diese Sorgen lasten mit jedem Schritt, den ich weiter über den trockenen Sandboden gehe, schwerer auf meiner Schulter. Ich gebe mir Mühe, jede Bodenerhebung, die auf eine Mine hinweisen könnte, zu erkennen und zu umgehen. Dabei fühle ich mich so bleischwer, dass ich mir sicher bin, selbst eine Panzermine auszulösen, wenn ich auf sie trete. Als wir alle diesen Tanz auf dem Vulkan ohne Explosion überstanden haben, kommt keine Freude auf. Einige machen ihrer weichenden Anspannung mit Worten Luft, sonst herrscht einfach Ruhe und Erleichterung.

Etliche Wochen später, fast schon gegen Ende unseres Einsatzes, wird das Gelände nochmals gründlich abgesucht. Professionelle kroatische Minensucher, die mit ausgebildeten Minenspürhunden zuvor das stark minenverseuchte Gebiet um den Morinipass abgesucht haben, kommen nun auch hier zum Einsatz. Pro Tag schaffen sie die Fläche von zwei bis drei Fußballfeldern, was angesichts des Umstands, dass tatsächlich kein Zentimeter ausgelassen werden darf, eine enorme Leistung ist. Sie finden auf unserem Gelände noch eine Mine. Sie ist allem Anschein nach voll funktionsfähig und nicht etwa ein Blindgänger. Einer der Kroaten erklärt mir, warum es vermutlich nicht zur Auslösung kam. Durch die lange Dürreperiode der Sommermonate war der Boden dermaßen hart geworden, dass sich der Druck beim Auftreten nicht auf die ebenerdig verlegte Mine übertragen hat. Ein kräftiger Regenguss, der die betonharte Erdkruste aufweicht, hätte diesen Effekt seiner Meinung nach aufgehoben. Wir hatten also pures Glück.

Ich spanne die Zeltwände, indem ich ihre Schnüre an den Erdnägeln festbinde, die ich in den harten Boden getrieben habe. Mithilfe der Pioniere errichten wir auch ein großes Duschzelt, das Platz für etwa zwanzig Personen bietet und an sich für den Fall, dass man durch A-, B- oder C-Waffen kontaminiert wird, zur Entseuchung konzipiert ist. Es werden Waschbecken aus Stahlblech aufgestellt und an Brauchwasser angeschlossen. Sie sehen Futterkrippen ähnlich und bieten acht Mann gegenüberstehend Platz. Nun brauchen wir morgens den Pig-Pott nicht mehr und können auch endlich unsere verschwitzte Kleidung waschen. Dem AVZ werden einige der Typ-I-Zelte am Rand des Lagers zugeteilt. Acht bis neun Soldaten passen in ein Zelt, vorausgesetzt, man stapelt die alten Bundeswehrbetten, die uns zur Verfügung stehen, zu Etagenbetten übereinander.

Jeweils zwei Soldaten teilen sich eine Grundfläche von 2 mal 2 Metern. Darauf muss das Bett und die komplette Ausrüstung untergebracht werden.

Da kaum ein Wind weht, steht die feuchtwarme Luft in den Zelten. Wer während der Mittagszeit eine Pause machen kann, sucht trotzdem dort Zuflucht vor der Sonne. 40 Grad Celsius und mehr sind keine Seltenheit zu dieser Jahreszeit. Uns strömt permanent der Schweiß aus allen Poren. Innerhalb weniger Tage haben wir die typische NATO-Bräune, tiefbraun vom Ellbogen bis zu den Fingerspitzen und vom Hals bis zur Kante des Baretts. Der Rest des Körpers ist durch die Uniform bedeckt. Obwohl ich mindestens 3 Liter Wasser pro Tag trinke, habe ich seit meiner Ankunft im Kosovo keinen klaren Urin mehr gehabt. Jede Gelegenheit zum Ausziehen des Feldhemds wird dankbar angenommen. Dicke weiße Salzränder sind auf den Hemden und den olivgrünen T-Shirts zu sehen, besonders, wenn man zuvor mit der beschussfesten Bristolweste unterwegs war. Ihre 18 Kilogramm ständig auf der Schulter lasten zu haben ist bei der Hitze eine zusätzliche Belastung. Glücklicherweise müssen wir den Helm nicht tragen, wenn wir auf Wache oder Patrouille sind. Das wäre auch nicht lange möglich ohne gesundheitliche Beeinträchtigung. Das menschliche Hirn gibt bei Temperaturen um die 60 Grad schnell auf.

Die Stiefel werden, sobald wir nicht mehr in Bereitschaft sind, sofort ausgezogen. Dummerweise teile ich mir den Platz im Zelt mit dem Hauptgefreiten Wolf. Er ist bekannt für seinen penetranten Fußgeruch. Mehr als einmal habe ich den Impuls, seine Stiefel zu verbrennen. Jedem, der unser Zelt zum ersten Mal betritt, entfährt ein angeekeltes »Igitt, was stinkt hier denn so?« In meiner Not lasse ich mir von einem Sanitäter Neokodanspray zur Hautdesinfektion geben und leere heimlich den Inhalt in Wolfs Stiefel. Leider bringt das nicht den gewünschten Effekt. Das Einzige, womit sich der Fußgeruch überdecken lässt, ist Zigarettenqualm. Entgegen meiner Gewohnheit rauche ich von dem Moment an eine nach der anderen –

bei 8 bis 11 D-Mark für eine Stange Zigaretten kostet mich das nicht einmal viel.

Die Soldaten des AVZ sind für die Bewachung des gesamten Lagers verantwortlich. Wir teilen uns in mehrere Wachmannschaften auf. Der Wachdienst wird für jeweils 24 Stunden übernommen. Es folgt ein Tag wachfrei, ein Tag Patrouille und ein Tag Bereitschaft. An den Tagen, an denen man frei hat, ist man frei für alle möglichen anderen Tätigkeiten, die im Lager anfallen. Das reicht vom Sandsäckebefüllen, die zur Sicherung des Lagers benötigt werden, über die Unterstützung des Materialwarts beim Abladen und Verstauen der Versorgungsgüter bis hin zur Müllverbrennung, wenn die dafür ausgehobene Kuhle wieder einmal randvoll ist. Die Patrouille dagegen ist eine willkommene Abwechslung. Ich bin gerne mit meinen Kameraden in der Stadt Prizren oder in den Bergdörfern unterwegs. Während der Bereitschaft müssen wir jederzeit alles stehen und liegen lassen können, um unsere Kameraden zu unterstützen, wenn sie in eine gefährliche Situation kommen. Diesen Tag nutze ich zum Wäschewaschen, Briefeschreiben oder einfach zum Ausruhen und Lesen.

Die Wache verläuft an sich ähnlich wie in unserer heimatlichen Kaserne. Einige sind an der Eingangspforte des inzwischen mit NATO-Draht eingefassten Geländes damit beauftragt, die Fahrzeuge und Personen, die das Lager betreten oder verlassen wollen, zu kontrollieren. Andere durchstreifen das Lager und halten nach Anzeichen einer Gefahr Ausschau. Die Pausen und Ruhezeiten während der 24-Stunden-Wachdienste sind die größte Herausforderung. Wir müssen uns nämlich die vollgeschwitzten Bettmatratzen, die dafür im Wachgebäude ausliegen, teilen. Die sind, wie das Wachlokal überhaupt, von Wanzen und anderen Insekten bevölkert. Da es zu heiß ist, um sich im Schlafsack zu verkriechen, werden wir von den blutgierigen Tierchen häufig gebissen. An der Stelle entsteht eine kleine Beule, die sich nach einigen Tagen auch mal schwarz verfärbt und zu einem harten Knubbel verkapselt. Einige versuchen mit einer Plastikplane über der Matratze, der Biester Herr zu werden. Bei dieser

Methode staut sich allerdings der Schweiß dermaßen, dass man bald in einer Pfütze liegt. Ich verbringe die Ruhezeiten daher lieber dösend auf einem Stuhl, um den ich mit Insektenvernichter einen schützenden Kreis gesprayt habe.

Mit dem Eintreffen der Hauptstreitkräfte bekomme ich eine neue Aufgabe. Da die Einsatzkompanie sich mit drei verstärkten Zügen in einer Grenzstation am Morinipass eingerichtet hat, erhalte ich von Oberfeldwebel Rüstmann den Auftrag, dreimal täglich die in der Feldküche der Blauen Halle zubereitete Verpflegung zu diesem Außenposten, Adlerhorst genannt, zu fahren. Zur Eigensicherung begleitet mich wie üblich ein Schütze, der in der Dachluke des Lkw steht. Der Oberfeldwebel lässt es sich nicht nehmen, auf der ersten Fahrt selbst diese Aufgabe zu übernehmen. Uns steht ein Zweitonner, dessen Windschutzscheibe beschädigt ist, zur Verfügung. Als ich die Fahrertür öffne, wundere ich mich, wie viel Kraft ich dazu aufwenden muss. Die Tür scheint mir dicker und schwerer zu sein als gewöhnlich. Rüstmann, der in diesem Moment hinzukommt, sieht mir die Verwunderung an. »Der Zweitonner hat eine gepanzerte Fahrerkabine.« Bisher wusste ich nicht, dass es so etwas gibt.

Ich schaue mich im Wagen nach den Fahrzeugpapieren um. Als Kraftfahrer weiß ich, dass man auch im Einsatzland jede Fahrt genau eintragen muss. Da ich die Papiere nicht sofort finde, fragt mich der Oberfeldwebel, wonach ich suche. Auf meine Antwort entgegnet er mir entgeistert: »Sag mal, was hast du denn geraucht? Die Jungs an der Grenze warten auf ihr Essen. Motor an und los jetzt!« Ich verstehe. Diesem Mann ist gesunder Menschenverstand also wichtiger, als sich sklavisch an Vorschriften zu halten. Damit kann ich leben. Wir verstehen uns überhaupt gut. Wir stellen fest, dass wir beide aus Rostock kommen und sogar im gleichen Jahr, 1977, geboren sind. Auf der Fahrt aus dem Lager heraus meldet Rüstmann unsere Fahrt über Funk bei der OPZ, der Operationszentrale, an. Dadurch wissen sie, dass wir uns jetzt auf der Duck Road, dem Funknamen für die Landstraße Richtung Morini, befinden und innerhalb der nächsten

30 Minuten mit einem zweiten Funkspruch von uns zu rechnen ist, wenn wir den Grenzposten erreicht haben. Der Lkw ist aufgrund der nachträglichen Panzerung sehr schwerfällig und neigt bei der kleinsten Lenkbewegung dazu, auszubrechen. Die Windschutzscheibe ist nicht mehr ganz durchsichtig und die Klimaanlage ist auch defekt. Nicht einmal die Seitenfenster lassen sich zum Lüften öffnen. Ich bin richtig genervt von der Kiste, zumal ich mit der Bristolweste samt Genitalschutz keine Möglichkeit habe, bequem Platz zu nehmen.

Oberfeldwebel Rüstmann hingegen scheint die Fahrt zu genießen. Auf dem Beifahrersitz sehe ich nur seine Beine. Den Oberkörper hat er durch die Dachluke gesteckt und eine gemütliche Haltung in der Drehringlafette des Maschinengewehrs eingenommen. Er ruft mir immer wieder begeistert irgendetwas zu, was ich leider nicht verstehen kann. Plötzlich dringt ein abscheulicher Geruch ins Innere des Fahrzeugs, der immer intensiver wird. Rüstmann verzieht ebenfalls angeekelt das Gesicht. Er weist mich an, rechts ranzufahren. Ich stelle den Motor ab, wir steigen aus. Schräg gegenüber liegt ein totes Pferd an der Straße. Der Kadaver muss schon seit einiger Zeit in der Sonne liegen, denn die Wangen und Extremitäten sind eingefallen und wirken ausgetrocknet. Der Rumpf ist prall aufgebläht. Als mich der Oberfeldwebel darauf hinweist, erkenne ich bei genauem Hinsehen den Rand einer vergrabenen Panzermine in der sandigen Grünfläche. Der Straßenrand wurde vermint. Die Kosovo-Albaner, die versuchten, dem serbischen Kessel über die Grenze nach Albanien zu entkommen, haben diese Hauptstraße genutzt. Sicherlich waren einige so unvorsichtig, den Autos auf der schmalen Straße auszuweichen, und sind dabei in ihr Verderben gelaufen. Das Pferd ist wohl auf eine Mine getreten. Ich betrachte das verwesende Tier. Die Beine sind noch dran. Eine Panzermine wird es nicht gewesen sein, eher eine kleine Antipersonenmine. Es hat bestimmt gedauert, bis das arme Vieh tot war.

Unter der Bauchdecke bewegt sich plötzlich etwas. Es zappelt kurz und heftig, und auf einmal schießt ein Hund aus dem Pferdebauch hervor. Den Brechreiz, der mich befällt, unterdrücke ich. Laut Rüstmann haben wir Glück gehabt, denn das Gewicht des Hundes genügt, um eine Puckmine auszulösen. »Die umliegenden Steine, die bei einer Explosion beschleunigt werden, sind gefährliche Geschosse. Wenn dir so ein Vieh zu nahe kommt, dann erschieße es lieber«, meint der Oberfeldwebel. Ich muss an Lolek und Bolek denken. So haben wir die beiden Hunde genannt, die uns während der Wache zugelaufen sind. Sie begleiten uns bei unseren Streifengängen durch das Lager und sind uns dabei sehr ans Herz gewachsen. Sie sind uns gegenüber sehr zutraulich, auf die Einheimischen reagieren sie allerdings mit Knurren und Zähnefletschen. Ich will hier keinen Hund erschießen müssen.

Nach diesem kurzen Zwischenhalt erreichen wir wenige Minuten später den Adlerhorst und liefern die Thermobehälter mit dem warmen Essen ab. Dieser Stützpunkt war zuvor eine Grenzstation, die von serbischen Einheiten besetzt war. Das Gebiet war noch wenige Wochen zuvor zwischen Albanern und Serben besonders hart umkämpft. Hier hätte die UÇK von Albanien aus einen Einfall in serbisches Hoheitsgebiet wagen können. Die stationierten serbischen Truppen hatten sich daher an geeigneten Geländeabschnitten besonders gut verschanzt und erst am 12. Juni 1999 auf Druck unseres Brigadegenerals Helmut Harff den Grenzposten innerhalb von 30 Minuten räumen müssen. Mehr Zeit wollte ihnen »der Habicht« nicht gewähren. Der General ist ebenfalls Fallschirmjäger und für seine harsche, geradlinige Art bekannt. Nun gehört diese Region zum Aufgabenbereich der 3., einer Kampfkompanie des Fallschirmjägerbataillons 313.

Das Lager liegt südwestlich von Prizren. Ein herrlicher smaragdgrüner Bergsee bildet auf der Seite zum Westen hin eine natürliche Grenze nach Albanien. Östlich schließen steile Felsengebirge den schmalen Gebirgspass ein. Im Südwesten liegt Albanien. Dort endet unser Verantwortungsbereich. Da das gesamte Gelände im Prinzip ein einziges großes Minenfeld ist, leben die meisten der etwa einhundertzwanzig Männer stark beengt auf einem geteerten Basketballplatz, der zu einer Station der serbischen Grenzpolizei gehörte. Die Anlage liegt in einer Senke etwa 300 Meter in Richtung See von dem eigentlichen Kontrollgebäude am Grenzübergang entfernt, in dem der IV. Zug untergebracht ist. Drei Reihen Zelte für jeweils etwa dreißig Mann stehen so dicht aneinander auf der Teerfläche, dass nur eine schmale Gasse zwischen ihnen bleibt. Die Rasenfläche drum herum ist tabu. Ein schmaler, mit Steinplatten ausgelegter Pfad führt durch ein kleines Kräutergärtchen, dessen Pflanzen längst vertrocknet sind, zu einem roten, doppelstöckigen Backsteingebäude. Ein weiterer Pfad führt zu einem kleinen Pavillon. Von hier aus hat man einen wunderbaren erhöhten Ausblick auf den See, dessen Ufer ungefähr 100 Meter entfernt ist. Es muss hier einmal richtig schön gewesen sein. Schade, dass ich diesen Ort unter solchen Umständen kennenlernen muss.

Meine Kameraden, die hier ihren Dienst tun, haben keine Zeit, sich an der Landschaft zu freuen. Sie errichten hier alles Nötige, um einigermaßen gut leben zu können, sind bei der Versorgung mit Lebensmitteln und Wasser allerdings auf Lieferungen aus dem Hauptlager angewiesen. Wenn der Tanklaster gegen Abend mit dem Brauchwasser für den täglichen Bedarf auftaucht, kommen die Männer immer völlig nackt aus den Zelten gelaufen und nutzen die Gelegenheit, sich den Dreck und Schweiß des Tages abspülen zu lassen. Die Fahrer des Tanklasters schließen dazu einen Hochdruckreiniger an und spritzen die Männer wie in einer Autowaschanlage mit dem eiskalten Wasserstrahl ab. Hauptmann Knurr ist ihr Kompaniechef. Er wird heimlich Turtle genannt, weil er mit seinem scharfkantigen, römischen Gesicht und seinem schmalen ledrigen Hals, die aus der gepanzerten Bristolweste herausschauen, an eine Schildkröte erinnert. Wenn er die Weste ablegt, erkennt man, dass er trotz seiner drahtigen Erscheinung einen enorm breiten Rücken und Brustkorb hat. Eine Tätowierung mit dem Zeichen der französischen Fremdenlegion auf der Schulter sorgt für viele Spekulationen, aber niemand wagt es, ihn direkt darauf anzusprechen. Er wirkt unnahbar, taucht überall unerwartet auf und scheint die Aussage, dass ein Soldat nie schläft, sondern nur ruht, zu leben.

Die Jungs hier haben den gleichen Vier-Tage-Rhythmus wie wir, mit dem Unterschied, dass Wache bei ihnen Dienst an der Grenzstation bedeutet. Um die Befriedung des Landes voranzutreiben, sorgen sie dafür, dass keine Waffen mehr in den Kosovo geschmuggelt werden und die UÇK dem Abkommen der Entmilitarisierung nachkommt. Die albanischen Freiheitskämpfer müssen sich von ihren Waffen und allen Symbolen ihrer Organisation trennen. Das durchzusetzen ist ein wichtiger Schritt, um dem täglichen Terror und Morden zwischen den verfeindeten Volksgruppen ein Ende zu bereiten. Noch lodern in Prizren nach Anbruch der Dunkelheit täglich Flammen aus den Häusern in den serbischen Wohnvierteln. Menschen verschwinden spurlos und werden von ihren Hilfe suchenden Angehörigen bei den von der UN dafür eingerichteten Hilfseinrichtungen als vermisst gemeldet. Aus dem Flüchtlingslager im nahe gelegenen Kukes strömen täglich Hunderte Menschen zurück in ihre Heimat. Jeder muss an der Grenzstation kontrolliert werden. Die Bilder gesuchter Kriegsverbrecher beider Parteien hängen im Gebäude am Grenzübergang aus. Darüber wurde mit gelbem Klebeband der Leitspruch der NATO in großen Lettern an die Wand gebracht: »Wachsamkeit ist der Preis der Freiheit«.

In der Blauen Halle kehrt schnell Ordnung und Regelmäßigkeit ein. An den freien Tagen fahren wir jede zweite Woche in die Briga de. Hier sind Soldaten aller an diesem Einsatz beteiligten Nationen anzutreffen. Wir haben dann alle die Gelegenheit, zehn Minuten in die Heimat zu telefonieren. Allerdings stehen nur wenige Apparate zur Verfügung, sodass man sich oft in eine Schlange von fünfzig oder mehr Personen einreihen und fast eine Stunde auf das kurze Gespräch warten muss. Daher verzichte ich häufig auf meinen Anruf und schreibe lieber Briefe an meine Familie. Die Zeit, während die anderen sich die Beine in den Bauch stehen, verbringe ich lieber in einem der Betreuungsräume. Die Brigade bietet so viel Platz, dass sich jede Nation einen eigenen Erholungsraum einrichten kann. Dort kann man sich ein kühles Getränk und eine Pizza bestellen oder etwas anderes, was man nicht in den Pig-Pott bekommt, sich mit Kameraden unterhalten, die man sonst seltener zu Gesicht bekommt, oder einfach einen Videofilm ansehen. Die Engländer haben sich sogar einen Swimmingpool aufs Dach gebaut.

So vergeht die Zeit hier im Vier-Tage-Rhythmus. Oft weiß ich nicht mehr genau, welchen Wochentag wir eigentlich haben. Wenn der freie Tag auf einen Mittwoch fällt, machen wir ab und zu einen Zwischenstopp auf dem Wochenmarkt in Prizren, wo ich mir gemeinsam mit einigen meiner Kameraden einen Fernseher samt Satellitenschüssel und Receiver zulege. Leider habe ich nicht bedacht, dass ich als Obergefreiter in unserem Zelt am unteren Ende der Rangordnung stehe und meine Fernsehwünsche keine Rolle spielen. Die Fernbedienung bleibt wie ein Zepter fest in der Hand der Oberstabsgefreiten. Um es uns wohnlicher einzurichten, bauen wir aus Holzpaletten Tisch und Stühle. Sogar einen selbst ernannten Friseur haben wir unter uns. Kamerad Ratz hat in weiser Voraussicht seine Schermaschine mitgebracht und sorgt dafür, dass wir auch im Einsatz einen ordentlichen Haarschnitt haben.

An einem dieser 08/15-Tage liegen wir während der Mittagspause in unseren Zelten. Ich habe den Soundtrack zu »Full Metal Jacket« in meinen Discman eingelegt. Filme wie dieser haben meine und die Vorstellung meiner Kameraden geprägt, wie es ist, Soldat zu sein. Es läuft gerade »Hello Vietnam« von Johnny Wright, als Limmann mit einem Klappspaten in der Hand in unser Zelt stürmt und »Einc Schlangc, eine Schlange!« schreit. Alle springen erschrocken auf, schlüpfen schnell in ihre Stiefel und bewaffnen sich mit einem Klappspaten. Nur Atze Schröder lässt sich nicht aus der Ruhe bringen, er bleibt liegen und macht eine Bemerkung über die verblüffende Größe der Schlange. Da sie in einem Spalt der Europaletten, die uns als Bodenbelag dienen, verschwunden ist, heben wir die Paletten an und suchen sie. Keiner möchte nachts von einer Giftschlange gebissen werden. Es ist Ratz, der sie entdeckt und mit einem Hieb köpft. Erleichtert betrachten wir das etwa 1,30 Meter lange Exemplar und heben das Tier in die Höhe. Es werden Fotos gemacht, auf denen wir wie bei einer Safari posieren. Als ich mich mit der Schlange am ausgestreckten Arm ablichten lasse, windet sie sich völlig unerwartet um mein Handgelenk. Ich bin total entsetzt und schreie auf. Der Druck, den die geköpfte Schlange ausübt, ist sehr stark und schmerzhaft. Während Ratz nur lacht, kommt mir Atze zu Hilfe. Der Veterinär, der für die Hygiene im Lager verantwortlich ist, hat die Aktion in unserem Zelt wohl mitbekommen und lässt sich das inzwischen wirklich tote Tier aushändigen. Wir suchen auch seinen Kopf und geben ihn dem Offizier. Er meint, es könne eine Hornotter sein, eine Vipernart, die eines der stärksten Schlangengifte in Europa besitzt.

Nach und nach wird der AVZ zum festen Bestandteil der operativen Gesprächsaufklärung. Mit den Wölfen und Lkw sind wir immer häufiger stundenlang zu den entlegensten Dörfern unterwegs, auf schmalen Gebirgspfaden, die wohl eher für Maultiergespanne gedacht und stellenweise so schmal sind, dass gerade einmal eine Handbreite zwischen den Lkw-Reifen und einem tiefen Abgrund Platz ist. Die Männer, die auf der Ladefläche der abgeplanten, offenen Fahrzeuge sitzen, verlagern automatisch das Gewicht auf die gegenüberliegende Seite. Sollte die Wegkante unter dem Gewicht der Lkw nachgeben, wärs das mit uns gewesen. Viele der Dörfer sind verlassen, aber da, wo wir auf Menschen treffen, werden wir sehr herzlich aufgenommen. Viele der Albaner sprechen russisch. Dann werde ich von meinen Vorgesetzten als Dolmetscher herangezogen. Meist geht es einfach darum, Kontakt zu den Leuten aufzunehmen und Vertrauen zu schaffen. Wir notieren, was dringend benötigt wird, Medikamente oder andere Hilfsgüter, und leiten die Information an die humanitären Organisationen vor Ort weiter. Oft erfahren wir nebenbei auch, wo Minen gefunden wurden, ob es in der Gegend in letzter Zeit zu Kampfhandlungen gekommen ist oder ob es in der Nähe Anzeichen von Massengräbern gibt.

Der AVZ ist dem Kommandeur direkt unterstellt und begleitet ihn zu seinem Schutz auf allen seinen Wegen. Während einer dieser Fahrten sind wir im Gebirge fernab des Lagers unterwegs. Der letzte Funkkontakt, der zur OPZ hergestellt werden konnte, liegt mindestens eine halbe Stunde zurück. In dieser Einöde kommt das Fahrzeug des Kommandeurs aufgrund eines Platten zum Stehen. Unsere Wölfe haben alle Reifen mit Notlaufeigenschaft, das bedeutet, dass sie im Innern einen Laufring aus Vollgummi besitzen, auf dem man notfalls aus einer Gefahrensituation entkommen kann. Trotzdem ist es in den Bergen sicherer, das Reserverad anzubringen. Zott, als Oberstabsgefreiter der höchste Dienstgrad der Mannschaft auf unserem Wolf, teilt uns ein. Kehl soll dem Obergefreiten Mundt beim Reifenwechsel helfen und ich begleite mit Zott den Smoker, wie wir den Kommandeur wegen seiner Leidenschaft für selbst gedrehte Zigaretten nennen. Er hat sich auch jetzt eine Selbstgedrehte angesteckt und geht wortlos ein paar Schritte den Weg entlang.

Unsere Reifenpanne ist nicht unentdeckt geblieben. Aus einem nahe gelegenen Dorf strömen Kinder herbei, »Biscuit, biscuit!«, rufen sie. Leider hat keiner die bei Kindern beliebten Hartkekse aus dem EPa dabei. Männer gesellen sich dazu. Ihrer derben, abgewetzten und etwas speckigen Kleidung nach zu urteilen, leben sie von dem, was der Boden und etwas Kleintierhaltung hergeben. Einige tragen Militärjacken oder Hosen, teilweise auch deutsche Uniformteile, die wegen ihrer Flecktarnmuster im Kosovo beliebt zu sein scheinen. Zotts Haltung spannt sich an. »Augen auf, check auch die Lage hinter uns!«, zischt er mir zu. Ich bin bereits auf der Hut und gebe es Zott mit einem kurzen Handzeichen zu verstehen. Der Kommandeur selbst bleibt gelassen und begrüßt die Männer, die ihm freundlich die Hand reichen. Zu mir gesellt sich ein etwa 40-jähriger Mann, der mir immerzu auf die Schulter klopft und »KFOR gut – Serben scheiße« sagt. Neugierig schaut er auf das Namensschild, das mit Klettband über meiner linken Brusttasche befestigt ist. »Mula«, versucht er meinen Namen auszusprechen. »Mula«, sagt er und klopft mir weiterhin anerkennend auf die Schulter. Ich bin etwas irritiert durch diese Nähe. Um ihn freundlich loszuwerden, halte ich ihm eine geöffnete Schachtel HB hin und winke ihm, nachdem er sich eine Zigarette genommen hat, höflich verabschiedend zu.

Der Kommandeur begleitet derweil einen der Männer, die ihm offenbar etwas zeigen wollen. Zott ist bereits einige Schritte vor mir und geht schräg versetzt hinter dem Smoker. Sein G36 ist, wie immer in solchen Situationen, bereits entsichert und sein Zeigefinger liegt lang neben dem Abzug, die Mündung seines Gewehrs ist auf den Boden vor seinen Füßen gerichtet. Ich gebe Kehl, der die Situation vom Wolf aus im Auge behält, per Handzeichen zu verstehen, dass er bei Mundt bleiben soll, während ich mit Zott den Kommandeur begleite. Mit einigen schnellen Schritten bin ich an der Gruppe dran und wir erreichen kurz darauf ein Dorf. Der Smoker ist mit einem heftig gestikulierenden Dorfbewohner ins Gespräch vertieft. Wir wissen nicht, worüber gesprochen wird, und Zott ist merklich auf dem Sprung. Der Kommandeur registriert das irgendwie, obwohl er uns den Rücken zugewandt hat. Er dreht sich um und gibt uns mit tiefer Stimme in seiner ruhigen Art zu verstehen, dass alles gut sei. Zott legt die Anspannung ab und grummelt wie ein knurriger Wachhund vor sich hin. Der Smoker begleitet einige Einheimische zu einem Geröllfeld außerhalb des Dorfes. Wir folgen ihm mit etwas Abstand.

Als der Kommandeur hinter einer Buschgruppe aus unserem Blickfeld verschwindet, werfe ich einen nervösen Blick zu Zott hinüber. Nun ist es an ihm, Ruhe auszustrahlen: »Keine Sorge, der Alte weiß schon, was er tut. Wir gehen jetzt ganz entspannt hinterher«, sagt er zu mir. Ich atme tief durch – und erstarre. »Zott, stopp!« Er reagiert sofort und friert in der Bewegung ein. Seit seinem Einsatz in Bosnien weiß er, dass das zwischen Leben und Tod entscheiden kann. »Was?«, presst er mit bedrohlichem Unterton zwischen den

Zähnen hervor, ohne sich zu mir zu wenden. Mein Blick war an etwas metallisch Glänzendem kleben geblieben. Drei bis vier Meter links von uns ist eine Maiskolbenmine vergraben. Ein Stück weiter vorne ist auch ein kleiner Krater im Boden, da stand bestimmt auch eine. Ich bleibe regungslos stehen und fange an, mit meinem Blick jeden Zentimeter des Bodens vor meinen Füßen abzusuchen. Möglicherweise sind wir unbemerkt mitten in ein Minenfeld gelaufen. In der eigenen Trittspur zurückzugehen, wie einem beigebracht wurde, ist nicht möglich auf dem steinigen Geröllboden, wo kein Fußabdruck zurückbleibt. Die Knie werden mir weich und fangen an zu zittern, der Schweiß rinnt mir noch mehr als sonst von der Stirn. Zott übernimmt die Initiative. »Hör zu! Wir müssen beim Kommandeur bleiben. Die Typen werden sich in der Gegend um ihr Dorf auskennen und am besten wissen, wo es sicher ist. Komm schon.« Obwohl wir uns erst seit einigen Wochen kennen, vertraue ich diesem mürrischen Kerl.

Wir gehen langsam, bedächtig Schritt für Schritt weiter. Ich versuche genau zu sehen, wo er auftritt, und meine Schritte an die gleiche Stelle zu setzen. Mein Mund ist trocken und meine Kehle schnürt sich zusammen. Ich darf jetzt keinen Gedanken daran verlieren, was passieren kann, sonst würde ich noch stehen bleiben und mich keinen Schritt mehr weiterbewegen. Beide spucken wir alle Schimpfwörter und Verwünschungen aus, die wir kennen. Als wir die Buschgruppe, hinter der der Smoker verschwunden ist, endlich erreichen, kommt uns ein Dorfbewohner entgegen. »Mina?«, fragt Zott. Der Albaner macht ein verdutztes Gesicht. »Hier Mina!«, wiederholt Zott und deutet dabei in Richtung der Maiskolbenmine. Der Mann lächelt und winkt uns zu sich. Offenbar versteht er kein Serbokroatisch. Wir gehen mit ihm zum Kommandeur hinüber, der mit den anderen Dorfbewohnern an einer frisch aufgewühlten Stelle im Boden in ein Gespräch vertieft ist. Ein paar Minuten später machen wir uns auf den Weg zurück zum Fahrzeug. Wir weisen den Smoker auf die Mine hin, die jetzt wieder ein paar Meter vor uns liegt, auch um unsere längere Abwesenheit zu erklären. Er bleibt stehen und wechselt einige Worte mit unseren Begleitern. Sie nicken eifrig, und einer geht los und zeigt uns ein Stück rot-weißes Absperrband, das in einem nahe gelegenen Gebüsch hängt. Der Wind hatte es wohl abgerissen, aber es fühlt sich keiner der Dörfler bemüßigt, die Mine damit wieder sichtbar zu markieren. Die wissen ja, wo sich das Teil befindet. Wir vermerken die genaue Position in unserer topografischen Karte, damit der Kampfmittelräumdienst über den Fundort informiert werden kann.

Mundt und Kehl warten schon höchst ungeduldig auf uns, bereit, zu Hilfe zu eilen. Wir setzen auf heilen Reifen die Fahrt fort. Als Kehl erfährt, in was für einer heiklen Situation wir uns befunden haben, sagt er nach kurzem Schweigen, dass wir im Fall einer Detonation keine Hilfe von außen bekommen hätten. Die Funkgeräte seien zu schwach, um einen Notruf ins Lager abzusetzen. Darüber hatten Zott und ich noch gar nicht nachgedacht. Ich zünde mir eine Zigarette an und sacke in den Fahrersitz.

Beim abendlichen Debriefing erfahre ich, dass wir von der Dorfgemeinschaft zu einem mutmaßlichen Massengrab geführt worden sind. Um eine Identifizierung der Leichen zu erschweren, seien die Ermordeten häufig in eine tiefe Grube geworfen und mit Tierkadavern bedeckt worden. Die Spuren der darüber aufgehäuften Erde sind bei Aufklärungsflügen über lange Zeit gut zu erkennen. Daher versucht man den Anschein zu erwecken, dass es sich um Schlachtabfälle handle. Widerlich, dieser Gedanke. Mir fällt ein, was der Kommandeur in einer ähnlichen Situation einmal meinte: »Menschen untereinander, die sind schlimmer als Wölfe.« Er wirkte dabei traurig und nahm einen tiefen Zug an seiner selbst gedrehten Zigarette. Zu diesem Zeitpunkt habe ich noch nie einen toten Menschen gesehen. Ich bin auch nicht scharf darauf und ganz froh, kein Feldjäger zu sein. Die Einheiten der Militärpolizei sind mit der Spurensicherung beauftragt. Sie sind hier tagtäglich unterwegs, dokumentieren den Schrecken und machen Beweisfotos.

Nach dem Debriefing verlasse ich das Zelt und setze mich zu einigen Kameraden ans Lagerfeuer. Wir trinken Skopsko, ein Bier, das in Mazedonien gebraut wird. In einem Wasserbottich kühlen wir es auf etwas unter 30 Grad herunter. Zwei kleine Dosen pro Tag sind uns erlaubt, außer an den Tagen, an denen man Wache hat. Währenddessen Alkohol zu trinken, wäre ein Wachvergehen, das streng bestraft würde. Wir unterhalten uns über Belanglosigkeiten und erzählen uns Anekdoten, hauptsächlich aus der Grundausbildung und den gemeinsam durchgestandenen Lehrgängen und Übungen. Die schlechten Gefühle und Gedanken verfliegen darüber. Zott kommt an uns vorbei und ruft mir in Anspielung auf den überfreundlichen Kosovaren ein »Prost, Mula!« zu.

# HAUSDURCHSUCHUNG

Ich habe Wachdienst. Inzwischen Routine, trotzdem sind die 24 Stunden, besonders wegen der Hitze, ermüdend und anstrengend. Jeden Tag aufs Neue kontrolliere ich die Kosovo-Albaner mit der gleichen Gründlichkeit, wenn sie das Lager betreten oder verlassen. Ihre Gesichter sind mir größtenteils bereits bekannt. Sie wurden als Arbeiter zum Aufbau des Lagers eingestellt. Falls sie mit einem Fahrzeug hineinwollen, werden sämtliche Versteckmöglichkeiten genauestens in Augenschein genommen. Die Insassen sind währenddessen außerhalb des Fahrzeugs unter Beobachtung. Sicherlich fluchen sie oft über uns, wenn wir die Verblendungen im und am Wagen entfernen. Meist bleiben Kratz- und Arbeitsspuren zurück, darauf können wir allerdings keine Rücksicht nehmen.

Heute melde ich mich lieber freiwillig zur Lagerstreife, als am Tor zu stehen, so bleibe ich in Bewegung. Zott, als Oberstabsgefreiter der höchste Dienstgrad unserer kleinen Wachmannschaft, ist wie immer der Wachhabende. Er ist einverstanden und stellt mir wunschgemäß Kehl zur Seite. Gegen Mittag werfen wir uns die Bristolweste über die Schultern und machen uns für den Streifengang fertig. Zott schaut von seinem Schreibtisch auf und ermahnt uns, rechtzeitig zurückzukommen. Wir müssen Limmann und Kutz am Tor ablösen, damit sie rechtzeitig zum Essen gehen können. Die beiden suchen am Eingangstor im spärlichen Schatten eines Baumes etwas Schutz vor der Mittagshitze. Limmann ist schon etwas ungeduldig und ruft uns zu, dass wir uns beeilen sollen. Es ist so heiß, dass der Wachwechsel, der normalerweise alle zwei Stunden erfolgt, während des Tages stündlich stattfindet. Gemeinsam mit Kehl laufe ich die zuvor festgelegte Route ab, die zwischen der Umzäunung und sicherheitsrelevanten Stationen wie der Waffenkammer und den Fahrzeugstellplätzen innerhalb des Lagers entlangführt und ständig gewechselt wird. Ich bezweifle noch immer, dass das Lager minenfrei ist, deswegen bleibe ich möglichst auf asphaltierten Wegen oder dem während der letzten Wochen fuhrenweise aufgeschütteten blauen Schotter.

Wir sind gerade bei dem Kfz-Abstellplatz angekommen, als wir jemanden schreien hören. Alarmiert folgen wir der Richtung, aus der die Schreie kommen, und sehen hinter der Umzäunung einen Mann wild gestikulierend im hohen Gras stehen. Es handelt sich um ein gekennzeichnetes, ungeräumtes Minenfeld, das aus diesem Grund auch nicht abgemäht wurde – ansonsten ist man immer bemüht, das Gelände um ein Lager herum gut überschaubar zu halten. Auf den zweiten Blick begreife ich, weshalb der Mann, der, nach seiner traditionellen eierschalenartig geformten Kopfbedeckung zu urteilen, ein Albaner sein muss, so aufgeregt ist: Seine Kuh steht etwa 80 Meter vom Zaun entfernt mitten im Feld und rupft in aller Ruhe die Grashalme ab. Langsam bewegt sie sich in Richtung des Zauns. Die Situation mit dem Pferdekadaver fällt mir ein, und die Mahnung, in solch einer Situation das Tier lieber zu erschießen, um nicht durch Sekundärprojektile gefährdet zu werden, wenn es eine Mine auslöst. Ich kontaktiere Zott per Funk. Er ist hörbar genervt, seine Anweisung ist, zu warten.

Die Kuh bewegt sich grasend immer näher heran. Sie ist nur noch 30 bis 40 Meter von uns entfernt. Der Besitzer steht etwa 10 Meter hinter seinem Vieh und scheint sich nicht darüber im Klaren zu sein, in welcher Gefahr er sich befindet. Kehl und ich schreien: »Mina, Mina!«, und geben ihm Handzeichen wegzugehen. Keine Reaktion. Jeder weitere Schritt könnte ihn gleich durch die Luft fliegen lassen. Kehl und ich suchen Schutz hinter einem Lkw. In meiner Verzweiflung schreie ich dem blöden Kerl einfach auf Deutsch zu, dass der endlich abhauen soll. Ein Major, der durch mein Geschrei auf die Situation aufmerksam wird, gibt mir die Anweisung, die Kuh zu erschießen, sobald sie näher als 20 Meter an den Zaun herankommt. Dass das Tier womöglich die einzige Einkommens- und Nahrungsquelle für den Albaner ist, lässt er als Einwand nicht gelten. Er sagt mir noch, dass ich mich nicht wundern solle, falls die Kuh nach dem ersten Schuss keine Reaktion zeigt. Die Gewehrmunition sei so klein und schnell, dass sofort eine Schockwirkung entsteht. Am Morinigrenzposten habe man in ähnlicher Situation acht oder neun Mal schießen müssen, erst dann seien die Tiere schlagartig tot zusammengebrochen. Alles Weitere überlässt der Major mir und geht davon.

Vom Dach eines Lkw aus will ich die Angelegenheit schnell hinter mich bringen. Die Situation erscheint mir lächerlich. 2000 Kilometer von zu Hause entfernt soll ich die Sicherheit des Lagers gewährleisten, indem ich einer friedlich grasenden Kuh das Lebenslicht ausblase. Ich treibe die Groteske auf die Spitze und versuche muhend das Vieh an mich heranzulocken. Kehl kann sich vor Lachen kaum halten, während der arme Albaner besorgt zu uns herüberruft und winkt. Damit wir den Mann nicht um seinen womöglich wertvollsten Besitz bringen müssen, wirft Kehl ein paar Steine auf die Kuh. Die lässt sich allerdings nicht davon stören. Erst als ihr Besitzer sie mit einem großen Stein am Kopf trifft, läuft sie auf ihn zu. Er fängt sie ein, ruft uns gestikulierend etwas Unverständliches zu und verschwindet aus unserem Blickfeld. Was glücklicherweise als alberne Komödie endet, hätte jederzeit eine tragische Wende nehmen können. Hätte sich der Mann im Minenfeld verletzt, wäre ihm kaum zu helfen gewesen.

Obwohl Aufklärungs- und Patrouillenfahrten unsere Hauptaufgabe sind, unterstützen wir vom AVZ die Kampfkompanie immer häufiger bei Personen- und Fahrzeugkontrollen. Neben der Unterbindung von Waffenlieferungen aus dem benachbarten Albanien ist dabei unser Ziel, wegen Kriegsverbrechen gesuchte Personen aufzuspüren und in Gewahrsam zu nehmen. Die Kontrollen erfolgen an festen Standorten und an unangekündigt errichteten Straßensperren, also den »stationary« oder »temporary checkpoints«. Obwohl wir uns alle erdenkliche Mühe geben, Ort und Zeit der temporären Straßensperren geheim zu halten, und verschiedene militärische Geheimdienste vermeintlich sichere Erkenntnisse über einen zu dem Zeitpunkt stattfindenden Schmuggelversuch liefern, scheinen die gesuchten Personen uns meist schon vorher entdeckt zu haben. Mehr als ein paar Zufallsfunde schlecht versteckter Sturmgewehre oder Pistolen gibt es nicht. Die gesuchten mutmaßlichen Kriegsverbrecher sind sehr vorsichtig. Es gibt sie auf beiden Seiten der Bürgerkriegsparteien.

Die UÇK schickt Späher voraus, die mit SATCOM-Satellitentelefonen ausgestattet sind. Wir erkennen sie an den leistungsstarken Funkantennen auf ihrem Autodach. Dagegen sind wir mit unseren einfachen Funkgeräten teilweise nicht einmal in der Lage, einen Funkspruch über den nächsten Hügel weiterzugeben. Ich nehme an, dass es sich bei den Leuten im Fahrzeug um Mitglieder der UÇK handelt, die in Zivilkleidung ihrerseits Streife fahren. Die UÇK-Kämpfer haben während des Bombardements der NATO die Zielkoordinaten vom Boden aus an die Luftwaffe weitergegeben. Das nötige Material werden sie vermutlich von den entsprechenden Geheimdiensten der an dem Einsatz beteiligten NATO-Mitglieder zur Verfügung gestellt bekommen haben. Dass die Freischärler die teuren Satellitentelefone auch für ihre eigenen Geschäfte nutzen, scheint mir da nur logisch. Die UÇK kauft ihre Waffen mit dem Geld, das sie unter anderem in Deutschland im Drogenhandel und ähnlichen kriminellen Geschäften verdient. Das ist längst kein Geheimnis mehr. In den Polizeiberichten der meisten deutschen Großstädte kann ich seit Längerem verfolgen, wie brutal sich gerade die albanischen Gangsterbanden verhalten.

Selbst hier schrecken sie nicht vor Erpressung und Gewalttaten an ihren Landsleuten zurück. An der Morinigrenze machen meine

Kameraden diese Erfahrung tagtäglich. Lkw mit verderblicher Ware werden auf der albanischen Seite der Grenze einfach so lange festgehalten, bis ein Wegzoll von mehreren Tausend D-Mark bezahlt wird. In einem Fall kam ein in Deutschland lebender Albaner Hilfe suchend zu einem meiner Kameraden gelaufen, der an der Grenze Wache hielt. Er hatte seine blutigen Schneidezähne in der Hand und berichtete, dass man ihm seinen Mercedes konfisziert habe. Wegen des deutschen Kennzeichens an dem neuen Wagen hielten die Zollbeamten am albanischen Grenzposten ihn für wohlhabend und verlangten eine Auslösegebühr in fünfstelliger Höhe. Als er und sein Beifahrer protestierten, schoss man seinen Begleiter einfach nieder und schlug ihm selbst die Zähne aus. Er konnte sich noch zu der kosovarischen Grenzstation retten und hoffte nun auf Hilfe von den deutschen Soldaten. Da das Mandat aber einen Einsatz der Truppen nur bis zur Grenze des Kosovo erlaubt, hat man für den armen Mann nichts weiter tun können, als ihn medizinisch zu versorgen. In Gesprächen mit vielen meiner Kameraden erfahre ich, dass sie unter solchen Umständen oft am Sinn unseres Einsatzes zu zweifeln beginnen. Auch mir fällt es schwer, zwischen Freund und Feind zu unterscheiden.

Bei den Hausdurchsuchungen, an denen der AVZ ebenfalls zur Unterstützung der Kampfkompanie teilnimmt, sind öfter Erfolge zu verbuchen als bei den Straßenkontrollen. Nach welchen Kriterien die Häuser ausgewählt werden, ist mir nicht bekannt. Der Ablauf ist immer der gleiche. Einige Soldaten riegeln ein Wohnviertel ab, die übrigen durchsuchen zeitgleich die Häuser. Lkw und Geländewagen versperren die Zufahrtswege. Die Wiesel-Kettenfahrzeuge sind an strategisch günstigen Stellen positioniert und sollen abschrecken. Da sie mit der 20-Millimeter-Maschinenkanone wie kleine Panzer aussehen, wirkt ihr Erscheinen Furcht einflößend. Allerdings schaut die Besatzung mit dem Oberkörper aus dem Fahrzeug heraus und wird oft zum Ziel von Heckenschützen. Ein Wiesel-Kommandant wurde von einer Kugel aus einer Kalaschnikow knapp unterhalb des Halses getroffen. Zu seinem Glück schlug das Projektil auf die Keramik-Aramid-Platte seiner Bristolweste und verursachte außer einer heftigen Prellung keine Verletzungen. Der Hauptfeldwebel verfolgte den Schützen sogar noch, verlor ihn aber in einem Gebüsch aus den Augen.

Bei einem solchen Einsatz stehe ich mit Kehl vor einem Einfamilienhaus aus rotem Backstein. Wir zwei sind inzwischen ein eingespieltes Buddyteam. Während Kehl schräg versetzt hinter mir steht und mit der Waffe freies Schussfeld hat, klopfe ich energisch an die Haustür und sage meinen Spruch auf: »Hier spricht die Bundeswehr, öffnen Sie die Tür! – Here is the German Army, open the door!« Mein Gewehr habe ich schussbereit in den Händen, nur die Mündung ist leicht zum Boden geneigt, bereit, jederzeit in die Höhe zu schnellen. Da wir den Auftrag haben, Waffen und Kriegsgerät sicherzustellen, ist das angemessen, denn jederzeit könnte ich selbst, wenn sich die Tür öffnet, in den Lauf einer Waffe blicken. Stattdessen sind es die erschrockenen Augen einer zierlichen Frau. Sie trägt ein Kleinkind auf dem Arm und versucht die Tür bei meinem Anblick schnell wieder zu schließen. Ich habe bereits meinen Fuß in der Tür und drücke mich an der Frau vorbei ins Haus. Ich erkläre auf Deutsch, dass ich jetzt das Haus durchsuchen will, werde aber offenbar nicht verstanden. Ich kontrolliere das ganze Haus Raum für Raum. Kehl bleibt mit der Mutter im Flur stehen und blickt mir nach, während ich die Zimmer links und rechts vom Flur überprüfe. Es geht schnell, denn die Einrichtung ist sehr spärlich. Überhaupt scheinen diese Leute sehr arm zu sein. Die Wände sind kaum verputzt und im ganzen Haus riecht es erbärmlich. Kehl hat sich ein Tuch über Mund und Nase gebunden, was ihm nicht viel nutzen wird.

Meine Frage danach, wo sich ihr Mann aufhält, will die Frau nicht verstehen. Also frage ich sie nochmals etwas barscher und auf Russisch nach dem Cyprug, also ihrem Gatten. Die Frau fängt an zu weinen, ebenso das kleine Kind, das nun neben ihr steht und ihre Hand fest umschlossen hält. Ich will nicht noch mehr Druck aufbauen und überlasse es Kehl, die beiden zu beruhigen, während ich mich weiter im Haus umsehe. In sehr schlechtem Deutsch sagt sie uns schließlich: »Arbeit Feld.« – »Cyprug rabota?«, frage ich noch mal nach. Sie nickt und versucht mich am Arm zur Tür zu schieben. Auch Kehl möchte diese unangenehme Situation schnell zu Ende bringen und redet mir zu, hinauszugehen und lieber noch einen genauen Blick auf den Hof zu werfen. Ich werde das Gefühl aber nicht los, dass die Frau etwas zu verheimlichen hat. Wir sind bereits an der geöffneten Haustür, als mein Blick an dem bunten Wandvorhang hängen bleibt, der von der Decke bis zum Boden reicht. Ich ahne, dass sich irgendetwas dahinter verbirgt. Als ich mit der nach vorne gerichteten Waffe den Vorhang zur Seite schiebe, stürzt die Frau auf mich zu. Ich verstehe nicht, was sie sagt, aber ich bin mir jetzt sicher, dass es da etwas zu entdecken gibt.

Es ist eine Treppe, die offenbar zum Dachstuhl führt. Die zierliche Person drängt sich an mir vorbei, stemmt sich mit aller Kraft in den Aufgang und schreit und fleht, fast schon hysterisch. Ich habe keine Ahnung, was sie sagt, aber jetzt muss ich erst recht nachsehen. Ich schiebe sie zur Seite und sage ihr, sie solle endlich ruhig sein. Kehl hält sie mir vom Leib und beobachtet, wie ich etwa 17 Stufen über ihm an einer Dachluke verharre. Ich habe keinerlei Deckung, wenn ich jetzt den Kopf durch die Luke schiebe. Die Frau hängt Kehl in den Armen und kreischt weiterhin in ihrer Sprache. Ich nehme meine jetzt entsicherte Waffe fester in die Hand. Mit einem kräftigen Schlag stoße ich die Dachluke nach oben hin auf, richte mich schnell auf und blicke hinein. Zu meinem Erstaunen passiert nichts. Das Einzige, was mich unvorbereitet trifft, ist ein abartiger Gestank, den ich nicht einordnen kann. Er ist jedenfalls so ekelerregend, dass es mich Mühe kostet, den Brechreiz, der mich überkommt, zu unterdrücken. Kehls besorgte Frage, ob alles klar sei, bejahe ich, obwohl ich es eigentlich selber noch nicht weiß. Das Licht, das durch ein großes Fenster in den niedrigen Raum fällt, erleuchtet ihn hell, wirft aber auch dunkle Schatten in die Ecken und Nischen. Ich muss sehr nah herangehen, um ein Bett, das ich in der rechten Ecke hinter mir entdecke, genauer betrachten zu können. Meine Augen gewöhnen sich langsam an das Zwielicht. Von Moment zu Moment erkenne ich deutlicher, dass ein Mensch vor mir liegt. Es ist eine alte Frau mit langem weißem Haar. Sie ist abgemagert und ihre bleichen Wangen sind zu tiefen Kuhlen eingefallen. Mein Blick bleibt an ihren dunklen Augen hängen, die sie weit geöffnet hat. Mit gesenkter Waffe mache ich einen Schritt auf sie zu, um sie zu berühren.

Gerade als ich mich zu ihr beuge, lässt mich ein aufgeschreckter Schwarm Fliegen unwillkürlich zurückschrecken. Das ist zu viel. Ich muss mich übergeben und schaffe es nicht einmal, mich dazu von der alten Frau abzuwenden. Für einen kurzen Augenblick verliere ich sogar mein Gleichgewicht. Mir ist auf einmal bewusst, wonach es hier so ekelhaft riecht. Es ist der Gestank von Kot und Urin, der sich in der Wärme unter dem Dach zu einer ammoniakartigen Wolke vermischt hat. Ich bin mir nicht sicher, ob die Frau im Sterben liegt oder bereits tot ist. Erneut bleibt mein Blick an ihrem haften. Sie lebt noch. Oder doch nicht? Es ist mir plötzlich egal. Mich drängt es nur nach draußen. Fluchtartig stolpere ich auf wackeligen Beinen die Treppe hinunter, vorbei an Kehl. Die zierliche Frau ist nun ganz still und lehnt mit versteinerter Miene an der Wand. Ich blicke ihr direkt ins Gesicht. Schweigend, eine halbe Ewigkeit lang, so scheint es mir. Dann wende ich mich ab. »Komm, Kehl, raus hier!« Draußen fragt er mich, ob ich auf dem Dachboden etwas Auffälliges bemerkt hätte. »Nein, nichts«, antworte ich und zünde mir eine Zigarette an. Wir gehen zu einem der Wölfe, die an den Zufahrtswegen geparkt sind. Obwohl Kehl gemerkt zu haben scheint, dass ich ihn angelogen habe, meldet er, dass alles unauffällig gewesen ist. Dann wendet er sich mir zu und sagt, dass wir noch ein paar Häuser vor uns haben, die durchsucht werden müssten. Ich nicke nur und stecke mir mit der Glut der alten direkt eine weitere Zigarette an.

Das Erlebnis auf dem Dachboden gibt mir zu denken. Ich frage mich, was wir hier bewirken können. Die Erklärung aus unserem

Landeskunde-Unterricht, dass die Feindschaft zwischen den Ethnien auf eine Jahrhunderte zurückliegende Schlacht auf dem Amselfeld begründet ist, scheint mir hier jedenfalls nicht zu greifen. Während des Aufenthalts im Lager der Brigade erfahre ich, dass es um die Moral der Männer am Morinigrenzübergang nicht besser bestellt ist. Meine Kameraden vom Grenzposten erzählen mir von einem jungen Serben, der auf der gegenüberliegenden Seite des Sees durch eine Mine schwer verletzt wurde. Der Mann schrie stundenlang um Hilfe, so laut und kläglich, dass unsere Wachposten es über den See hinweg hören konnten. Ein Bergungsversuch mit dem Hubschrauber musste abgebrochen werden, weil der Luftdruck der Rotorblätter weitere Minen zur Explosion hätte bringen können. Es blieb dem jungen Kerl nichts anderes übrig, als sich seine Beine selbst abzubinden und mithilfe seiner Arme durch das Minenfeld bis an das Ufer des Sees zu kriechen, um sein Leben zu retten. Dort wurde er dann von den Kameraden, die am Morinipass stationiert sind, in ein Ruderboot gezogen.

Die Bootsbesatzung hatte bereits Wochen zuvor nach einer sicheren Stelle gesucht, von der aus man das Ufer betreten könnte. Sie mussten aber feststellen, dass die komplette westliche Uferseite stark vermint und jeder Versuch einer Anlandung äußerst riskant ist. Die schweren Verletzungen des Geretteten konnten zwar ambulant erstversorgt werden, den Militärärzten im Lazarett fehlte aber die Möglichkeit, ihn weiter zu behandeln. Daher versuchte man den Verletzten in einem Krankenhaus in Prizren unterzubringen. Weil er aber ein Serbe war, wollte man ihn dort nicht versorgen. Erst auf massiven Druck hin wurde der Mann widerwillig aufgenommen. Die Kameraden, die ihn der Obhut der Ärzte überlassen haben, fühlten sich weiterhin verantwortlich und erkundigten sich am folgenden Tag nach dem Verletzten. Im Krankenhaus gab man vor, nichts über den Mann zu wissen. Von den Leuten, die bei der Aufnahme anwesend waren, ließ sich niemand mehr auftreiben. Zwei Tage später erhielten meine Kameraden von Feldjägern die Information, dass der

Gesuchte gefunden wurde: tot, auf einer Müllkippe, auf der schon öfter tote Serben gefunden wurden.

Wer von uns mit humanistischen Idealen in dieses Land gekommen ist, hat sich spätestens zu diesem Zeitpunkt von ihnen verabschiedet. Eigentlich geht es uns nur noch darum, unsere Pflicht zu erfüllen und heil nach Hause zu kommen. Ich beobachte, dass nach den ersten zwei Monaten im Einsatzland Soldaten immer öfter Fehlverhalten an den Tag legen. Um die Disziplin aufrechtzuerhalten, werden die Strafen immer drakonischer. Während anfangs zwei Soldaten mit einer bloßen Verwarnung davonkamen, als sie in einem Anflug von Lagerkoller die eigene Lagerwache angriffen und zu entwaffnen versuchten, wurden jetzt zwei Wachsoldaten sofort zu einer Geldstrafe von 1 000 DM verdonnert, weil sie sich während ihrer Wache einen Döner von einem nahe gelegenen Imbiss bringen ließen. Obwohl sie nicht die Ersten und Einzigen waren, hat Hauptfeldwebel Schleifer an ihnen ein Exempel statuiert, als er sie erwischte.

Der Auftrag, ein großes Waffenversteck der UÇK auszuheben, den wir an einem der folgenden Tage erhalten, bringt uns unseren Kampfgeist glücklicherweise schnell zurück. Der Zugriff soll noch am selben Tag erfolgen, wir sind daher in Alarmbereitschaft. Die Fahrzeuge stehen zur Kolonne aufgereiht, vollgetankt und technisch einwandfrei. Einen Ausfall in den Bergen können wir uns nicht leisten. Ein liegen gebliebenes Fahrzeug würde die engen Serpentinenstraßen oder Pfade für die nachfolgenden Truppenteile oder Rettungsfahrzeuge komplett versperren und im schlimmsten Fall damit auch den einzig möglichen Rückweg blockieren. Die Besatzung ist bestimmten Fahrzeugen fest zugeordnet. Ihre Rucksäcke mit Proviant und Ausrüstung haben die Männer bereits auf die Ladefläche gelegt. Jetzt heißt es mal wieder warten. Einige meiner Kameraden vertreiben sich die Zeit damit, ihre Waffen zum wiederholten Mal auf tadellose Funktionstüchtigkeit zu überprüfen, andere schreiben Briefe an ihre Angehörigen. Ich schließe mich denen an, die noch so viel wie möglich zu schlafen versuchen. Wir wissen nie, wie lange ein solcher Einsatz dauern wird. Das Ziel und die Fahrstrecke unterliegen bis zum letzten Moment der Geheimhaltung und sind maximal dem höchsten Vorgesetzten einer Teileinheit schon vorher bekannt. Er verkündet die Koordinaten erst beim Briefing kurz vor Abmarsch seinen Unterführern. Da es für mich nichts weiter zu tun gibt, außer startbereit zu sein, lege ich mich zum Dösen in Uniform und Stiefeln auf die Bettmatratze, bis das Signal zum Aufbruch gegeben wird.

Ab diesem Moment geht alles ganz schnell. Die Bristolweste wird noch im Aufstehen übergeworfen. Die weitere Ausrüstung, sprich Waffe, Helm und das mit Taschen bestückte Lochkoppel, greifen wir beim Loslaufen. Wenige Augenblicke später fahren wir los. Ein Wiesel mit seiner Maschinenkanone rollt zum Schutz vorweg, dahinter zwei Wölfe, dann der Zweitonner, den ich fahre, gefolgt von einem Sanitätsfahrzeug, abschließend wieder ein Wiesel, der unseren Konvoi nach hinten absichert. Die Fahrt durch Prizren schleppt sich langsam dahin. Die Bevölkerung schenkt uns wie üblich große Aufmerksamkeit, wenn wir vorbeiziehen. Teilweise winkt man uns freundlich zu, immer wieder kommt es aber auch zu Behinderungen. Fahrzeuge werden mitten auf der Straße abgestellt und die Fahrer verschwinden im Trubel der umherlaufenden Menschen. Manche drängen sich zwischen die einzelnen Fahrzeuge und bringen unsere Fahrt dadurch ins Stocken. Mir kommt es so vor, als ob man versucht, Zeit zu schinden und uns zu behindern. Ich vermute, dass Informationen durch Leute aus der Bevölkerung durchsickern, die als Angestellte im Lager beschäftigt sind – ein Grund, warum ich das generell kritisch sehe. Es kommt immer wieder vor, dass einer beim Putzen besonderes Interesse am Inhalt der Papierkörbe zeigt. Auch wenn solches Personal sofort entlassen wird, lässt sich nur hoffen, dass die Nachfolger vertrauenswürdiger sind. Die Umschläge der Briefe, die ich von meiner Familie erhalte, verbrenne ich grundsätzlich, ebenso wie alle Notizen, die ich mir bei Besprechungen mache. Diese Vorsichtsmaßnahme sollte sich als richtig erweisen, denn die Familien oder Partner einiger Fallschirmjäger der Saarlandbrigade, die nach uns im Kosovo stationiert sind, werden in Deutschland wegen des Einsatzes ihrer Angehörigen von Unbekannten unter Druck gesetzt. Nachforschungen haben ergeben, dass deren Adressen im Kosovo von den Erpressern auf achtlos entsorgten Briefkuverts gefunden und an ihre Komplizen in Deutschland weitergegeben wurden.

Nachdem wir Prizren hinter uns gelassen haben, geben wir Gas. Um die Sicht- und Bewegungsfreiheit nicht einzuschränken, sind die Lkw und Wölfe ohne Plane unterwegs. Nur bei dem Funkwolf sieht man zumeist davon ab; der aufgewirbelte Staub würde durch die Lüftungsschlitze in die empfindliche Elektronik der SEM 80/90 eindringen und zum technischen Versagen der Geräte führen. Bei uns setzt sich der Staub in Augen, Ohren, Mund und Nase. Wir binden uns ein Tuch über Mund und Nase, um möglichst wenig Staub zu schlucken, ganz lässt es sich aber nicht vermeiden. Auf unbefestigten Wegen und engen Serpentinen zu fahren, verlangt den Fahrern ein hohes Maß an Konzentration ab. Die Straßenverhältnisse sind miserabel und es gilt, die Strecke und auch die Wegränder ständig auf Minen abzusuchen. Wo sich ein Hinterhalt anböte, sind meine Sinne noch mehr geschärft, sofern das überhaupt noch möglich ist. Sobald ein Fremder versucht, unsere Kolonne zu überholen, wird ihm unmissverständlich und notfalls mit der Schusswaffe statt einer Haltekelle signalisiert, das zu unterlassen. Sollte er es trotzdem erzwingen wollen, müssen wir mit einem Sprengstoffanschlag rechnen. In der Vergangenheit wurden die Truppen anderer Nationen, besonders die Fremdenlegionäre der Franzosen, auf diese Weise attackiert. Der Befehl erfahrener Vorgesetzter ist daher so eindeutig wie kompromisslos – wir haben als Kraftfahrer den Auftrag, Fahrzeuge in solch einem Fall vom Weg abzudrängen. Das gilt auch an einem Abhang. Auf das Schicksal der Insassen wird dabei keine Rücksicht genommen. Ich empfinde es als eine schwierige Pflicht, aber als Fahrer bin ich mir auch meiner Verantwortung gegenüber meinen Kameraden und ihren Familien bewusst.

Jahre später lerne ich Martin Jäger kennen, der im Juni 2003 einen Anschlag in Kabul knapp überlebt hat. Ein Selbstmordattentäter überholte den von Martin gelenkten, mit Soldaten voll besetzten Bus und zündete die Sprengladung. Sie waren mit dem Setra, einem Reisebus der Bundeswehr, auf dem Weg zu einem Flugzeug, das die Soldaten nach sechs Monaten Einsatz endlich nach Hause bringen sollte. Die unbewaffneten Soldaten hatten in dem ungeschützten, geschlossenen Militärbus keine Möglichkeit, dem Anschlag zu entgehen, und keine Chance, das Unglück abzuwenden, das später in der Statistik als Einsatzunfall mit 4 Toten und 29 Verletzten erfasst wurde.

Im Nachhinein bin ich daher sehr dankbar für die Kompetenz, die man mir im Kosovo zugesprochen hat. Auf dem Weg zum Waffenlager der UÇK stoßen die auf Kampfmittelräumung und -beseitigung spezialisierten EOD einer Pioniereinheit sowie Feldjäger zu uns. Sie sind auf Schleichwegen aus anderen Richtungen an das Dorf herangefahren, um das Aufsehen, das ein Aufmarsch von KFOR-Truppen in dieser Größenordnung selbstverständlich erregt, möglichst gering zu halten. Jetzt, wo es für jeden deutlich zu erkennen ist, dass es sich um mehr handelt als um eine routinemäßige Patrouillenfahrt, wäre jeder Fluchtversuch sinnlos. Das Dorf ist komplett abgeriegelt. Wir finden die Häuser genau so vor, wie es uns bei der Einweisung skizziert wurde. Unsere Anwesenheit hat bisher offenbar noch keiner der Anwohner bemerkt. Es ist Mittag, in der größten Hitze des Jahres legen sich alle hier zur Ruhe. Wir nutzen die Gunst der Stunde und pirschen uns fast lautlos an die etwa 4 Meter hohe Mauer, die unser Zielgebäude schützt, heran. Die Mauer ist mit Stahlspitzen und Glasscherben gespickt, was hierzulande nicht unüblich ist. Ich habe mir erklären lassen, dass man sich auf diese Weise vor dem Gesetz der Blutrache unter verfeindeten Sippen zu schützen versucht, von der quasi jede Familie hier betroffen ist.

Oberstabsgefreiter Malcom positioniert sich mit seinem Trupp am Haupttor. Ich folge mit einigen Kameraden Oberfeldwebel Rüstmann. Wir wollen durch einen Eingang auf der gegenüberliegenden Seite auf den Hof gelangen. Die restlichen Soldaten sichern uns, peinlich darauf bedacht, unentdeckt zu bleiben. Wenige Augenblicke später sind wir bereit loszuschlagen und warten nur noch darauf, über Funk den Befehl dazu zu bekommen. In diesem Moment höchster Anspannung und Konzentration kommt ein kleiner Esel von einem der Nachbarhöfe angelaufen. Neugierig schaut er uns an und läuft gelassen zwischen uns hindurch. Als wir endlich das »Go« erhalten, brechen wir zeitgleich die Tore auf und dringen in den Innenhof ein. Ein satter, grüner Rasen, in seiner Mitte auf einer betonierten Terrasse Liegestühle und ein Grillplatz – das ist das Erste, was uns auffällt. Die Unmengen an Panzerfäusten, Minen, Mörsern und Granaten, Munition, Sprengstoff, Gasmasken, Uniformen und Helmen, die hier offen herumliegen, passen allerdings nicht ins Bild eines gepflegten Schrebergartens.

Wir durchsuchen das Gelände und eine Scheune. Landwirtschaftliches Gerät steht ordentlich neben aufgestapeltem Brennholz. Malcom geht währenddessen mit seinen Männern schnurstracks durch die unverschlossene Eingangstür ins Hauptgebäude, ein einfaches, rechteckig geschnittenes Gebäude aus roten Tonziegeln. Es ist zweistöckig und wie üblich von außen unverputzt, wie im Rohbau. Die Durchsuchung der Räume erfolgt routiniert. Offensichtlich hat man nicht mit uns gerechnet, denn die beiden Männer, die im Haus aufgegriffen und festgenommen werden, sind völlig überrascht und zu keiner Gegenwehr fähig. Sie sind lumpig gekleidet und wirken sehr eingeschüchtert. Offenbar hat man sie zur Bewachung der Waffen abgestellt, auf unsere Fragen reagieren sie nicht. Jetzt sind die Feldjäger und die EOD-Pioniere am Zug. Ihre Aufgabe ist es, alles akribisch zu erfassen und sich um den Abtransport zu kümmern.

Das Anwesen ist keine 30 Minuten nach unserem Eintreffen unter unserer Kontrolle und die Anspannung fällt jetzt von uns ab wie ein Mühlstein. Nun können wir auch über den kleinen Esel lachen, der uns auf den Innenhof gefolgt ist. Wir scherzen und posieren mit den sichergestellten Waffen für Erinnerungsfotos. Unser Verhalten ist, zugegeben, nicht gerade abgeklärt und professionell, aber dieser Waffenfund ist der größte, den wir während unseres gesamten Kosovoeinsatzes machen. Mehr als eine komplette Kompanie hätte damit ausgerüstet werden können. Und uns ist dieses Meisterstück im Handstreich gelungen. Grund genug, abends im Lager auf unseren Erfolg anzustoßen.

# MOKKAJOGHURT

Ein paar Tage später schiebt sich Oberfeldwebel Rüstmann durch den Zelteingang. Er tritt an mein Bett, in dem ich lang ausgestreckt liege und lese. Zwei Monate zuvor wäre ich noch aufgesprungen und hätte brav meine Meldung aufgesagt, wie ich es während der Grundausbildung eingetrichtert bekam. Inzwischen ist es mir genauso gleichgültig wie dem Oberfeldwebel, ob ich liegen bleibe oder nicht. Er weiß, dass er sich auf mich verlassen kann, wenn es darauf ankommt, das genügt hier im Einsatz. Ein spitzbübisches Lächeln umspielt wie so oft seine Lippen, während er mich fragt, wie es um meine Russischkenntnisse bestellt sei. Ich antworte ihm, dass ich mich verständigen kann. Das scheint zu genügen, denn er gibt mir zufrieden grinsend den Auftrag, mich in der Operationszentrale, der OPZ, bei Hauptmann Prunder zu melden. Dessen eigentlicher Fahrer und Dolmetscher ist an Durchfall erkrankt und hat ein paar Tage Bettruhe verordnet bekommen.

Ich lasse mir nicht anmerken, dass ich meine Mittagspause lieber in Ruhe beendet und wie geplant mit Malcom laufen gegangen wäre. Stattdessen springe ich fix in meine Stiefel und streife mir mein Feldhemd über. Wenige Minuten später stehe ich in der OPZ. Die geschäftig vorbeilaufenden Offiziere nehmen keinerlei Notiz von mir. Ich komme mir wie ein Möbelstück vor, das man registriert, ohne ihm weiter Beachtung zu schenken. Daher bin ich froh, als mir Mundt, der Fahrer des Kommandeurs, über den Weg läuft. Er bemerkt, dass ich mich in dieser Umgebung etwas hilflos fühle, und fragt mich, was ich denn hier mache. Den Hauptmann, dem ich als Fahrer zugeteilt wurde, kennt er und führt mich zu dessen Büro. An der Tür gibt er mir den Rat, mich von Prunders Art nicht irritieren zu lassen. Mir ist nicht klar, was Mundt damit meint, aber bevor ich ihn fragen kann, hat er sich schon verabschiedet.

Der Aufforderung des Offiziers folgend trete ich ein. Obwohl es in dem Raum nicht übermäßig hell ist, trägt der Hauptmann eine große Sonnenbrille. Er ist von hünenhafter Statur. Sein blondes Haar trägt er kurz geschoren, insgesamt wirkt er auf mich so, wie ich mir einen amerikanischen »drill instructor« vorstelle. Ich ahne also, woran ich bin, und nehme militärisch Haltung ein. »Herr Hauptmann – Hauptgefreiter Müller, ich melde mich wie befohlen!« – »Wo sind Ihre Hosengummis?«, ist das Erste, was ich von dem Mann zu hören bekomme. Die Gummiringe aus elastischem Band, auch höhnisch »Strumpfbänder« genannt, trage ich im Lager nur noch während der Lagerwache am Tor. Ansonsten lasse ich die Enden der Hosenbeine einfach lang über den Stiefelschaft fallen. Dadurch kann die Luft besser zirkulieren, denn der Stoff unserer Uniform ist dicht und fest gewebt und eher für das gemäßigte Klima in Deutschland konzipiert. Ich bin nicht der Einzige im Lager, der das so handhabt, und normalerweise wird es toleriert. Meinem Gegenüber ist es ein Dorn im Auge, aber meine fadenscheinige Ausrede, dass ich mich so schnell wie möglich bei ihm melden wollte, lässt er unkommentiert im Raum stehen. Ich bekomme von ihm die Wagenschlüssel und Papiere für einen Wolf und soll mich mit aufgetanktem Fahrzeug am nächsten Morgen um 08:00 Uhr bei ihm im Büro melden. Gerade als ich mich militärisch abmelden will, sagt er mir, dass ich das lassen soll und im Einsatz auf diese Formalität verzichtet wird, damit nicht für jeden Außenstehenden schon von Weitem ersichtlich ist, wer die Befehlsgewalt hat. Diese Person wäre ein lohnendes Ziel für einen Heckenschützen.

Auf dem Weg zum Fahrzeug denke ich über die Begegnung nach. Ich bin trotz Mundts Vorwarnung etwas verwundert. Im Einsatz wird vieles anders gehandhabt, als es die Dienstvorschriften vorgeben. Da die Bewertung, was den gegebenen Bedingungen angepasst wird und was nicht, offenbar sehr unterschiedlich ausgelegt wird, ist es schwierig, sich seinen Vorgesetzten gegenüber richtig zu verhalten. Ich muss mich manchmal im Gedankenlesen üben. Unnütz, mir darüber den Kopf zu zerbrechen, denke ich und beschließe, mich auf das zu konzentrieren, was ich beeinflussen kann. Ich überprüfe, ob der Wolf technisch in Ordnung ist. Betankt werden muss er nicht. Sogar der Reservekanister ist randvoll gefüllt und auch der Ersatzreifen hat den nötigen Druck. Der Kraftfahrer, den ich vertrete, scheint auf Zack zu sein – oder von dem Hauptmann unter Strom gehalten zu werden. Jedenfalls ist alles tadellos und das Einzige, was ich zu tun habe, ist, meinen gepackten Rucksack im Fahrzeug zu verstauen, damit ich morgen früh schnellstmöglich abmarschbereit bin.

Am nächsten Morgen stehe ich 15 Minuten vor der vereinbarten Zeit an der OPZ. Die täglich wechselnde Funkfrequenz und Parole habe ich bereits in der Zentrale in Erfahrung gebracht und stelle das Funkgerät im Fahrzeug darauf ein. Da das Gerät auf einem fest angeschraubten Sockel auf der Ladefläche im hinteren Teil des Wolfs angebracht ist, knie ich auf einem der Rücksitze. Gerade als ich rückwärts aus dem Fahrzeug herausklettere, tritt Hauptmann Prunder heran. Seiner Anweisung folgend unterlasse ich es zu salutieren, als ich ihn begrüße. Er ist guter Laune und offenbar darüber erfreut, dass wir unverzüglich abfahren können. Bevor wir losfahren, breitet er zu meiner Orientierung eine topografische Landkarte im militärischen Maßstab 1:50 000 vor mir auf der Motorhaube aus. Ein kleiner Punkt symbolisiert das Dorf, zu dem wir wollen. An den Höhenlinien um diesen Punkt herum erkenne ich, dass die abgelegene Siedlung sich im Gebirge befindet. Es gibt nur einen Zufahrtsweg, der der dünnen schwarzen Linie zufolge nicht viel besser sein kann als ein schmaler Feldweg. In anderen Bereichen der Karte ist nachträglich per Hand eine Linie mit einem Kugelschreiber neben eingetragenen Wegen eingezeichnet. Das sind die Strecken, die bei Patrouillenfahrten bereits erkundet wurden. Teilweise sind Gebiete schraffiert oder mit einem Kugelschreiber umrandet und mit einem Textmarker farbig gekennzeichnet. Je nach Art der Markierung und Farbe sind es Operationsgebiete noch marodierender Kriegsparteien, Minenfelder oder die Fundorte gewaltsam gestorbener Menschen. Minen und Blindgänger, die einzeln entdeckt werden, können wir anhand von GPS-Daten punktgenau in der Karte vermerken. Dort, wo wir hinfahren, ist jedoch noch gar nichts eingetragen. Wir werden also die erste KFOR-Patrouille sein, die das Dorf besucht.

Während wir einsteigen, fragt mich der Hauptmann, ob der Reservekanister befüllt sei, was ich bejahe. Dann wirft er einen prüfenden Blick auf die Instrumentenanzeige über dem Lenkrad, als ich den Motor anlasse. Hätte die Nadel in der Tankanzeige nicht deutlich angezeigt, dass vollgetankt ist, oder wäre ein technischer Mangel durch ein Warnlämpchen angezeigt worden, hätte er mich ordentlich zusammengestaucht, da bin ich mir sicher. So scheint er von meiner Zuverlässigkeit ausreichend überzeugt zu sein, denn nachdem er unsere Abfahrt per Funk an die Zentrale gemeldet hat, lehnt er sich im Beifahrersitz entspannt zurück und beschäftigt sich eingehend mit dem Studium der Landkarte. Dabei bemerkt er nicht einmal, dass ich erhebliche Mühe habe, uns zügig aus der Stadt Prizren, die wir durchfahren müssen, herauszunavigieren. Es ist Mittwoch, wie üblich ist das Stadtzentrum durch den Wochenmarkt sehr belebt. Statt einer Verkehrsordnung zählen hier das stabilste Auto und die lauteste Hupe, um sich einen Weg durch das Chaos zu bahnen. Während die Bevölkerung auf KFOR-Fahrzeuge anfangs wie auf einen Polizei- oder Rettungswagen mit Blaulicht und Martinshorn reagiert hat, ist inzwischen eine regelrechte Ignoranz an der Tagesordnung. Es kommt immer häufiger zu Unfällen. Erst kürzlich ist einer unserer Transportpanzer über die Motorhaube eines Ladas gerollt, weil der Fahrer sich noch schnell vor dem Panzer auf die Straße drängeln wollte. Die Insassen beider Fahrzeuge kamen mit dem

Schrecken davon, aber jeder Unfall muss gleich vor Ort in einem Erfassungsbogen in sechsfacher Ausfertigung minutiös dokumentiert werden. Kurz gesagt ist jede Planung dann im Eimer und der eigentliche Auftrag kann oft nicht mehr am gleichen Tag ausgeführt werden. Ich habe den Eindruck, dass diese bürokratische Achillesferse der Deutschen von oppositionellen Gruppen erkannt worden ist, die durch provozierte Unfälle unsere Tätigkeit gezielt sabotieren wollen.

Dies erklärt für mich die stoische Reaktion des Hauptmanns, als wir in einen Unfall verwickelt werden. Gerade als ich den dichtesten Trubel im Stadtzentrum hinter mir gelassen habe und beschleunige, treibt ein älterer Mann in der für die Landbevölkerung typischen Kleidung eine magere Kuh mit einem kräftigen Rutenhieb vor mir auf die Fahrbahn. Trotz einer Vollbremsung fahre ich das Tier seitlich an. Ich bin total erbost, denn ich habe genau gesehen, dass der Kerl mich wahrgenommen und mir mit voller Absicht sein kränkliches Vieh vor den Geländewagen getrieben hat. Immerhin steht die Kuh noch. Hauptmann Prunder legt die Landkarte auf den Schoß und blickt mich verwundert an. Ich schildere ihm aufgeregt das Geschehene und bin darauf gefasst, dass er mich verantwortlich macht. Zu meinem Erstaunen reagiert er völlig gelassen. »Seit einem dieser Kerle 50 DM Schadensausgleich für eine Kuh bezahlt worden sind, versuchen die Halunken es doch immer wieder. Fahren Sie bloß schnell weiter.« Dann widmet er sich wieder der Karte. Ich tue, was er sagt, und fahre mit einem kleinen Schlenker zügig an der Kuh und ihrem erwartungsvollen Besitzer vorbei. Nun ist es an ihm, ein langes Gesicht zu machen. Im Rückspiegel sehe ich, wie er uns ein paar Schritte nachläuft und wild mit der Rute in der Hand wedelnd etwas ruft.

Wir verlassen Prizren und melden uns einige Kilometer weiter noch mal bei der OPZ. Es ist für die nächsten Stunden unsere letzte Möglichkeit, Funkkontakt aufzunehmen. Bereits hinter der nächsten Anhöhe wird die Sendeleistung nicht mehr ausreichen. Wir sind bei der weiteren Fahrt völlig auf uns allein gestellt, egal was auf der zum größten Teil noch unbekannten Strecke passiert. Indianerland nennen wir solche Gebiete im Soldatenjargon. Bei solchen Fahrten kommt oftmals ein mulmiges Gefühl auf. Die Wachsamkeit und Konzentration steigt, alle Sinne sind besonders geschärft. Es ist keine unangenehme Anspannung, eher wie das prickelnde Gefühl der Furcht bei einem guten Thriller. Ich bin gerne bei diesen Aufklärungsfahrten dabei, bei denen man nie genau weiß, was auf einen zukommt. Wir passieren einige verlassene Dörfer und leer stehende Gehöfte. Trotz einer gewissen Neugier unterlassen wir es grundsätzlich, solche Ortschaften und Gebäude zu betreten. Das Risiko, in eine Sprengfalle zu tappen, ist zu hoch. Oft wurden die Siedlungen aus Furcht vor feindlichen Truppen des Bürgerkrieges Hals über Kopf geräumt. Um Plünderer abzuhalten, spickten viele Bewohner ihre Gebäude mit Sprengfallen. Die sind schnell gemacht, etwa mit einer entsicherten Handgranate, die in eine leere Konservenbüchse gesteckt wird. Ein Stolperdraht, der an einer Tür gespannt sein kann, zieht die Granate aus der Büchse heraus, der Bügel schlägt um, der Zünder wird aktiviert und schon ist man hin. Die feindlichen Truppen haben ebenfalls leer stehende Häuser mit improvisierten Fallen bestückt, um den Bewohnern die Rückkehr zu verleiden. Wir fahren also nur durch solche Ortschaften, wenn es keine Alternative gibt.

Bereits bei der Anfahrt halte ich meine Augen nach Anzeichen von Minen und über die Straße gespannten Drähten offen. Ich habe es mir wie einige andere Fahrer auch angewöhnt, mir die Splitterschutzweste unserer Standardausrüstung auf den Sitz zu legen. Wegen der auch gegen Splitterwirkung sicheren Bristolwesten brauchen wir sie während dieses Einsatzes nicht. Es ist nicht nur komfortabler, als direkt auf dem Plastikpolster zu sitzen, ich erhoffe mir auch, für den Fall, dass ich auf eine Mine fahre, meine Familienplanung weiterhin offenhalten zu können. Die Wölfe sind normalerweise ungepanzert. Bei einigen Fahrzeugen wurde zwar versuchsweise eine Panzerplatte unter den Insassenbereich geschweißt, aber das hat sich nicht bewährt. Mir ist es ohnehin lieber, flink und beweglich wie ein hunnischer Reiter zu sein als wie ein Kreuzritter, eingesperrt in eine Stahlrüstung, unfähig, ohne fremde Hilfe auf die Beine zu kommen, wenn ich einmal am Boden liege. Ansonsten wäre ich nicht bei der leichten Infanterie, sondern in einer Panzerdivision gut aufgehoben.

Solange Menschen Kriege gegeneinander führen und nicht wie in einem Science-Fiction-Film Maschinen an deren Stelle treten, wird es zu Tod und schwerer körperlicher und seelischer Verwundung kommen. Dass ein einzelner Mensch, der bereit ist, sein Leben in die Waagschale zu werfen, die Geschichte entscheidend zu beeinflussen imstande ist, ist ein altes Phänomen, das es längst vor dem Begriff der asymmetrischen Kriegsführung gab. Die orientalischen Assassinen des Mittelalters sind wie die Selbstmordattentäter von heute extreme Beispiele für Opferbereitschaft. Um solchen Menschen etwas entgegensetzen zu können, die unsere Werte und Gesellschaftsstrukturen gefährden und radikal umstürzen wollen, braucht man Fußsoldaten mit hoher Risikobereitschaft. Sie sind es, die die Lage vor Ort beurteilen und die ihnen übertragene Aufgabe präzise erledigen sollen. Der Bediener einer ferngesteuerten Drohne oder ein Bomberpilot, der viele Kilometer von seinem Ziel entfernt ist, muss zwangsläufig damit rechnen, Menschen zu töten, die gar nicht gemeint waren. »Collateral damage« nennt man das heutzutage euphemistisch. Bei den Bodentruppen handelt es sich meist um Infanteristen aus den traditionellen Jägereinheiten. Sie sind bereit, ihr Leben im direkten Feindkontakt einzusetzen.

Ich selbst gehöre zu einer solchen Einheit, aus tiefster Überzeugung, für die Werte einzustehen, die unsere westliche Welt geprägt haben und die nach üblichem Sprachgebrauch als christliche Werte bezeichnet werden, auch wenn ich keiner Religionsgemeinschaft angehöre. Mir ist es daher wichtig, diejenigen, die mich stellvertretend für sie in den Krieg ziehen lassen, an ihre Verantwortung zu erinnern. Im Mittelalter war dem Henker in der Kirche ein Sitzplatz zugewiesen, der abseits der anderen lag. Obwohl er zur Gemeinde gehörte und sein blutiges Handwerk im Auftrag der Gesellschaft und öffentlich unter den Augen der Menschen verrichtete, setzte man ihn an den Rand und distanzierte sich damit von ihm. Diese Doppelmoral wird immer noch praktiziert. Man setzt die Leidensfähigkeit und Opferbereitschaft der Soldaten voraus, dennoch bekomme ich oftmals zu hören, dass derjenige, der sich zu dieser Aufgabe bereit erklärt, selbst Schuld ist, wenn ihm etwas zustößt. Wer offen sagt, dass er unter dem leidet, was ihm während seines Dienstes widerfahren ist, wird allzu gerne daran erinnert, dass er es freiwillig auf sich genommen und dafür ja auch seinen Sold erhalten hat. Ich bin der Meinung, dass diejenigen, die diesen Dienst in Anspruch nehmen, sich mit dem Sold nicht von ihrer Mitverantwortung freigekauft haben. Eine Freiwilligenarmee, die ihre Angehörigen aus der eigenen Bevölkerung heraus rekrutiert, ist keine Söldnerarmee.

Nach etlichen Stunden Fahrt durch unwegsames Gelände, teilweise nur in Schrittgeschwindigkeit, erreichen wir unser Ziel. Auf einem Hochplateau, von einem blau schimmernden Bergkamm geschützt, liegt das Dorf vor uns. Wie üblich sind es die spielenden Kinder und Hunde, die uns zuerst bemerken. Neugierig laufen sie auf uns zu. Die Kinder sind zwar schmächtig und ihre Kleidung sieht schon abgetragen aus, aber ihre Gesichter sind fröhlich und ihre Augen leuchten, als sie sich um uns scharen. Ohne Scheu nehmen sie uns bei der Hand und ziehen uns mit sich ins Dorf. Auch die Erwachsenen begrüßen uns mit großer Herzlichkeit. Ein Mann, der um die 30 Jahre alt sein mag, fällt mir wegen seiner gepflegten, modernen Kleidung besonders auf. Er spricht uns auf Englisch an. Es stellt sich heraus, dass er der Sohn des Dorfältesten ist, inzwischen im Ausland lebt und heute zu Besuch nach Hause gekommen ist. Ihm zu Ehren hat man ein Fest vorbereitet, auf das sich alle schon seit Tagen freuen. Ohne Umschweife werden wir von seinem Vater eingeladen, uns zu ihnen an den Tisch zu setzen und mitzufeiern. Sein Ältestenrat, mit dem er seine Entscheidungen zum Wohl der Gemeinde berät, sitzt ebenfalls am Tisch. Wir legen die Waffen und Schutzwesten neben uns ab, um unsere friedlichen Absichten und unser Vertrauen in die Gastfreundschaft für alle erkennbar zu machen. In diesem vom Bürgerkrieg gepeinigten Land werden solche Gesten mit großer Sensibilität wahrgenommen. Meiner Wachsamkeit tut das keinen Abbruch. Da der Hauptmann seine Gespräche mit Unterstützung des eigentlichen Gastes auf Englisch führen kann, sind meine Russischkenntnisse nicht vonnöten. Also kann ich mich auf das konzentrieren, was um uns herum geschieht.

Mein Blick begegnet oft dem einer jungen Kosovarin. Sie ist sehr hübsch. Da sie mich unverblümt anschaut, gehe ich davon aus, dass sie unverheiratet ist. Unter anderen Umständen hätte ich mich gerne mit ihr unterhalten, möglicherweise ist sie aber bereits jemandem versprochen. Ich möchte keinen Ärger heraufbeschwören und belasse es daher dabei, ihr zu signalisieren, dass der Kuchen, den sie mir auf den Teller legt, gut schmeckt. Es kam im Lager zu einer unangenehmen Situation, als der Vater eines jungen Mädchens, das als Reinigungskraft im Camp angestellt ist, dem Befehlshaber vorwarf, ein Soldat habe ein Verhältnis mit seiner Tochter. Der knapp 20-Jährige, der nicht nur Obergefreiter, sondern nun auch Freiender war, machte allerdings deutlich, dass es ihm mit dem Mädchen ernst sei. Zur Erleichterung aller Beteiligten wurde aus dem zornigen Vater, der sich entehrt fühlte, ein freudestrahlender Schwiegervater. Allen Soldaten des Lagers »Blaue Halle« wurde aus dieser Erfahrung heraus eingeschärft, dass ein Verhältnis hierzulande wesentlich ernstere Konsequenzen bis hin zu öffentlichen Unruhen nach sich ziehen kann und daher streng untersagt sei.

Ich beginne eine Unterhaltung mit einem greisen Mann, der neben mir sitzt. Ich bin mir nicht sicher, ob er Deutsch oder Russisch besser versteht, daher versuche ich beides. Er ist überaus freundlich und nickt bei allem, was ich ihn frage. Jemand am Tisch gegenüber gibt mir zu verstehen, dass der Mann taubstumm ist. Ich komme mir etwas lächerlich vor. Um das zu überspielen, biete ich dem Greis und den anderen am Tisch eine Zigarette an. Während wir rauchen, wird Kaffee serviert. Ich beobachte, dass die Tassen nur mit heißem Wasser aufgegossen werden, und schließe daraus, dass es sich um türkisch gebrühten Mokka handelt. Meine Eltern trinken ihn meist genauso, daher weiß ich, dass der grob gemahlene Kaffeegrund sich langsam am Boden der Tasse absetzt, nachdem man sich den Zucker eingerührt hat. Hauptmann Prunder ist allerdings zu tief in Gespräche verwickelt, um das zu bemerken. Nach dem ersten Schluck guckt er mich fragend an, unterhält sich aber sofort weiter. Wohl eher unbewusst trinkt er die Tasse mit einem großen, letzten Schluck leer. Schlagartig herrscht Schweigen am Tisch. Gespannte Blicke sind auf ihn gerichtet. Selbstbeherrscht lässt er sich sein Kratzen im Hals nicht durch mehr als ein Räuspern anmerken. Eine unserer Gastgeberinnen bringt ihm trotzdem eilig ein Glas mit weißem Inhalt. Mir wird ebenfalls davon angeboten. Ich halte es für Milch, die zum Nachspülen der Kaffeekrümel gedacht ist. Da ich Milch seit meiner Kindheit verabscheue, geht meine Höflichkeit nicht so weit, dass ich dieses Getränk zu mir nehme. Es stellt sich aber heraus, dass die Dörfler dem »Kommandante«, wie sie den Offizier nennen, etwas besonders Gutes tun wollen und ihm selbst gemachten Joghurt servieren.

Der Hauptmann verabschiedet sich wenig später bei der Dorfgemeinschaft und bedankt sich für die außerordentliche Gastfreundschaft, leider müssten wir nun dringend aufbrechen. Ich bin etwas verwundert, dass er mich beim Aufbruch anranzt und zur Eile drängt. Kaum dass wir außer Sichtweite des Dorfes sind, gibt er mir scharf den Befehl anzuhalten. Flugs verschwindet der Mann hinter einem Gebüsch. Die Geräusche, die zu mir durchdringen, lassen mich erahnen, dass seine Verdauungsorgane nicht mit den hiesigen Joghurtbakterien fertig werden. Die Rückfahrt zum Lager muss noch einige Male unterbrochen werden. Bei jedem Zwischenstopp hoffe ich, dass der arme Kerl nicht auch noch auf eine Mine tritt. Statt sich einfach hinter das Fahrzeug zu begeben, drückt sich der Hauptmann immer einige Schritte entfernt in einen Winkel. Mir ist diese Schamhaftigkeit angesichts der Gefahr, die im Boden lauert, ein Rätsel. Als wir unser Lager endlich erreichen, weist mich mein blasser Vorgesetzter an, ihn direkt bei der Krankenstation abzusetzen. Am nächsten Morgen will ich ihn in der OPZ abholen und erfahre, dass Hauptmann Prunder wegen einer Magen-Darm-Erkrankung für einige Tage das Bett hüten muss.

# IM MINENFELD

Meine AVZ-Gruppe hat Bereitschaft. Zum Briefeschreiben fehlt mir die Muße und meine Wäsche brauche ich nicht mehr selber zu waschen, ECOLOG übernimmt das jetzt für uns. Das Unternehmen hat ein pfiffiger, in Deutschland ansässiger Mazedonier aufgezogen. Getreu dem Motto »Geld stinkt nicht« hat er erkannt, dass er ein Vermögen damit verdienen kann, die schmutzige Wäsche der Soldaten zu waschen und ihre Scheiße zu entsorgen. Also habe ich Zeit, den Fernmeldern in ihrem Zelt einen Besuch abzustatten. Mir ist zu Ohren gekommen, dass Mayer einen Hundewelpen von der Straße aufgelesen hat und ihn jetzt mit seinen Kameraden aufpäppelt. Dummerweise steht just in diesem Augenblick Oberfeldwebel Rüstmann in Begleitung eines Feldjägers vor meinem Zelt. Ich komme ihm gerade recht, um die anderen aus der Gruppe zusammenzutrommeln. Wir sollen uns in 20 Minuten bei ihm zur Besprechung einfinden. Ich habe keine Ahnung, wohin meine Kameraden sich verdrückt haben könnten. Möglicherweise schauen sie sich ja auch den Welpen an, sage ich mir, um einen Grund zu haben, doch noch zu Mayer zu gehen. Tatsächlich treffe ich fast meine komplette Gruppe an. Sie hat sich um unseren Kameraden versammelt, der seinen Welpen stolz vorzeigt. So rau der Umgang unter Soldaten auch sein mag, mit einem Hündchen auf dem Arm kommt die weiche Seite zum Vorschein. Limmann schiebt seinen Kopf zum Zelt herein und treibt uns an.

Mehrere Feldjäger sind bei der Besprechung anwesend. Worum es geht, wird in knappen Worten geschildert: Eine Frau ist vor einigen Wochen aus einem Dorf verschleppt worden. Entführungen sind hier nichts Ungewöhnliches. Die Feldjäger übernehmen Polizeiaufgaben, bis sich die Exekutive im Kosovo eine neue Struktur geschaffen hat. Als Fallschirmjäger haben wir andere Aufgaben, äußere ich. Meinen Einwand weist der Führer der Feldjäger barsch ab: Es gebe hier nun einmal keine Polizeistruktur und der Auftrag, die Frau zu finden, sei von oberster Stelle an uns ergangen. Ende. Auf der Landkarte wird uns kurz gezeigt, wo wir hinfahren und welches Gebiet womöglich abgesucht werden muss. Ich frage mich, wie das mit den paar dafür vorgesehenen Männern zu schaffen sein soll. Wir hatten bei Jagdkampfübungen in Deutschland bereits die Erfahrung gemacht, dass es selbst in Kompaniestärke der Suche nach der Nadel im Heuhaufen gleichkommt, wenn man als Postenkette auf der Suche nach einer Person einen Wald durchkämmt. Dass wir mit halber Zugstärke auf gut Glück eine Suchaktion starten sollen, kommt mir absurd vor.

Was solls – Befehl ist Befehl. Ich schmeiße meinen stets gepackten Rucksack zu meinen Kameraden auf die Ladefläche des Zweitonners und werfe den Motor an. Malcom stellt sich wie gewohnt auf den Beifahrersitz und schaut aus der Dachluke heraus. Unser kleiner Konvoi, bestehend aus zwei Wölfen vorweg, meinem Lkw und einem Wolf als schließendes Fahrzeug, kommt verhältnismäßig zügig voran. Das Terrain ist schwierig, daher halten wir immer wieder an und überprüfen, ob wir uns noch auf dem richtigen Weg befinden. Ich habe zu diesem Zeitpunkt absolut keine Ahnung mehr, wo ich bin, da ich nicht das Privileg habe, mit Karte und GPS ausgestattet zu sein. Wie bei solchen Patrouillen üblich, haben wir seit Stunden keine Verbindung mehr zur OPZ. Unsere Funkgeräte dienen uns ausschließlich dazu, während der Fahrt miteinander zu kommunizieren.

Mir gefällt zwar nicht, dass ich völlig desorientiert unterwegs bin und auf Gedeih und Verderb vom Können unserer Führer abhängig, aber noch ist mein Vertrauen in sie groß genug. Dennoch ist es unverantwortlich, in einer Gegend, in der sich überall Minen und Blindgänger befinden können und versprengte Bürgerguerilla mit Kriegswaffen hantiert, ohne Arzttrupp oder Rettungssanitäter unterwegs zu sein. Mit unseren rudimentären Erste-Hilfe-Kenntnissen würden wir im Ernstfall schnell an unsere Grenzen stoßen. Ich selbst traue mir jedenfalls nicht viel mehr zu, als einen Druckverband anzulegen. Mehr als das wäre mit unserer »Persönlichen Erste-Hilfe-Ausrüstung«, die aus etwas Mullbinde, einem Dreiecktuch und einer Wundauflage für Brandverletzungen besteht, auch nicht möglich. Hauptfeldwebel Lasrich und Stabsunteroffizier Ruths fallen mir unweigerlich ein. Die beiden Pioniere aus der Luftlandeeinheit in Wildeshausen sind einige Tage zuvor auf Antipersonenminen getreten und mit schweren Verletzungen in die Heimat ausgeflogen worden.

Ich hatte an dem Tag Lagerwache. Plötzlich war das Lager in Aufruhr und ein Fahrzeug nach dem anderen raste zum Tor hinaus. Bruchstückhaft hingeworfene Informationen ließen die Gerüchteküche brodeln. Am nördlichen Ufer des Morinisees, gegenüber dem Außenposten Adlerhorst, waren unsere Leute auf eine Mine gelaufen, hieß es. Beim Abendessen begegnete mir ein Pionier im Verpflegungszelt. Sein Gesicht hatte Verletzungen durch Sekundärprojektile, Sand und kleine Steinchen, die durch die Explosion einer Mine mit beschleunigt werden. Es sah aus, als wäre er mit seiner Wange ein paar Meter über Asphaltboden geschlittert. Viel von dem Geschehen gab er mir nicht preis. Nur, dass Lasrich, der Führer des Pionierzugs, auf eine Mine getreten war und seinen Unteroffizier Ruths das gleiche Schicksal ereilt hatte, als er ihm helfen wollte. Anstatt sich den Weg zu seinem Vorgesetzten Zentimeter für Zentimeter mit der Minensuchnadel zu ertasten, war er die wenigen Schritte nur von dem Gedanken getragen, möglichst rasch seinem vertrauten Kameraden Hilfe zu leisten. Alle waren völlig geschockt und verunsichert, als nun auch Ruths auf eine Mine trat. Es gab keine andere Möglichkeit: Man musste sich den Weg nun mit der Sonde suchen und die schmerzerfüllten Schreie der Kameraden aushalten. Die Bergung zog sich über mehrere Stunden hin. Letztlich wurden die beiden Verunglückten mit einer Rettungswinde in einen Hubschrauber gehievt und abtransportiert.

Erst Wochen später erfahre ich, dass beiden der linke Unterschenkel amputiert werden musste. Für Ruths, der als Soldat auf Zeit bei der Bundeswehr verpflichtet war, beginnt nun der Privatkrieg mit den Behörden. Die Öffentlichkeit und die Soldaten erfahren davon nur, weil er die Medien zu Hilfe zieht. Bei mir und meinen Kameraden stößt er damit teilweise auf Unverständnis. Wir fühlen uns der Armee so verbunden, dass es uns stört, wenn in aller Öffentlichkeit schmutzige Wäsche gewaschen wird. Erst Jahre später begreife ich durch meine eigene Geschichte, dass man, ohne öffentlich auf die Missstände der Soldatenversorgung aufmerksam zu machen, keine Chance hat, eine Gesetzesänderung zu bewirken.

Am 15. November 2000 stellte in der 132. Sitzung des Bundestages Günther Friedrich Nolting, Mitglied im Verteidigungsausschuss, die Frage, ob es nicht sinnvoll sei, eine gesetzliche Grundlage zu schaffen, um Soldaten, die im Einsatz verwundet werden, angemessen zu versorgen. Walter Kolbow, parlamentarischer Staatssekretär beim Bundesminister der Verteidigung, beteuerte, dass bereits eine interne Arbeitsgruppe eingesetzt wurde, die sich mit dem Thema befasse. Nach Abschluss der Untersuchung solle der Bundestag unverzüglich informiert werden. Es sollte aber noch 7 Jahre dauern, bis das Einsatz-Weiterverwendungsgesetz verabschiedet wurde. Noltings Frage, ob es im Bundesministerium der Verteidigung denn zukünftig eine Ansprechperson für betroffene Soldaten geben werde, beantwortete Kolbow wie folgt: »Ich denke, dass auch das in die Prüfung einbezogen wird. Im Übrigen stehen gerade bei den Fällen, in denen Soldatinnen oder Soldaten im Ausland ein solches Schicksal erleiden, alle Mitglieder der politischen Leitung, aber auch der militärischen Führung jederzeit als Ansprechpartner zur Verfügung.« Eine freche Behauptung, auf die leider nicht weiter eingegangen wurde. Ich habe sehr viele Politiker und Mitarbeiter des BMVg

(Bundesministerium der Verteidigung) angesprochen und um Beistand gebeten. Diejenigen, die sich meiner angenommen haben, sind Reinhold Robbe, SPD, Dr. Martina Krogmann, CDU, Elke Hoff, FDP, und Serkan Tören, FDP, um nur diejenigen zu nennen, die sich mehr als einmal bei politischen Diskussionen für mich starkgemacht haben. Natürlich habe ich wesentlich mehr Politiker um Unterstützung gebeten, nicht zuletzt den damaligen Verteidigungsminister Karl Theodor zu Guttenberg persönlich, aber außer der Aussage, dass man Verständnis für meine prekäre Lage habe und ich mich noch etwas gedulden müsse, da an einer Gesetzesänderung zugunsten im Einsatz versehrter Soldaten gearbeitet werde, keine Hilfe erhalten.

Dass gerade Pionieren so etwas passiert ist, gibt mir zu denken. Bisher glaubte ich, ihre Spezialkenntnisse als EOD würden sie vor Schaden bewahren, auch wenn ihr Risiko bei der Kampfmittelbeseitigung natürlich groß ist. Die anfängliche Vorsicht, die sich im Laufe des Einsatzes verflüchtigt hat, ist wieder ständig präsent. Da ich im Prinzip völlig ahnungslos über das Wohin, Warum und Wozu durch die Schluchten des Balkan chauffiere, bin ich auch nicht sonderlich interessiert, als wir in einem Dorf haltmachen. Offenbar werden wir bereits von einer Gruppe Männer erwartet. Während sich der Dorfälteste und unsere Führer besprechen, nehmen wir Mannschafter automatisch eine Rundumsicherung ein. Ein junger Dorfbewohner geht in gewohnter Gastfreundschaft mit einer Kanne Tee von einem Fahrzeug zum nächsten und bietet uns eine Erfrischung an. Im Gegensatz zu meinen Kameraden bin ich bei Schwarztee nicht misstrauisch, was die Bekömmlichkeit betrifft. Daher zücke ich zum Erstaunen des jungen Mannes eine Falttasse aus Gummi, den sogenannten Schnorrerbecher, aus meiner Beintasche und lasse sie mir dankbar von ihm auffüllen. Malcom grunzt mir von seiner Position in der Dachluke aus zu, dass ich blind werde, wenn ich das Zeug trinke. »Verdammt, dann bist du ja das Letzte, was ich sehe!«, kontere ich. »Klugscheißer«, kriege ich als Antwort zu hören und der dicke Limmann steckt seinen Kopf zum Fenster des Zweitonners hinein und ruft: »Guck lieber mich an – ich bin viel schöner!« Diese kleine Frotzelei bringt uns unweigerlich zum Lachen.

Der Spaß ist aber schnell vorbei. Oberfeldwebel Rüstmann löst sich von der Gruppe um den Dorfältesten und zischt uns zu, das Lachen sofort zu lassen, hier sei momentan gar nichts lustig. So ernst ist unser Zugführer äußerst selten, daher werden wir sofort hellhörig. Doch wir erhalten keine weiteren Informationen über die Gesuchte. Es bleibt auch rätselhaft, wer die Frau mit Waffengewalt unter den Augen der schockierten Dorfbewohner entführt hat. Der Oberfeldwebel sagt uns lediglich, dass die Minenlage in der Gegend nicht geklärt sei. Daraufhin machen wir kehrt und durchkämmen die Landschaft. In der Bergregion wechseln sich beackerte Felder mit Brachland ab, Gebüsch und Sträucher grenzen die Flächen voneinander ab. Wir fahren in Schrittgeschwindigkeit und suchen mit unseren Ferngläsern nach einem noch so kleinen Hinweis, der uns auf die Spur der vermissten Frau führen könnte. Es ist ja schon einige Wochen her seit ihrer Entführung, wo sollte man da noch eine Spur finden können? Nach einer Stunde vergeblicher Suche bin ich mir sicher, dass wir sie eher als Zwangsprostituierte in einem Bordell finden als hier auf weiter Flur.

Plötzlich haben wir den Hinweis, den wir suchen. Die Feldjäger steigen fast synchron aus ihrem Fahrzeug. Aber auch alle anderen haben bereits wahrgenommen, was die Militärpolizisten zum Aussteigen bewogen hat. Es ist nichts Sichtbares, sondern der abstoßende, schwere und leicht süßliche Geruch des Todes, der uns im Kosovo bereits einige Male in die Nase gekrochen ist. Die Frage ist nur, ob es sich um ein verendetes Tier handelt oder ob es tatsächlich die entführte Frau ist, die hier im verdorrten, gelben Gras liegt. Ich glaube, es ist Malcom, der sie entdeckt. Die Männer scharen sich um eine Stelle, die etwa 50 Meter vom Sandweg entfernt liegt. Ein dünner, verschlungener Trampelpfad führt durch dichtes Gebüsch dorthin. Ich bin nicht scharf darauf, einen Blick zu riskieren. Schon der

Gestank, der bis in meine Fahrzeugkabine dringt, widert mich an. Ich versuche ihn mit Zigarettenrauch zu überdecken. Ich bin der Einzige, der bei den Fahrzeugen geblieben ist, die anderen Fahrer haben sich gleich nach dem Fund neugierig zu den anderen begeben.

Als die Ersten wortlos und mit betretenen Gesichtern zurückkehren, kann ich es mir leider nicht verkneifen, leise zu fragen, was sie denn gesehen haben und ob es sich um die gesuchte Frau handelt. Es ist Wolf, der mir sagt, ich solle mir das unbedingt selber ansehen. Ich bin etwas verunsichert, weil ich nicht als Feigling dastehen möchte. Alle haben sich ein Bild gemacht, jetzt gehe also auch ich den Pfad zur Fundstelle hoch. Als ich bei den anderen angelangt bin, ist die Intensität der Leichengase so stark, dass ich gegen meinen aufkommenden Brechreiz ankämpfen muss. Der Blick auf die Frau ist durch meine Kameraden verdeckt. Erst als ich direkt hinter ihnen stehe, tritt einer zur Seite und gibt mir den Weg frei. Vor mir liegt eine Frau mit zerrissener Kleidung auf einer fleckigen Matratze. Ihr langes, blondes Haar ist fast gänzlich mit der Kopfhaut vom Schädel abgefallen. Die leeren Augenhöhlen sind tiefschwarz und der stark skelettierte Unterkiefer klafft grotesk weit auseinander. Fliegenlarven bevölkern die Mundhöhle. Über dem rechten Auge, knapp neben der Nasenwurzel, ist ein kleines, kreisrundes Loch zu sehen. Vergewaltigt und dann mit einem Kopfschuss beseitigt. Ich bin völlig gefangen von diesem Anblick und es kommt mir wie eine Ewigkeit vor, bis ich mich davon lösen kann. Eilig stolpere ich zurück zum Lkw. Es ärgert mich, dass ich mir diesen Anblick angetan habe. Es ist anders als bei den anderen Toten, die ich hier zu Gesicht bekommen habe. Und ich ahne auch nicht, dass der Anblick von Leichen mich auch in Zukunft noch oft unerwartet treffen wird.

Ich muss noch etwas an diesem Ort ausharren, denn die Feldjäger sichern soweit möglich die Spuren. Irgendjemand scheint die Frau aufnehmen oder umdrehen zu wollen, denn ich höre Rüstmann durchdringend rufen: »Nicht anfassen!« Es ist sofort klar, warum. Während der Einsatzvorbereitung hat man uns sehr eindringlich davor gewarnt, Gegenstände jeglicher Art, aber auch Personen, insbesondere Leichen aufzuheben oder auch nur zu bewegen. Oftmals werden heimtückisch entsicherte Handgranaten unter den Körpern versteckt, die beim Versuch der Bergung explodieren.

Während der Fahrt zurück wird nur das Nötigste gesprochen. Die Gase der Verwesung scheinen an mir zu haften. Das Gefühl, mich erbrechen zu müssen, ist auch noch da. Im Lager mache ich mich zügig auf den Weg zur Dusche, wechsele die Kleidung und putze mir die Zähne sehr gründlich, um den intensiven Geruch der Leiche nicht weiter wahrnehmen zu müssen.

Inzwischen ist das Ende meines Kosovoeinsatzes absehbar. Meine Gedanken kreisen immer häufiger um »die Zeit danach«. Was werde ich zuerst machen? Kaufe ich mir einen Computer vom Ersparten oder höre ich auf Kutz und lege mein Geld in Aktien an? Wolf spricht immer von dem Ferrari, den er sich für ein Wochenende ausleihen möchte. Andere überlegen, welches Auto sie sich von den etwa 20 000 DM kaufen werden, die sich während unseres Auslandseinsatzes auf den Konten angesammelt haben. Mehr als die etwa 180 DM »Buschgeld«, die wir jeden Monat von unserem Spieß bar auf die Hand bekommen, wird hier kaum jemand ausgegeben haben. Wo denn auch? Der Marketender hatte einige erlesene Whiskeysorten für uns und die aktuellsten Parfümfläschchen für die Liebsten zu Hause im Angebot, doch diese Luxusgüter sind auch in unserem Militärkiosk für kleines Geld zu haben. Ich freue mich auf eine Badewanne mit viel duftendem Badeöl, auf die Eierkuchen meiner Mutter, mein mit kühlen Laken frisch bezogenes Bett und den Luxus, so viel Wasser zur Verfügung zu haben, wie ich mag.

Ich denke aber auch an die vielen Dinge zurück, die in den letzten Monaten meine bisherige Sicht der Welt auf den Kopf gestellt haben. Ich musste lernen, mir unter Androhung von Gewalt Respekt zu verschaffen, bei Aufträgen das Gewehr immer griffbereit zu halten, auch wenn mir der Zweck der Aufträge oftmals unklar war. Ich musste ständig Tod und Verwundung gewärtigen und erkennen, dass das in Deutschland als »normal« Geltende ein besonderes Gut ist und keineswegs selbstverständlich. Es ist ein gutes Gefühl, bald wieder in diese Normalität eintauchen zu können. Gleichwohl werden einige Soldaten zu Hause ein Trümmerfeld vorfinden, weil Frau oder Freundin über alle Berge ist – womöglich mit dem Geld, das man hier unter Einsatz seines Lebens sauer verdient hat. Freunde oder Familienmitglieder könnten inzwischen gestorben sein. Besonders hart wird es sicherlich die Soldaten der türkischen Einheit treffen; in ihrer Heimat hat ein heftiges Erdbeben viele Todesopfer gefordert und zahlreiche Gebäude zum Einsturz gebracht. Am Tag nach dem Erdbeben war ich in der Brigade. Vor den Telefonkabinen standen die türkischen Soldaten in einer langen Reihe. Viele weinten. Im Einsatzland bleiben zu müssen, während man von seinen Angehörigen gebraucht wird, ist eine harte Zerreißprobe. Den türkischen Kameraden war ihre Verzweiflung deutlich anzusehen.

Trotz aller Entbehrungen habe ich das Gefühl, dass mein Einsatz im Kosovo sinnvoll war. Das robuste Mandat wurde von uns gut genutzt, die positive Entwicklung ist unmittelbar zu erkennen. Die marodierenden Horden, die zu Beginn unseres Einsatzes noch jede Nacht unterwegs waren und mordend, plündernd und brandstiftend wüteten, besonders im serbischen Viertel, sind durch unser hartes Durchgreifen bei den nächtlichen Patrouillen zurückgedrängt worden. Wen wir auf frischer Tat erwischten, brachten wir direkt ins Gefängnis von Prizren.

Dass wir im Umgang mit den verschiedenen Volksgruppen keinen Unterschied machen, ist für viele Anhänger der albanischen UÇK sicherlich eine Überraschung. Da die UÇK als Verbündeter der NATO die Bombardierung der serbischen Gefechtsstände vom Boden aus gelenkt hat, hat sie sich möglicherweise Sonderrechte erhofft. Unser Auftrag ist jedoch, weitere Gewalttaten zu verhindern und das Einsatzgebiet zu befrieden. Das setzen wir durch, ohne eine Ethnie davon auszunehmen. Viele Serben werden dazu zwangsumgesiedelt. Ihre Sicherheit kann in den albanisch dominierten Teilen der Stadt nicht gewährleistet werden. Das ist besonders für die Leute sehr hart, die schon lange, teilweise seit Generationen an einem Ort leben. Ich muss dabei an eine alte Frau denken, der eine Frist zur Räumung ihrer Wohnung gesetzt wurde. Sie hat sich lieber mit einer Handgranate im Bett getötet, als zu gehen. Doch es gibt keine Alternative. Wer sich nicht schnell zum Umzug entschließt, ist seines Lebens keinen Moment mehr sicher. Immer wieder werden in aufgebrochenen Wohnungen die madenzerfressenen Leichen ihrer einstigen Bewohner gefunden. Wenn die Bewohner Glück hatten, wurden sie von den Tätern mit einem Kopfschuss getötet. Die genauen Hintergründe der Tat bleiben meist ebenso ungeklärt wie die Identität der Täter. Seit unseren nächtlichen Patrouillen in der Stadt sind die Gewalttaten stark zurückgegangen. Die Ausgangssperre ab 22:00 Uhr wird jetzt respektiert. Mehr als 1130 Minen, Blindgänger und andere Explosivstoffe konnten während unseres Einsatzes beseitigt werden. Die meisten Minen werden von den Pioniertruppen unschädlich gemacht, aber auch die Fallschirmjäger, die eine EOR/EOD-Ausbildung haben, sind sich nicht zu schade, mit der Minensuchnadel loszuziehen. Allen voran Stabsfeldwebel Bande, der Spieß der Einsatzkompanie am Morinipass. Durch seine Streifzüge mit der Suchnadel im und um das Lager »Adlerhorst« herum können weit über 100 Minen keinen Schaden mehr anrichten. Die Menschen in unserem Einsatzgebiet haben Vertrauen zu uns gefasst und die Kinder rufen »Fallschirmjäger gut!«, wenn sie uns sehen. Ich hoffe, dass sie die deutschen Soldaten in ebenso guter Erinnerung behalten werden wie ich die russischen aus meiner Kindheit. Um ihnen eine Freude zu machen, habe ich mir schon zu Beginn des Einsatzes von meiner Mutter Buntstifte und Filzmaler schicken lassen, die ich während meiner Wache am Tor an die Kinder verteile. Viele der Bilder, die sie mir daraufhin schenkten, hebe ich auf. Oft sind es die vom Krieg zerstörten Häuser, die ihnen als Motiv dienen. Ich frage mich, wie ihre Zukunft wohl aussehen wird.

Die Briefe meiner Eltern sind schon sehr abgegriffen. Ich liege zwei Tage vor meiner Heimkehr im Feldanzug auf meiner Matratze und schaue sie alle noch einmal durch. Eigentlich kann ich sie schon auswendig aufsagen, aber ich lese sie trotzdem immer wieder gerne. Mit jedem Satz steigt die Vorfreude, meine Familie wiederzusehen. Ich will ihnen viele ihrer Fragen persönlich beantworten, auf die ich in meinen Briefen nicht eingehen konnte. Mir ist bewusst, dass der MAD sich unsere Feldpost stichprobenartig vornimmt. Da ich keine Lust habe, mich beim G2-Sicherheitsoffizier melden zu müssen und eine Predigt über meine Pflicht zur Verschwiegenheit zu erhalten, lasse ich vieles von dem, was mich hier beschäftigt, in meiner Feldpost unerwähnt.

Das Lager »Blaue Halle«, das so mühsam und kostenintensiv aufgebaut wurde, wird komplett aufgelöst. Wir montieren alles in Rekordzeit wieder ab und hinterlassen nicht viel mehr als die tonnenweise aufgeschütteten blauen Schottersteine und einen Kühlcontainer, aus dem wir noch alles plündern, was uns als Reiseproviant gelegen kommt. Am nächsten Morgen brechen wir mit allen Fahrzeugen zur 300 Kilometer entfernten Hafenstadt Thessaloniki auf. Das Gepäck wird zu unserem Erstaunen von einer ortsansässigen Spedition zu den gecharterten Schiffen gebracht. Da wir unser Zeug erst nach dem Urlaub bei der Rückkehr in die Kaserne wiedersehen werden, nehme ich statt des kleineren Rucksacks den Seesack für mein Handgepäck. Über die Monate haben sich so viele Mitbringsel und Geschenke für meine Familie angesammelt, dass ich den Platz benötige.

Wir müssen Mazedonien komplett durchqueren. Es zieht uns so sehr nach Hause, dass wir nur dann eine Pause einlegen, wenn die Fahrer ausgewechselt werden müssen. An der Grenze nach Griechenland kommt es zu einer mehrstündigen Unterbrechung, da man uns partout nicht ins Land lassen will. Obwohl der Konvoi selbstverständlich auf NATO-Ebene abgesprochen war, scheint das bis zu den wachhabenden Grenzbeamten nicht durchgedrungen zu sein.

Es ist tiefste Nacht, in der griechischen Behörde ist niemand zu erreichen, der den Grenzposten bestätigen kann, dass unser Militärkonvoi nach Thessaloniki genehmigt ist. Unserem Spieß wird das nach einigen Stunden des Hin-und-her-Diskutierens zu dumm. Ganz in Fallschirmjägermanier öffnet er den Schlagbaum eigenhändig. Die Grenzer trauen sich trotz ihrer Maschinenpistolen anscheinend nicht, ihn daran zu hindern. Sie schreien zwar aufgebracht durch die Gegend, aber wir verstehen kein Griechisch. Fest entschlossen, uns nicht länger aufhalten zu lassen, geben wir Gas. Die Strecke scheint auch anderen bekannt zu sein, denn an vielen Brücken und Mauern prangt zur Begrüßung in großen Lettern »NATO, FUCK YOU!«

Ab den frühen Morgenstunden eskortiert uns griechische Militärpolizei bis nach Thessaloniki. Dort werden wir in einem eingezäunten Areal am Hafen einquartiert, nachdem wir die Fahrzeuge im Bauch der Frachtschiffe abgestellt haben. Ein Gebäude, das sonst möglicherweise als Speicher dient, ist für eine Nacht unsere Unterkunft. Die Betten sind zu drei Etagen übereinandergestapelt. Es sieht aus wie in einem amerikanischen Großraumgefängnis. Auf die Dixitoiletten mag niemand gehen, da sie bis obenhin vollgeschissen sind. Wer nicht mehr aushalten kann, sucht sich eine abgelegene Stelle an der Kaimauer. Dagegen war das Leben im Lager geradezu luxuriös. Der Freude, nach Hause zu kommen, tut dieses Dreckloch keinen Abbruch. Ich liege auf meiner Matratze und vertreibe mir die Zeit, indem ich Musik höre, mit meinen Kameraden über ihre Einsatzerlebnisse rede oder vor mich hin döse. Wir sind zwar erschöpft, aber schlafen kann heute wohl keiner von uns. Auf dem schmalen Bitumenstreifen zwischen dem Gebäude und dem Wasser haben sich viele Kameraden in Grüppchen zueinander gesellt.

Das Gelände verlassen dürfen wir nicht, dennoch schleichen sich ein paar Heißsporne an den griechischen Sicherheitskräften vorbei und gehen in die Stadt. Dieses Wagnis kann ihre Heimkehr um ein paar Monate verzögern, zumal einige keine Zivilkleidung dabei-

URKUNDE

G MUELLER ROBERT

hat am Lehrgang für

**Fallschirmspringer**

vom 10.11.98 bis 11.12.98

an der

**Luftlande- und Lufttransportschule**

mit Erfolg teilgenommen.

Inspektionschef

OBEN Urkunde Fallschirmspringer

UNTEN Ein Helikopter bringt die Teams im Steilflug von einem Austragungsort zum nächsten

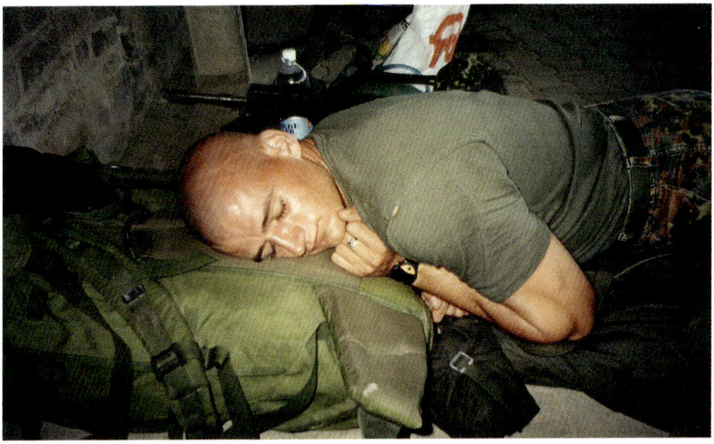

LINKS Beim Wettkampf der Multinationalen Division zählt jede Sekunde ...

OBEN ... das gilt auch für die kurzen Pausen

OBEN Das Feldlager der Bundeswehr in Prizren, genannt »Blaue Halle«

UNTEN Kosovo – Kinder begrüßen uns und fragen nach Süßigkeiten

UNTEN RECHTS 90 × 200 cm stehen mir im Gemeinschaftszelt zu

OBEN Wochenmarkt in Prizren

OBEN RECHTS Ein frei laufender Hund leistet uns täglich Gesellschaft

RECHTS Von der Dachluke des Lkw aus sichere ich meine Kameraden mit dem Sturmgewehr

KFOR

OBEN In den Wohnvierteln von Prizren zeigen wir durch häufige Patrouillengänge Präsenz

LINKS Auf den Erkundungsfahrten im Gebirge ist auch während der Mittagspause Wachsamkeit gefragt

RECHTS Beim »Friseur«

UNTEN Trügerische Idylle im Kosovo

OBEN Einem Heckenschützen auf den Fersen, bitten wir in einem Kloster um Hinweise

RECHTS Kurz vor der Durchsuchung eines Gehöfts, das unter Verdacht steht, ein geheimes Waffenlager zu beherbergen

OBEN In einem abgelegenen Dorf entdecken wir ein riesiges Waffenarsenal

LINKS Waffen für den Krieg

HG Robert Müller

1./FschJgBtl 313

Einheit

hat an dem

# Einzelkämpfer

Grundlehrgang - EKL I

an der Luftlande- und Lufttransportschule

vom 04.07.00 bis 28.07.00

mit Erfolg teilgenommen.

Altenstadt, den 26.07.00

Schmidt-Lutz, OTL

haben. Sie verkennen die griechische Mentalität. Ein deutscher Soldat, der mit gefüllter Brieftasche saufend und hurend durch das Hafenviertel zieht, wacht schnell mal in einem griechischen Gefängnis auf. Um so etwas zu verhindern, setzt man einen Sicherheitsdienst auf uns an – für die Abenteurer ein Anreiz, erst recht zu zeigen, wie leicht es ihnen gelingt »auszubrechen«. Die Mehrheit verbringt die Nacht mit einer ruhigen Abschiedsfeier unter Kameraden. Die sonst übliche Abgrenzung zwischen Offizieren, Unteroffizieren und Mannschaftssoldaten existiert an diesem Abend nicht. Uns ist bewusst, dass ein besonderer Abschnitt in unserem Leben zu Ende geht. Die Eindrücke der letzten Monate haben sich tief in unser Gedächtnis gegraben. Das gemeinsam Erlebte hat uns verändert und es verbindet uns für alle Zeit miteinander. Bis zum Sonnenaufgang werden in dieser milden Nacht etliche Flaschen erstklassiger Spirituosen geleert und mindestens ebenso viele Freundschaftsbekenntnisse und Bündnisse fürs Leben bekräftigt.

Ein paar Stunden später amüsieren wir uns am Flughafen über die Maßnahmen zur Dekontamination. Damit keine Krankheiten oder gar Seuchen von uns nach Deutschland eingeschleppt werden, sollen wir alle durch eine Plastikwanne stapfen, die etwa eine Handbreit mit Ameisensäure gefüllt ist. Da wir danach noch 200 Meter bis zur Gangway des Flugzeugs gehen müssen, erscheint uns diese Aktion lächerlich. Wir lästern ganz offen über diesen Unsinn. Den Soldaten von der ABC-Truppe ist das peinlich, sie sagen uns verlegen, es sei nun einmal Vorschrift. Die Zeit bis zur Ankunft in Deutsch land vergeht buchstäblich wie im Flug. Während der Landung der Transall darf ich zu meiner großen Freude im Cockpit sitzen. Kaum gelandet, geht der Abschied in zwei Wochen Urlaub ganz schnell. Wir treten als ungeordneter Haufen in Schützenwolke an. Ein mir unbekannter Soldat aus dem Stab versucht halbherzig, die Formalitäten abzuwickeln. Wer nicht von Angehörigen abgeholt wird, lässt sich an einem Tisch am Rand des Rollfeldes eine Bahnfahrkarte aushändigen. Dann heißt es nur noch »Tschüss, schönen Urlaub«. Verdattert stehe ich mit meinem Seesack auf dem Bundeswehrflugplatz herum. Wo ist der Ausgang? Wie komme ich zum Bahnhof? Glücklicherweise bin ich nicht der Einzige, der sich selbst um seine Heimfahrt kümmern muss. Zu viert lassen wir uns im Taxi zum Hauptbahnhof von Hannover bringen, dort trennen sich unsere Wege.

Während der Bahnfahrt komme ich mir wie ein Außenstehender, ein Beobachter vor. Obwohl ich finde, dass der KFOR-Aufnäher auf dem Ärmel meiner Uniform mich als heldenhaften Krieger ausweist, nimmt man kaum Notiz von mir. Ich bin aus einer anderen Welt hierher zurückgeworfen worden, doch das interessiert offenbar niemanden. Ich aber betrachte alles sehr genau. Meine Heimat ist mir nicht mehr so vertraut, wie ich dachte. Zuerst fällt mir auf, dass hier eine ganz andere Luft ist. Es riecht nicht mehr nach Staub, Verbranntem oder Fäulnis. Ich genieße das Grün der Landschaft und den Anblick der gepflegten Häuser, wenn wir eine Ortschaft passieren. Das ist nicht selbstverständlich, auch nicht heile Straßen, fließendes Wasser, WC und Toilettenpapier, mit 200 km/h über die Autobahn zu brettern oder auch nur auf einer unverminten grünen Wiese zu liegen oder eine Frau in den Armen zu halten. Dieses Gefühl der Überlegenheit eines Wissenden ist sehr schnell vorbei, als der Schaffner mein Abteil betritt. Bis er mich erreicht, habe ich alle Taschen meines Feldanzugs nach meiner Fahrkarte abgesucht, aber sie bleibt unauffindbar. Möglicherweise habe ich sie bei dem Gedränge im Taxi liegen lassen. Meine Beteuerung, eine Fahrkarte besessen zu haben, interessiert den Bahnangestellten so wenig wie die Tatsache, dass ich gerade von einem mehrmonatigen Bundeswehreinsatz im Kosovo heimkehre. Zum Schwarzfahrer abgestempelt, bekomme ich eine Anzeige. Die vorher desinteressierten Fahrgäste in meinem Abteil blicken mich nun missbilligend an. Als Helden haben sie mich nicht wahrgenommen, aber als Betrüger in Uniform behalten sie mich noch lange im Gedächtnis. Meine Freude auf die Heimkehr ist dahin. Die Vorschriftenhörigkeit, die hierzulande einen so hohen Stellenwert hat und etlichen Menschen als Ersatz für gesunden Menschenverstand dient, die habe ich nicht vermisst. So sehr die Korruption den Kosovo lähmt, so sehr behindert die Bürokratie die Menschen in diesem Land. Wie verhängnisvoll sich diese deutsche Eigenart noch auf mein Leben auswirken sollte, bekomme ich wenige Jahre später zu spüren.

In Buxtehude angekommen, entscheide ich mich spontan, zu Fuß nach Hause zu gehen. Natürlich wäre es mit dem schweren Seesack bequemer, ein Taxi zu nehmen. Ich will das Gefühl der Heimkehr aber so intensiv wie möglich auskosten. Es ist ernüchternd, dass die Pendler aus Hamburg keinerlei Notiz von mir nehmen, während wir in einer großen Traube vom Bahnsteig strömen. Ich bin in Uniform, aber nichts Besonderes. Mir kommt es im Gegenteil eher so vor, als wäre ich gerade wie eine Ameise von seinem Volk kommentarlos wieder eingebunden worden. Wenn das so ist, denke ich mir, dann konzentriere ich mich eben nur auf mich und das, was in mir vor sich geht. Ich verspüre den Stolz, mit dem ich mein bordeauxrotes Barett trage, die Freude heimzukehren, die gleichzeitige Unsicherheit, was mich wohl erwarten mag. Auch eine Portion Wut und Trauer, die ich mir nicht erklären kann, mischt sich dazwischen – ein wahres Gefühlschaos, das sich in mir austobt. Alle Eindrücke wirken intensiv und zugleich, als seien sie sehr fern. Ich stelle fest, dass mir meine Kameraden fehlen. Mit meinem Einsatz geht etwas unwiederbringlich zu Ende. Die KFOR-Einsatzkompanie war ein wild zusammengewürfelter Haufen. Auf engstem Raum zusammengepfercht haben wir mehr übereinander erfahren als in all den Monaten zuvor, die wir bereits miteinander in der Kaserne gelebt haben. Für viele Soldaten ist dieser Einsatz der krönende Abschluss ihrer Dienstzeit. Sie werden nur noch einmal zur Kaserne zurückkehren, um ihre Ausrüstung abzugeben. Meine Restdienstzeit beträgt sechs Monate, doch mein Wunsch, Soldat zu bleiben, ist mir durch den Einsatz noch deutlicher bewusst geworden.

Ich biege um eine letzte Ecke und stehe vor dem Haus meiner Eltern. Über der Eingangstür prangt ein Banner mit der bunten Aufschrift: »Willkommen zu Hause«. Meine Großmutter, Eltern und meine beiden Schwestern erwarten mich freudestrahlend. Ich werde umarmt, geherzt und geküsst. Meine Mutter bemerkt, dass ich abgenommen habe, und meine Oma sagt: »Genau wie Opa, als er heimkam.« Mein Großvater hat nie über seinen Kriegseinsatz gesprochen. Über den Zweiten Weltkrieg zu reden war in meiner Familie immer tabu. Gerade bei einem hochrangigen Kommandeur der Kampftruppen wollte man in der DDR von einer Verbindung zum Nationalsozialismus nichts verlauten lassen. Beim Essen erfahre ich nun zum ersten Mal etwas über die Zeit, in der mein Opa bei der Wehrmacht diente.

Trotz des herzlichen Empfangs habe ich bald das Bedürfnis, allein zu sein. Ich will das meiner Familie aber nicht sagen, sie würde es vermutlich nicht verstehen. Daher entschuldige ich mich damit, dass ich gern ein frisch gezapftes Bier trinken gehen möchte.

# EIN MULTINATIONALER WETTKAMPF

Nach dem Urlaub melde ich mich beim Spieß der 1. Kompanie zum Dienst zurück. Der hat meinen Posten inzwischen mit einem anderen Soldaten nachbesetzt, daher soll ich in die 2. versetzt werden. Dort bin ich für den Zug von Hauptfeldwebel Schleifer vorgesehen. Der Kompaniefeldwebel der 2., Rauch, teilt mir eine Stube zu, auf der schon die Stabsgefreiten Stand und Hör und ein Hauptgefreiter einquartiert sind. Zu meiner Freude handelt es sich bei ihm um Wiegmann. Ich habe ihn beim Kosovoeinsatz kennengelernt. Das Jahr geht für uns gemächlich mit der Nachbereitung des Einsatzes zu Ende. Waffenappell und Instandsetzung des Materials bestimmen unseren Tagesablauf.

Das Jahr 2000 bringt eine neue Herausforderung. Zwei deutsche Mannschaften für den Militärwettkampf der Multinationalen Division (MND) werden zusammengestellt. In meiner Dienstzeit ist mir eines besonders bewusst geworden: Wer bei der Bundeswehr respektiert und anerkannt werden will, dem gelingt das am ehesten durch besondere sportliche Leistungen. Das gilt insbesondere, wenn man wie ich ein Mannschaftssoldat ist. Ich melde mich für den Aufnahmetest des MND-Zuges an. Da ich mich zum Soldaten auf Zeit verpflichten möchte, kommt mir diese Gelegenheit gerade recht, um mir auch unter den altgedienten Männern der Brigade einen Ruf zu erwerben und mich von der Masse der Wehrpflichtigen, die kommen und gehen, abzusetzen. Dass die Versetzung dorthin nicht einfach werden wird, ist mir klar, denn für den Wettkampf stellt jedes teilnehmende Land natürlich seine leistungsstärksten Soldaten auf. Für viele Teilnehmer ist der MND-Zug das Sprungbrett zu einer Spezialeinheit. In solchen Einheiten bekommt man die Ausbildung und Ausrüstung, von der viele Soldaten in der Bundeswehr nur träumen können. Waren einst die Kampfschwimmer der Marine das Nonplusultra, so bietet die nun entstehende Division für spezielle Operationen, kurz DSO, ein breites Spektrum an interessanten Aufgaben: das Kommando Spezialkräfte, Scharfschützenzüge oder Fallschirmjägerspezialzüge der Bataillone, um nur einige zu nennen. Mich fasziniert der Gedanke, dem Diensthundezug anzugehören.

Doch vorher gilt es, den Aufnahmetest für den MND-Wettkampf zu bestehen. Alle Anwärter starten gleichzeitig zu einem Gepäcklauf unbekannter Länge und Dauer. Wir laufen mit einem einheitlich gepackten Rucksack, der etwas mehr als 15 Kilogramm auf die Waage bringt. Hier trennt sich zum ersten Mal die Spreu vom Weizen. Wer aufgibt, kann sofort gehen. Die Übrigen schwimmen im Feldanzug auf Zeit um die Wette. Diejenigen, die danach noch im Rennen sind, müssen ihre Navigationsfähigkeiten mit einem Orientierungslauf unter Beweis stellen. Am Ende des Tages sind wir auf etwas weniger als die für einen kompletten Zug sonst üblichen dreißig Mann zusammengeschrumpft. Zur endgültigen Aufnahme in den MND-Zug gehört das Einzelgespräch nach dem Fitnesstest. Dem Zugführer Oberleutnant »Matze« Lang ist es wichtig, sich auch von der charakterlichen Eignung der Anwärter zu überzeugen. Die Männer müssen vor allem teamfähig sein. Der durchtrainierte Bodybuilder wird genauso gebraucht werden wie der drahtige, ausdauernde Läufer. Nur ein Team, das sich perfekt ergänzt, kann den Wettkampf für sich entscheiden. Dass ich es geschafft habe, ins Team aufgenommen zu werden, überrascht mich im Nachhinein. Ich bin stolz, mich gegen die vielen guten Bewerber behauptet zu haben.

Für die kommenden sechs Monate sind wir in der Oldenburger Donnerschwee-Kaserne untergebracht. Oldenburg ist eine alte Garnisonsstadt. Das alte, rote Backsteingebäude, in dem wir einquartiert werden, wurde erst Anfang des 20. Jahrhunderts erbaut, doch auf uns wirkt das alte Gemäuer wie ein Relikt aus einer Zeit, in der das Militär etwas Imposantes darstellte. Zu sechst beziehen wir eine Stube, die auch doppelt so vielen Leuten ausreichend Platz bieten würde – ein Luxus, den wir von der Bundeswehr nicht gewohnt sind. Wir breiten uns mit unseren Hanteln, etlichen Vorratsdosen an Eiweißpulver und Nahrungsergänzungspräparaten für Sportler sowie den Wäscheleinen für die vielen, ständig durchgeschwitzten Kleidungsstücke nach Herzenslust aus. Hier finden keine Stubenkontrollen statt, bei denen selbst hinter der Heizung nach Spinnweben gesucht wird. Es wird täglich hart trainiert, daher wird toleriert, dass wir zur Regeneration einfach mal zwei oder drei Stunden schlafen. Anders wäre unser Pensum nicht über ein halbes Jahr lang durchzuhalten. In unserer Stammeinheit wäre es fatal, während der Dienstzeit im Bett erwischt zu werden. Hier wird es offensichtlich nicht für Faulheit gehalten.

Laufen steht täglich auf dem Plan. Damit die Muskeln ordentlich wachsen und sich die Belastbarkeit steigert, kommt regelmäßig der Rucksack mit, oder wir schultern manchmal gemeinsam einen Baumstamm – im Gleichschritt. Das stärkt das Teamgefühl. Zur Abwechslung denkt sich unser allseits beliebter Vorgesetzter »Matze«, der Oberleutnant, etwas aus. Beispielsweise nehmen wir einen Tisch aus der Stube mit und je nach Größe wird er auf den Rücken geladen oder muss von vier Mann auf der gut 10 Kilometer langen Strecke auf den Schultern balanciert werden. Beim Wettkampf wird es vielleicht eine Person sein, die wir bei einer simulierten Rettungsaktion erstversorgen und bergen müssen. Da die Donnerschwee-Kaserne mitten in der Stadt liegt, laufen wir an etlichen Passanten vorbei, die staunend stehen bleiben und uns hinterherschauen. Unsere Abseilübungen die Huntebrücke hinab sorgen für ähnliches Aufsehen. Wir rasen, so schnell das Material es hergibt, das Seil hinunter.

Um die Navigation mit Karte und Kompass zu üben, fahren wir zur Abwechslung auch mal für eine Woche weg. Obwohl der Wettkampf in Deutschland stattfindet, üben wir aus Fairness gegenüber den anderen Teilnehmern nicht in dem vorgesehenen Areal, sondern in Gebieten mit einer ähnlichen Landschaft. In den meisten Fällen sind es groß angelegte Truppenübungsplätze. Das Schießtraining für den Wettkampf läuft völlig anders ab, als ich es bisher in meiner Ausbildung erlebt habe. Wir sollen mit allen Handfeuerwaffen der Bundeswehr sicher umgehen, Munition steht uns dafür nahezu unbegrenzt zur Verfügung. Schließlich sollen wir lernen, die Zielscheiben auch unter Stress und schwerer körperlicher Belastung mit hoher Präzision zu treffen. Dann wäre da noch das Schwimmen. Wir schwimmen nicht mit Badehose, sondern im Feldanzug, doch zumindest ohne Stiefel, dafür aber manchmal mit den Händen auf dem Rücken gebunden und nur aus der Kraft der Beine heraus. Einmal in der Woche gehen wir mittags auswärts essen. Die Atmosphäre gemeinsamer Anstrengung bis zur völligen Erschöpfung und anschließender Erholung schmiedet uns zu einer Kameradschaft zusammen, die weit über das hinausgeht, was mit dem üblichen Drill zu erreichen gewesen wäre. Die Freiräume und Trainingsmöglichkeiten wissen wir zu schätzen, sodass wir gerne auch über die reguläre Dienstzeit hinaus unser Training fortführen.

All diese Privilegien geben uns das Gefühl, einer elitären Gemeinschaft anzugehören. Es sind im Prinzip nur Kleinigkeiten, die der Zweckmäßigkeit dienen sollen, doch in der uniformierten und um Konformität bemühten Institution Bundeswehr fallen sie sofort auf. Wir sind im Bundeswehrjargon »univil« gekleidet. Damit ist das Kombinieren von Uniformteilen mit ziviler Kleidung gemeint, was nach ZDV nicht zulässig ist und daher im Normalfall sofort gerügt wird. Wir tragen einheitlich schwarze Sweatshirts mit aufgesticktem MND-Logo und dem Fallschirmjägerabzeichen, schwarze Wollmützen und Stiefel, die anders als die normalen Springerstiefel auch zum Dauerlauf geeignet sind. Bei den regulären Uniformhosen in Flecktarnung lassen wir die Hosenbeine wegen der Luftzirkulation über die Stiefel fallen, statt sie mit den Hosengummis über dem Stiefelschaft einzuschlagen. Das allein würde genügen, um von anderen Soldaten neidische Blicke zu ernten. Dazu kommt, dass wir beim Essen immer gemeinsam an einem für uns reservierten Tisch sitzen. »Die Rittertafel«, wie wir ihn nennen. Der bei Fallschirmjägern wegen der körperlichen Leistung großzügig berechnete Lebensmittelbedarf wird bei uns im Grunde auf ein »all you can eat« ausgedehnt. Natürlich führt das gelegentlich zu Futterneid. Aber wann immer wir uns in der Kaserne bewegen, tun wir den Teufel, uns vor Zuschauern eine Blöße zu geben, und legen uns beim Training immer derart ins Zeug, dass jedem Neider vor Angst der Appetit auf unsere Zusatzration vergeht.

Der Trainingsplan trägt seine Früchte. Innerhalb eines halben Jahres lege ich 12 Kilo zu. Ich wiege 90 Kilogramm, was in meinem Fall weit über dem liegt, was der Body-Mass-Index empfiehlt. Mein Anteil an Körperfett beträgt magere 14 Prozent. Nie zuvor war ich in einem so guten Trainingszustand, diese sprunghafte Entwicklung hat aber auch Nebenwirkungen. Ich habe immer häufiger Blut im Urin und lasse mich im Bundeswehrkrankenhaus untersuchen. Dort ist man über das Trainingspensum im MND-Zug sehr erstaunt, ebenso darüber, wie viel Muskulatur ich in verhältnismäßig kurzer Zeit aufbauen konnte. Wir stünden mit professionellen Leistungssportlern auf einer Stufe, sagt man mir. Ein Grund dafür mag sein, dass ein Kamerad im MND-Zug in der DDR ein erfolgreicher Amateurboxer gewesen ist. »Lebo«, den wir wegen seiner Kenntnisse zum Trainer bestimmten, war ein beliebter Sparringspartner von Axel Schulz, ehe der zum Profiboxer wurde.

Lebo und »Vati«, wie wir den Oberleutnant »Matze« Lang inzwischen nennen, achten sehr darauf, dass wir ausgewogen trainieren und uns gesund ernähren. Statt fettem Schweinebraten mit leckerer Soße bekommen wir, wegen des Eiweißes und der hochwertigen Fette, meist Geflügel oder Fisch auf den Teller, dazu Kartoffeln oder Reis und frisches Gemüse. Anstelle einer schweren Soße gießen wir natives Olivenöl oder andere gesunde Öle darüber. Die Ärzte sagen mir, dass durch die sprunghafte Umstellung meiner Lebensweise ein Wachstumsschub ausgelöst worden sein kann, der sich nicht auf die Muskulatur beschränkt, sondern den gesamten Körper betrifft. An den Nieren habe man Abweichungen von der Norm erkannt, die ebenso wie meine in den letzten sechs Monaten überraschend gewachsenen Weisheitszähne auf exzessiv betriebenen Sport zurückzuführen seien. Möglicherweise sei das der Grund für den blutigen Urin. Meiner Teilnahme am Wettkampf steht das zum Glück nicht im Weg. Ich werde nach zwei Tagen aus dem Krankenhaus entlassen und nehme sofort wieder mit vollem Einsatz am Training teil.

Die Burg Vogelsang in der Eifel sehen wir einen Tag vor dem Wettkampf zum ersten Mal. Hier werden wir feststellen können, was unser Training bewirkt hat. Wir werfen einen Blick auf die einzelnen Stationen, die wir während der nächsten zwei Tage zu bewältigen haben werden. Gemeinsam legen wir uns eine Strategie zurecht, wie wir am effizientesten vorgehen. Dann stärken wir uns mit einer gemeinsamen Mahlzeit und hauen uns ins Bett. Am nächsten Morgen stehen wir lange vor Dienstbeginn auf. Wir sind schon etwas aufgeregt, schließlich haben wir uns sechs Monate lang damit geplagt, uns auf die nächsten 36 Stunden vorzubereiten. Jeder überprüft aufs Genaueste den korrekten Sitz und die Funktionsfähigkeit der persönlichen Ausrüstung. Eigentlich bräuchten wir das nicht, da sie uns ja sonst auch immer gepasst hat, aber keiner will den Sieg durch Nachlässigkeit gefährden.

Ein niederländischer General hält nach unserem kurzen Frühstück eine Ansprache. Mit den Gedanken bereits im Wettstreit, bekomme ich die Rede nur beiläufig mit. Wir stehen mit den anderen Männern aus unterschiedlichen Armeen in Hufeisenformation. Wie Boxer mustern wir unsere Kontrahenten. Die belgischen Teilnehmer sind um einiges älter als wir. Es sind schwer tätowierte Berufssoldaten, deren ernste Gesichter tief gebräunt und gegerbt sind. Sie werden im Schnitt etwas über 30 Jahre alt sein, denke ich mir. Ich bin einigermaßen beeindruckt. Sie sehen so aus, wie ich mir Soldaten immer vorgestellt habe. Bei allen anderen Mannschaften mag das Durchschnittsalter bei etwa 25 Jahren liegen. Die Deutschen sind im Vergleich besonders jung.

Als Belgien seine Soldaten 1999 aus dem Kosovo abzog, passierten diese in Schrittgeschwindigkeit den von meinen Kameraden bewachten Grenzposten am Morinipass. Einer sagte beim Vorbeifahren bekümmert aus dem Fenster heraus: »Why do the fucking Germans let children do this job?« Sicher sind wir deutschen Soldaten jünger und sportlicher, aber an Einsatzerfahrung sind diese Kerle uns meilenweit voraus, denke ich. Die anderen Mannschaften sehen auch gut trainiert aus, aber ich meine, dass wir ihnen mindestens ebenbürtig sind. Der General aus der niederländischen Armee beendet seine Rede mit einem Appell an unsere Fairness und Kameradschaft.

Dann beginnt der Wettkampf. Wie beim Zirkeltraining gibt es mehrere Stationen, an denen die Teams versetzt zueinander starten. Wir haben Glück und können mit der Höhenhindernisbahn beginnen. Da wir frisch und ausgeruht sind, bereitet uns das Klettern keinerlei Probleme. Es wäre wesentlich schwieriger, diese Prüfung der Koordinationsfähigkeit bereits erschöpft anzutreten. Wir klettern zwar nur in 3 bis 4 Meter Höhe, aber dafür ohne Sicherungsseil. Wenn ein Griff nicht sitzt und man abstürzt, kann das zumindest schmerzhaft werden. Direkt im Anschluss müssen wir unsere Kenntnisse über die im militärischen Alltag gebräuchlichsten Knoten unter Beweis stellen. Selbstverständlich kennen und können wir sie alle, doch mit den vom Klettern noch etwas tauben Fingern sind sie eine Herausforderung. Als Nächstes erwartet uns der sogenannte ABC-Bunker. Das ist eine Halle, in der eine Berieselungsanlage auf Knopfdruck ein weißes Pulver versprüht. Auf einen kurzen Pfiff hin sollen wir unsere Schutzausrüstung gegen atomare, biologische oder chemische Kampfstoffe anlegen und eine geeignete Deckung aufsuchen. Wer nicht schnell genug ist, wird von dem Pulver weiß markiert und verschafft seinem Team eine schlechtere Bewertung.

Bei der folgenden Prüfung sollen wir in einem Schlauchboot einen Stausee überqueren. Das hört sich einfacher an, als es ist, denn die Schlauchboote sind oval und alles andere als stromlinienförmig. Durch das Gewicht meines zehn Mann starken Teams liegt das Boot so tief im Wasser, dass es Widerstand bietet wie ein Kleiderschrank. Um möglichst viel Kraft in unsere Ruderschläge legen zu können, setzen wir uns auf den luftgefüllten Rand des Schlauchbootes. Wir hängen dabei mit einem Bein halbwegs im Wasser und kämpfen um unser Gleichgewicht. Nur wenn alle Ruderer auf beiden Seiten des Bootes gleichzeitig das Paddel ins Wasser stechen, lässt sich eine ungewollte Kursänderung vermeiden. Unser Mann am Steuerruder treibt uns dabei an wie die Sklaven auf einer römischen Galeere. Jedes Mal, wenn sein Ruf »Zu-gleich!« über den See schallt, ziehen wir unsere Paddel mit vereinten Kräften durchs Wasser. Als wir das andere Ufer endlich erreichen, habe ich einen Wadenkrampf und kann mich vor Schmerzen nicht mehr auf den Beinen halten. Meine Kameraden Lende und Berg kommen sofort angelaufen und dehnen meine Muskulatur. Trotzdem gelingt es mir nicht, gleich weiterzulaufen. Sie nehmen mir meinen Rucksack ab und stützen mich ein gutes Stück, bis der Krampf sich gelöst hat.

An der folgenden Station werden die Beine sofort wieder aufs Äußerste belastet. Wir müssen uns einen steilen Schieferhang hinaufkämpfen. Es ist extrem schwierig, auf dem harten, glatten Boden festen Halt zu finden. Bei jedem Fehltritt rutsche ich mehrere Meter den Hang hinunter, bevor ich mich wieder fangen kann. Unsere sperrige Ausrüstung behindert die Bewegungsfreiheit. Das Gewicht der Rucksäcke und des unhandlichen Gewehrs gibt mir das Gefühl, dass eine unsichtbare Kraft von allen Seiten an mir zerrt, um mir meine Aufgabe zusätzlich noch zu erschweren. Im Anschluss habe ich eine kleine Pause. Jedes Team schickt an der folgenden Station seine vier besten Schwimmer ins Geschehen. Bei einem Staffelrennen sollen diese mit einem blauen Arbeitsoverall bekleidet um die Wette schwimmen. Ich bin zwar ein guter Schwimmer, aber es gibt in meinem Team noch bessere.

Danach kann ich meine Stärken wieder einbringen. Wir werden von Hubschraubern des Typs Bell UH1D abgeholt. Die kleine, »Huey« genannte Maschine war während des Vietnamkriegs das Lufttaxi der GIs. Wir müssen jetzt unsere Kenntnisse rund um den Transport mit einem Helikopter unter Beweis stellen, ohne dabei von den Rotorblättern geköpft zu werden. Für Luftlandeeinheiten ist das eine elementare Grundfertigkeit. Ich weise die Piloten während ihres Anflugs in die Landezone ein. Nachdem wir eingestiegen sind, heben die Heeresflieger sofort ab und beginnen waghalsige Manöver. Ich bin begeistert, mein Herz pocht vor Aufregung stark, während wir im Tiefflug dicht über dem mit Blättern und Moos bedeckten Erdboden einer Waldschneise folgen. Während der einsetzenden Dämmerung werden wir auf einer uns unbekannten Lichtung abgesetzt. Dort beginnt ein Orientierungsmarsch, den wir bei Nacht bewältigen müssen.

Navigation ist meine Stärke, auf diese Fähigkeit kann ich mich verlassen. Im hügeligen, unwegsamen und mit dichtem Dornengestrüpp bewachsenen Wald finden wir schnell den etwa 2 Kilometer entfernten Kontrollpunkt. Dort müssen wir ein Kärtchen suchen, das die Koordinaten oder einen kleinen Kartenausschnitt zum nächsten Kontrollpunkt enthält. Nachdem wir die 8 zu suchenden Punkte gefunden haben, treffen wir um 04:00 Uhr morgens reichlich müde in der Burg Vogelsang ein. Dort können wir uns bis 07:00 Uhr schlafen legen. Einige Teams sind zu diesem Zeitpunkt noch im Wald unterwegs und müssen von den Schiedsrichtern abgeholt werden. Das Team aus den Niederlanden gehört nicht zu ihnen. Sie haben den Worten ihres Generals über Fairness und Kameradschaft keine Bedeutung beigemessen und sich während des Orientierungsmarschs von ihrem »Org«-Team auf der Motorhaube oder dem Dach eines Geländefahrzeugs chauffieren lassen. Die

Organisationsteams sollen uns jedoch nur mit Wasser und Essen begleiten und im Ernstfall verletzte Wettkampfteilnehmer medizinisch versorgen. Obwohl dieser Regelverstoß von mehreren Teams beobachtet und gemeldet wurde, wird das unsportliche Verhalten der Niederländer nicht mit einer Disqualifikation bestraft. Das ärgert uns enorm.

Der zweite Wettkampftag beginnt mit einem Eilmarsch zur Schießbahn. Wir sind in kompletter Gefechtsausrüstung aufgerödelt und schwitzen trotz der moderaten Temperaturen am frühen Morgen unsere Feldanzüge innerhalb von Minuten vollkommen durch. Schwer atmend erreichen wir nach 5 Kilometern die Schießanlage und beginnen, auf die in unterschiedlichen Distanzen auftauchenden Schützenscheiben zu schießen. Anschließend müssen wir wieder eine Strecke laufen und erreichen das Ufer eines Gewässers. Hier soll über das Wasser hinweg mit einem Maschinengewehr auf Schützenscheiben geschossen werden. Es treten nur die besten MG-Schützen der jeweiligen Teams gegeneinander an. Ich gehöre dazu und bin stolz, meiner Mannschaft in dieser Disziplin eine gute Bewertung verschaffen zu können.

Ein britischer Helikopter vom Typ »Puma« holt uns ab und fliegt uns über den riesigen Stausee hinweg zu unserer nächsten Aufgabe. Während des Fluges an der Bordwand des Transporthubschraubers zu sitzen und durch die weit geöffnete Seitentür in die Ferne blicken zu können, gibt uns allen das erhabene Gefühl, das erreicht zu haben, wovon wir beim Eintritt in die Bundeswehr träumten. Es ist wie in einem der vielen Filme, die wir über Soldaten gesehen haben, mit dem Unterschied, dass wir hier nicht mehr nur Zuschauer sind, sondern die Akteure. Die folgende Station, an der wir mit einer verwundeten Person konfrontiert werden, holt uns in die Realität zurück. Wir sollen in diesem Szenario erkennen, in welchem Zustand sich der professionell präparierte und geschminkte Darsteller befindet, und entsprechende Erste Hilfe leisten. Obwohl wir mit dieser Prüfung nicht gerechnet haben, meistern wir sie so gut wie die folgende, bei der wir eine bewaffnete Person in einem Gebäude festnehmen sollen. Dank unserer Einsatzerfahrung bekommen wir auch hier eine gute Bewertung. Abschließend laufen wir in der seit Beginn des Tages durchgeschwitzten Gefechtsmontur und mit Rucksack und Gerödel, das nun doppelt schwer zu wiegen scheint, zurück zur Burg. Soldaten aus den verschiedenen Teilnehmerländern stehen Spalier und feuern uns auf den letzten Metern aus Leibeskräften an.

In der Burg Vogelsang nehmen uns unser Brigadegeneral und der Bataillonskommandeur aus der Donnerschwee-Kaserne in Oldenburg in Empfang. Als wir erfahren, dass die niederländische Mannschaft es auf den ersten Platz geschafft hat, sind wir verbittert. Wir geben unserem Teamchef, Oberleutnant Raselev, insgeheim die Schuld dafür, dass nicht wir den verdienten Sieg zuerkannt bekamen. Als wir während des Eilmarschs zur Schießbahn sahen, dass die Soldaten der königlich-niederländischen Armee die Laufstrecke querfeldein abkürzten, wollten wir es ihnen gleichtun. Raselev jedoch hat sich gegen alle unsere Einwände durchgesetzt und darauf bestanden, dass wir uns an die Regeln halten. Im Nachhinein bin ich ihm dafür sehr dankbar. Wir haben uns aus eigener Kraft einen Platz an der Spitze erkämpft. Dank der Integrität unseres jungen Offiziers, Oberleutnant Raselev, haben wir erfahren können, wozu wir tatsächlich imstande sind. Brigadegeneral von Butler ist jedenfalls mit uns sehr zufrieden. Wir werden mit einer hohen Leistungsprämie belohnt. Im Anschluss an die Siegerehrung feiern alle Mannschaften des MND-Wettkampfs ein ausgelassenes Fest. Es ist der Abschluss einer großartigen, intensiven und aufregenden Zeit. Ich habe eine bisher nicht gekannte Kameradschaft erfahren und bin durch unser Training in der besten Verfassung meines Lebens.

## AUSBILDUNG ZUM EINZELKÄMPFER

Bereits zwei Tage vor dem Wettkampf habe ich feststellen können, welchen Stellenwert es hat, dem MND-Zug anzugehören. Vom Spieß meiner Stammeinheit, der 2./313, werde ich zur Personalplanung nach Varel bestellt. Es geht um meine Weiterverpflichtung zum Soldaten auf Zeit, zum SaZ 4. Ich bin etwas früher da und kann noch zu Mittag essen. Limmann ist zu meiner Freude gerade anwesend. Nach fast sechs Monaten, die wir uns nicht gesehen haben, gibt es natürlich viel zu erzählen. Als er mir sagt, dass die Auswahl für den Diensthundezug voll im Gange ist und er bereits eingeplant wurde, bin ich wie elektrisiert. Ich lasse mich von Limmann direkt zur Dienststube von Hauptfeldwebel Festas bringen, der den ersten Diensthundezug in einem Fallschirmjägerverband aufbauen und leiten soll. Erst kurz zuvor ist Festas aus den USA wiedergekommen, wo er den Rangerlehrgang absolviert hat, den wohl anspruchsvollsten Special-Forces-Lehrgang der US-Army. Sechs Monate lang werden die Teilnehmer für den Kampf in verschiedenstem Terrain – von Wüste bis Regenwald, von Küste bis Gebirge – gedrillt. Während dieser Zeit endloser Schleiferei gibt es bis auf eine Stunde Dienstunterbrechung nach dem dritten Monat keine freie Minute. Diese Stunde nutzen die Teilnehmer, um ihre Bestände an Kautabak, wasserfesten Notizblöcken und 6B-Bleistiften aufzufüllen oder ihre Familie rasch anzurufen.

Bei der Bundeswehr wäre dieser Lehrgang undenkbar, weil er gegen etliche rechtliche Grundsätze verstieße. Abgesehen von den enormen Strapazen und dem hohen Verletzungsrisiko besteht ständig die Gefahr, von einer Giftschlange oder Giftspinne gebissen zu werden. Wer sich in so einem Fall krankmeldet, wird vom Lehrgang ohne Wertung abgelöst. Die wenigen, die die sechs Monate Quälerei durchhalten und die hohen Anforderungen erfüllen, werden mit dem begehrten »Ranger Badge« belohnt. Festas und sein Buddy Arnie haben diese enorme Leistung vollbracht und werden weit über unsere Brigade hinaus dafür bewundert.

Malcom und Butzki begegnen mir auf dem Weg zu Festas' Dienststube. Sie sind sichtlich erfreut, als Limmann ihnen sagt, dass ich mich um die Aufnahme bei den K9ern bewerbe. Ich klopfe an die Tür, um mich korrekt zu melden, da drängt Malcom sich an mir vorbei und kündigt mich lautstark mit den Worten »Hauptfeld, hier ist noch jemand für den Hundezug. Der war mit uns im Kosovo!« bei Hauptfeldwebel Festas an. Da er als eigentlicher Chef des AVZ während unseres Kosovoeinsatzes von Oberfeldwebel Rüstmann vertreten wurde, kennt er mich noch nicht. »Moin Kamerad!«, begrüßt Festas mich mit kräftigem Händedruck. »Kommen Sie rein!« Ich bin etwas verwundert über diesen zwanglos-freundlichen Empfang. Malcom bleibt im Raum, schmettert die Tür aber vor Limmann und Butzki zu, die neugierig an der Schwelle stehen bleiben.

Der Ranger fragt mich, ob ich bereits Erfahrung mit Hunden habe, was ich verneinen muss. Er erklärt mir sehr ausführlich, was es bedeutet, ein Diensthundeführer zu sein, welche Belastung damit verbunden sein kann, den Hund 24 Stunden am Tag und 7 Tage die Woche betreuen zu müssen. Doch die Aussicht auf eine Arbeit, die ich mir am meisten wünsche, ist zu verlockend. Festas ist zufrieden mit dem, was er hört. Vor allem, als ich ihm sage, dass ich noch für den MND-Wettkampf trainiere, ist sein Interesse geweckt. »Wie viele Liegestütze schaffen Sie denn?«, fragt er. »Mein Rekord liegt bei 110 Liegestützen am Stück, Herr Hauptfeldwebel!«, antworte ich. Malcom klatscht triumphierend in die Hände und grinst. »Na, dann lassen Sie mal sehen!« Malcom und ich betreten hinter Festas den

Flur. »Malcom, du auch! Und ich will richtige Liegestütze sehen. Keine halben Sachen. Wenn ihr unten seid, berührt die Brust den Boden. Oben müssen die Arme durchgestreckt sein. Alles andere zählt nicht.« Ich bin überrascht, aber ich versuche gelassen zu wirken. Ich und Malcom, der sich wie Obelix auf ein Kräftemessen mit mir freut, legen los. Limmann zählt laut mit. Malcom legt gut vor, aber ab dem achtzigsten Liegestütz hat er beträchtliche Mühe, weiterzumachen. Die Soldaten des AVZ sind durch das laute Zählen neugierig geworden und haben sich um uns versammelt. Jetzt will ich erst recht meinen Worten Taten folgen lassen, ich konzentriere mich und vollende mit letzter Kraft wie angekündigt meine 110 Liegestütze.

Festas ist aufgekratzt, als wäre er soeben Zeuge eines guten Boxkampfs geworden. Meine Muskulatur ist zum Bersten gespannt. Ich muss einen Moment liegen bleiben und ausruhen, ehe es mir gelingt, mich von den kalten Fliesen abzudrücken und aufzustehen. Begeistert schlägt Festas mir mit der flachen Hand auf die Schulter und sagt, dass ich mich darauf einstellen soll, in Kürze zum Diensthundezug zu wechseln. Wir verabschieden uns, Festas drückt mir freundschaftlich die Hand und sagt noch: »Bis bald, Kamerad!« Aus Gewohnheit salutiere ich, bevor ich überglücklich und vom Stolz beschwingt fortgehe. Ich habe ein absolut gutes Gefühl, dem ersten Diensthundezug der Fallschirmjäger für die nächsten zehn Jahre anzugehören. Den Männern der ersten Stunde. Großartig!

Auf dem Weg zur 2. Kompanie überlege ich, wie mein Spieß das wohl aufnehmen wird. Die Weiterverpflichtung zum SaZ 4, die er mir anbieten will, ist für mich natürlich nicht mehr interessant, ich möchte ihn aber nicht vor den Kopf stoßen. Vor allem möchte ich so fair sein, dass er nicht auf Umwegen, sondern von mir selbst erfährt, dass ich zu Hauptfeldwebel Festas in die 1. Kompanie gehe. Auf dem Weg zum Geschäftszimmer begegnet mir Oberstabsgefreiter Hör. Er ist im Zugtrupp meines Stammtruppenteils. »Du sollst dich beim Hauptfeld melden!«, bellt er mir in einer Lautstärke ins Gesicht, dass ich ihn auch neben einem startenden CH-53-Hubschrauber deutlich gehört hätte. Das ist nur eine seiner vielen Eigenheiten, die mich nerven. Eine andere ist, dass er beim Verlassen der Stube immer vorschriftsmäßig seinen Spind mit einem Vorhängeschloss verschließt. Er fährt dann mit spuckebefeuchtetem Zeigefinger und den Worten »Zu, ne?« über die Längsseite. Da ich in der 2. Kompanie mit ihm auf einer Stube bin, amüsiere ich mich mit den anderen Kameraden häufig über diesen Spleen. Oftmals äffen wir ihn nach, natürlich nur in seiner Abwesenheit, denn Hör hat noch eine andere Angewohnheit. Es kam öfter mal vor, dass dieser Kerl von durchschnittlicher Größe und Statur, der mit seinen dicken Brillengläsern wie ein harmloser Bücherwurm aussieht, ohne erkennbaren Anlass Leute niederschlug.

Während eines Kompanieantretens boxte er im Vorbeigehen meinem Nebenmann so heftig in die Magengrube, dass dieser atemlos in die Knie ging und einige Augenblicke brauchte, um sich zu erholen. An einem anderen Tag, ich hatte nach der 24-Stunden-Wache frei und wollte noch etwas schlafen, schreckte mich Hörs Gebrüll auf und ich sah den Kopf meines Kameraden Wiegmann neben mir gegen das Bettgestell donnern. Man muss dazu sagen, dass Wiegmann eher der kleine Waldläufertyp ist und ich im Etagenbett die obere Koje belegt habe. Hör hatte den armen Burschen mit einer Hand fest an der Gurgel und schlug ihn mit den Worten »Ich hab dir gesagt, bring den Müll raus!« immer wieder gegen den Metallrahmen. Wiegmanns Füße zappelten dabei über dem Boden. Als Hör ihn endlich fallen ließ, japste Wiegmann einige Minuten lang nach Luft, bevor er den Blechmülleimer hinaustrug. Das war mein erster Kontakt mit Hörs Jähzorn und ich hoffte in dem Moment inständig, nicht sein nächstes Opfer zu werden.

In jeder Kompanie gibt es eine Handvoll altgedienter Mannschaftssoldaten, die im Kompanie- oder Zugtrupp ihren Dienst versehen. Sie haben eine herausgehobene Position, denn viele ihrer Vorgesetzten sind erst nach ihnen Soldat geworden und haben das Soldatenhandwerk teilweise von diesen alten Hasen persönlich beigebracht bekommen. Doch die 2. Kompanie ist wegen ihrer rüden Männer berüchtigt. Viele dieser Mannschaftssoldaten müssten aufgrund ihrer Dienstzeit bereits Stabsgefreite oder Oberstabsgefreite sein, doch wegen Alkoholexzessen und Schlägereien werden sie immer wieder degradiert und sind selbst im sechsten Dienstjahr noch Obergefreite. Nur ihre alten, wettergegerbten Gesichter und das Einzelkämpferabzeichen auf der Brust weisen sie als ehemalige Angehörige der Bravokompanie aus. Diese Kommandokompanien gab es in jedem Fallschirmjägerbataillon. Sie waren Vorreiter des KSK – des Kommandos Spezialkräfte – und bestanden aus Gründen der Kostenersparnis fast ausschließlich aus Mannschaftssoldaten. Als die Bravokompanien aufgelöst wurden und das KSK, das keine Mannschaftssoldaten in den Reihen hat, aus der Taufe gehoben wurde, gab es keine Verwendung mehr für diese erfahrenen, bestens ausgebildeten Männer. Trotz ihrer Eskapaden sind sie besonders befähigt, die nachfolgenden Mannschafter praktisch zu unterweisen, zu schleifen und zu disziplinieren. Als Mannschafter wissen sie genau, worauf es ankommt, und sind viel näher am Nachwuchs dran als ihre Vorgesetzten. Hauptfeldwebel Schleifer, der als vorschriftengeil verschrien ist und höchsten Wert auf die buchstabengenaue Befolgung der ZDV, der Zentralen Dienstvorschrift, legt, sieht diesen Raufbolden daher einiges nach. Sie sind ihm nämlich treue, zuverlässige Männer, die über die Erfahrung und Durchsetzungsfähigkeit verfügen, um im Notfall Führungsaufgaben zu übernehmen, und ihren Zug im Gefecht koordiniert lenken und leiten können. Sie sind genau das Kaliber, das eine für den Nahkampf ausgerichtete Kompanie benötigt.

Auf alle Soldaten seines Zuges wirkt Schleifer wie ein Habicht über einem Taubenschlag. Ich bin daher froh darüber, in den Diensthundezug zu kommen. Am liebsten hätte ich das nur mit dem Spieß geregelt, doch nun lässt es sich wohl nicht umgehen, auch meinem Zugführer zu melden, dass ich nach dem MND-Wettkampf in die 1. Kompanie versetzt werde. Mir ist schon auf dem Weg zu seinem

Dienstzimmer mulmig zumute. Es ist das erste Mal, dass ich mich in die Höhle des Löwen begeben muss. Beim Eintreten stockt mir der Atem – in roter Farbe ist mit breitem Pinsel »Menschenschinder!« an die Wand geschmiert – über alle gerahmten Urkunden und Auszeichnungen hinweg. Die Farbe ist die Glasscheiben hinabgelaufen und wirkt wie Blut, das aus einer langen Schnittwunde quillt.

Die Atmosphäre in dieser winzigen Dienststube ist eisig. Schleifer, der an seinem Schreibtisch sitzt, wendet sich mir zu und sagt ohne Umschweife mit sonorer Stimme: »Sie kommen zu mir in den Scharfschützenzug!« Ich fasse mir ein Herz und erwidere, dass ich gerade meine Aufnahme in den Diensthundezug erwirkt habe und meine Versetzung dorthin beantragen will. Schleifer zeigt keine Gemütsregung. »Hauptgefreiter Müller, Sie sind für den Scharfschützenzug prädestiniert. Sie kommen zu mir und werden Gruppenführer.« Ich bringe erneut hervor, dass ich bereits bei Hauptfeldwebel Festas war und für den Diensthundezug eingeplant wurde. Schleifer richtet seine Aufmerksamkeit auf die Formulare vor sich und würdigt mich keines weiteren Blickes, als er mir sagt, dass ich meinen Versetzungsantrag beim Spieß stellen müsse. Er entlässt mich, entgegen seiner sonstigen Art, formlos und vertieft sich in die Vorgänge auf seinem Schreibtisch. Ich bin heilfroh, die Tür hinter mir schließen zu können und dieses Gespräch in meinem Sinne entschieden zu haben. Die kalte Autorität, die von Schleifer ausgeht, macht die meisten Menschen nervös. Obwohl sich keiner meiner Kameraden in seinem Zug wohlfühlt, wagt es kaum jemand, eine Versetzung einzureichen, um damit seinem harten Kommando zu entgehen. Glücklich marschiere ich ins Geschäftszimmer der Kompanie. Stabsfeldwebel Rauch akzeptiert mein Versetzungsgesuch in die 1. Kompanie ohne Weiteres.

Einen Tag nach dem MND-Wettkampf beziehe ich meine Stube im AVZ-Trakt des Kompaniegebäudes. Da Festas bereits mit dem ersten Schwung Männer an der Diensthundeschule in Koblenz ist und der Rest des AVZ an einer mehrwöchigen Gefechtsübung teilnimmt, bin ich allein auf der Stube und kann mich in aller Ruhe einrichten. Lediglich Zott und Lancer sind noch anwesend, allerdings auf anderen Stuben untergebracht. Lancer hat gerade den Einzelkämpferlehrgang in Süddeutschland absolviert. Der Lehrgang dauert etwa vier Wochen und ist eine elementare Voraussetzung, um in den Diensthundezug aufgenommen zu werden. Je nach Bedarf werden wir zukünftig den Chefs der Kampfkompanien unterstellt. Für einen Diensthundeführer ist es wichtig, dass seine Meinung Gehör findet, wenn es um den Einsatz der Hunde geht. Vorgesetzte werden sich daran gewöhnen müssen, sich von uns Mannschaftssoldaten erklären zu lassen, wann und wo ein Diensthund zur Unterstützung eingesetzt werden kann. Das letzte Wort bleibt dabei beim jeweiligen Diensthundeführer. Das Einzelkämpferabzeichen soll etwaige Barrieren überwinden helfen. Das Abzeichen mit dem Eichenlaub macht jedem sofort deutlich, dass wir uns unter lange anhaltenden, schwierigen Bedingungen bewährt haben und selbstständig Führungsaufgaben übernehmen können.

Da mir dieser Lehrgang noch bevorsteht, nehme ich mir vor, Lancer bei einem Becher Kaffee nach seinem Ablauf auszuquetschen, um gezielt dafür zu trainieren. Doch zuvor muss ich meine Unterlagen bei der 1. Kompanie abgeben. Lampe, der Geschäftszimmersoldat, erwartet mich bereits mit einem 90/5er-Formular und sagt mir, dass ich mich sofort im Sanbereich melden soll, da noch meine Tauglichkeitsuntersuchung ausstehe. Es sei geplant, dass ich mich bereits am Montag beim Chef der Inspektion in Altenstadt melde. Ich halte das für einen Scherz und sage deshalb laut: »Ach, quatsch keinen Blödsinn!« Da die Tür zum Büro vom Spieß geöffnet ist, hört dieser unser Gespräch. Rasch tritt er aus seiner Dienststube heraus und baut sich vor mir auf. Das sei keineswegs ein Scherz, bekomme ich zu hören. Ich sei mit zwei weiteren Anwärtern des Hundezuges für den nächsten Lehrgang eingeplant, der beginne in vier Tagen. Da ich gerade vom MND-Lehrgang käme, sei ich bestimmt auch ohne Vorbereitung in der Lage, den Einzelkämpferlehrgang zu bestehen, habe ihm Hauptfeldwebel Festas versichert. Außerdem sei auch keine Zeit zu verlieren, da der Hundeführerlehrgang, für den ich eingeplant sei, bereits in zwei Monaten beginne. Ob ich ein Problem damit hätte, so kurzfristig an dem Lehrgang teilzunehmen? Selbstverständlich habe ich das nicht und sei es nur aus dem Grund, weil ich das in mich gesetzte Vertrauen meines neuen Zugführers nicht enttäuschen will.

Nachdem ich alle Untersuchungen und Formalitäten hinter mich gebracht habe, bekomme ich einen speziellen Verpackungsplan, in dem mir haarklein vorgegeben wird, was ich zum Lehrgang mitzubringen habe. Gerade als ich meine Ausrüstung ausbreite und überprüfe, kommt Lancer den Flur entlang und wirft einen Blick in meine Stube. Mit einem Anflug von Ironie fragt er mich, ob ich verreisen wolle. Ich bleibe einsilbig, denn die Aussicht, bereits in vier Tagen an einem Lehrgang teilzunehmen, der als Härteschule der Bundeswehr gilt, macht mich nervös. Die Erzählungen derjenigen, die ihn hinter sich gebracht haben, spuken mir durch den Kopf. Bei ständigem Schlaf- und Nahrungsmangel absolviert man in kompletter Gefechtsmontur Gewaltmärsche durchs Gebirge, Abseilübungen bei Dunkelheit von einer Steilwand hinab – tiefe Brandnarben, die das Seil auf den Händen der Erzähler hinterlassen hat, zeugen von der Waghalsigkeit –, einen Mutsprung von einer 15 Meter hohen Staustufe in einen tiefen Wasserstrom hinunter. Die Ausfallquote von 40 Prozent gibt mir zu denken. Für viele Teilnehmer bedeuten schwere Verletzungen, etwa bei Nahkampfübungen und an einer speziellen Hindernisbahn, ein vorzeitiges Ende des Lehrgangs.

Ich hoffe, diese Härteprobe, deren Ziel es ist, dich physisch und psychisch an die Grenzen zu bringen, gut zu bestehen. Die persönliche Leistungsgrenze liegt, wie mir seit der Grundausbildung bewusst ist, weit jenseits des Punkts, an dem man sie selbst vermutet. Wenn man glaubt, nicht mehr weitermachen zu können, habe man erst 80 Prozent seiner Leistungsfähigkeit erreicht, bekam ich bereits häufig zu hören. Das kann ich sogar bestätigen. Ich habe aber auch die Erfahrung gemacht, dass man für die letzten 20 Prozent die weitaus meiste Kraft und Selbstüberwindung aufbringen muss. Auch dafür muss man regelmäßig trainieren. Ich bitte Lancer, mir beim Zusammenstellen der Ausrüstung zu helfen und dabei ein paar Details über den Lehrgang zu erzählen. Er beginnt mit einer Unterweisung darin, wie man den Rucksack für die Gewässerüberquerung am besten vorbereitet. Geschickt wickelt er den Rucksack wie ein Bonbon in eine besonders präparierte Zeltplane ein. Dabei erklärt er mir, wie wichtig es ist, gewissenhaft vorzugehen, damit man das ganze Zeltbahnpaket als Schwimmhilfe und Gewehrauflage nutzen kann.

Den ganzen Tag verbringen wir damit, meine Ausrüstung zu optimieren. Statt nach Hause zu fahren, bleibt Lancer sogar am Wochenende mit mir in der Kaserne und nimmt sich viel Zeit dafür, mich auf die kommenden Wochen vorzubereiten. Was er mir über den Lehrgang erzählt, hört sich spannend an und klingt eher nach Begeisterung als Schrecken. Daher frage ich ihn direkt, ob der Lehrgang gar nicht so schlimm sei, wie man mir immer erzählt hat. »Nö, es ist ein bezahlter Abenteuerurlaub – anstrengend, aber schön«, antwortet er mir trocken. Das deckt sich überhaupt nicht mit dem, was ich sonst über den EK I gehört habe. Trotzdem bin ich beruhigt, denn eines ist offensichtlich – wenn dieser schlaksige Typ mit John-Lennon-Gedächtnisbrille und selbst gedrehten Zigaretten diesen Lehrgang bestanden hat, dann werde ich es auch mit Leichtigkeit schaffen.

Lancers ruhige, gelassene Art gefällt mir. Ich bin überrascht, wie gewählt er sich ausdrückt, das bin ich bei der Bundeswehr nur von den Offizieren gewohnt. Ich soll so viel Wasser trinken wie nur möglich, sagt er mir. Er erzählt mir etwas vom »Overdrink«-Prinzip der israelischen Piloten und anderen militärischen Techniken, von denen ich noch nie gehört habe. Ich frage mich, woher er sein ganzes Wissen hat. Er hat auch ganz einfache, praktische Tipps auf Lager. Vor allem an den freien Wochenenden sei es sinnvoll, sich zum Ausgleich der anstrengenden Woche wie im Urlaub zu verwöhnen und Energie zu tanken. Er rät mir davon ab, 800 Kilometer weit durch Deutschland zu fahren, um ein paar Stunden »bei Mutti« verbringen zu können. Als er nebenbei erwähnt, dass er erst für die Gewässerüberquerungen und den Mutsprung schwimmen gelernt hat, bin ich aufrichtig von ihm beeindruckt.

Lancer gibt mir dann aber doch preis, dass der einzige Moment, bei dem ihm richtig mulmig zumute gewesen ist, der an der 15,6 Meter hohen Staustufe war. Er erzählt mir von Borek, der ein Jahr vor mir beim MND-Zug war und ein hervorragender Schwimmer ist. Er sprang vor Lancer von der Brüstung der Staustufe in die Tiefe. Wie ein Laubblatt wurde Borek von der Strömung an die Betonmauer gedrückt, obwohl er mit aller Kraft dagegen anschwamm. Lancer hörte sein letztes Stündlein schlagen, als er das sah. Mit dem Gedanken »Und wenn es das Letzte ist, was ich tue!« sprang er dann hinab, erzählt er mir. Alles andere sei dagegen ein Leichtes gewesen. Ich solle aber unbedingt viel trinken, schärft er mir nochmals ein, damit es mir nicht so ergeht wie Milano, der auch zum Diensthundezug kommt. Dieser dehydrierte beim EK I während eines Orientierungsmarsches dermaßen, dass er, allein und ganz auf sich gestellt, auf einem Acker zusammenbrach. Erst Stunden später hat man ihn in den Weiten der bayerischen Landschaft gefunden und mit starken Nierenschmerzen und Krämpfen auf die Stube getragen, die er sich mit Lancer teilte. Das Wochenende verbrachte er auf der Intensivstation des örtlichen Krankenhauses, dann trat er am folgenden Montag pünktlich zur Hungerwoche an. Zu diesem Zeitpunkt war bereits die halbe Belegschaft der Stube vom Lehrgang abgelöst und nach Hause geschickt worden.

Milano erzählt mir Monate später seine Erinnerungen an den Einzelkämpferlehrgang. Bereits nach der ersten Woche seien alle wie auf rohen Eiern gegangen. Lancer habe sich wie alle etliche Blasen an die Füße gelaufen. Am Fußballen, zwischen den Zehen, hinten an der Ferse und eine besonders schmerzhafte Blutblase, prall mit Wundwasser gefüllt, unterhalb der Ferse. Lancer und er hätten sich nach dem Ende der zweiten Woche Verbandsmaterial aus dem Sanbereich geholt. Bei dieser Gelegenheit hat Milano beobachtet, wie Lancer sich die Blasen mit einer scharfen Kanüle aufstach und das Wundwasser daraus abfließen ließ. Damit sich der Fuß nicht entzündet, spritzte er sich dann, zum großen Erstaunen Milanos und einer Sanitäterin, Mercuchrom-Jod-Lösung in die Blasen, ohne mit der Wimper zu zucken.

Am Sonntag breche ich direkt nach dem Frühstück auf. Ich nehme Feldwebel Kunz mit. Er ist auch Fallschirmspringer, kommt aber aus einer Pioniereinheit in Wildeshausen und wird als Gruppenführer der Kampfmittelspürhundeabteilung mein künftiger direkter Vorgesetzter sein. Er ist ein sehr umgänglicher Typ und scherzt gerne. Nur unser Musikgeschmack liegt weit auseinander. Da ich nur eine einzige Kassette mit Rapmusik im Auto habe, bittet er mich nach einiger Zeit etwas genervt, das Radio einzuschalten, statt die Musikkassette zum siebten Mal zu wenden. In Altenstadt treffen wir Stabsgefreiten Loch. Auch er ist für den Diensthundezug eingeplant. Zu unserer Enttäuschung kommen wir nicht alle gemeinsam in eine Gruppe. Da unsere praktische Erfahrung uns bereits einen Vorteil verschafft, werden wir auf die zumeist aus Offiziersanwärtern bestehenden Gruppen aufgeteilt. Der Einzelkämpferlehrgang verlangt mir zu meiner Überraschung mehr ab, als ich vom MND gewohnt bin. Es sind nicht die hohen körperlichen Anforderungen oder die militärischen Fähigkeiten, die mir zu schaffen machen. Der ständige Schlafmangel, die rationierte Nahrung, bestehend aus den EPa-Notrationen, und nicht zuletzt der Nikotinentzug setzen mir zu. Der einzige Lichtblick ist der Schlachttag, an dem wir einen Hasen, ein paar Hühner und pro Mann einen selbst gefangenen Fisch töten und zubereiten sollen. Als gelernter Koch werde ich auserkoren, uns eine schmackhafte Suppe aus dem Fleisch und ein paar abgezählten Zwiebeln, Karotten und Kartoffeln zuzubereiten.

Ansonsten quälen wir uns mit knurrendem Magen Tage und Nächte hindurch vom Orientierungslauf zum Nahkampf, vom Eilmarsch zur Gewässerüberquerung, vom militärischen Hinterhalt zum Handstreich und vom Nachtmarsch im Gebirge zum Abseilen von Steilwänden. Verärgert denke ich an Lancers Rede vom »Abenteuerurlaub«. Ich frage mich, wie dieser hagere Kerl den Lehrgang überhaupt überlebt hat. Am Ende wiege ich jedenfalls 8 Kilogramm weniger. Meine für den MND-Wettkampf antrainierten Muskeln sind schneller dahingeschmolzen, als mir lieb ist. Der Lohn ist das Abzeichen mit dem Eichenblatt. Es weist mich auf den ersten Blick für jeden sichtbar als erprobten Soldaten aus und verschafft mir Respekt und Ansehen unter meinen Kameraden.

# DIENSTHUND IDOR

Am 17. Oktober 2000 trete ich an der Diensthundeschule in Koblenz-Bubenheim den ersten Teil der Ausbildung an und mit mir meine neuen Kameraden im Hundezug: Milano, ein Halbitaliener, wie man an seinem Temperament leicht erkennen kann. Die Art, wie er redet, verrät, dass er aus der Richtung Ruhrpott kommt. Der gleichen Ecke entstammt Weile, er kommt aus Herne. Er ist selbst ein größerer Köter als jeder Hund, mit dem wir zu tun haben werden. Dann Boyst aus Cottbus, seine sächsische Art ist ein rotes Tuch für Milano. Loch, ein fußballbegeisterter Braunschweiger mit absoluter Loyalität für seinen Club. Er ist Soldat mit Leib und Seele, daher sollten wir uns eigentlich bestens verstehen, doch sein Hang zu kleinen Sticheleien geht mir oft gewaltig auf die Nerven. Dann noch Blume, der den Spitznamen »Hässlich« trägt. Ich weiß gar nicht, wie man ihn beschreiben könnte, einen Menschen wie ihn habe ich noch nie erlebt. Er ist wie ich ein Kind der DDR. Aber seine großspurige, unverfrorene Art versetzt mich wie jeden anderen aus unserem Bataillon immer wieder in schieres Erstaunen. Und dann ist da noch Lancer. Wir kennen uns ja bereits seit unserer Grundausbildung, doch die letzten Monate über hatten wir uns aus den Augen verloren. Wir waren in unterschiedlichen Kompanien und selbst im Kosovo an weit voneinander entfernten Orten im Einsatz.

Wir kommen alle frisch aus dem Jahresurlaub und werden innerhalb der nächsten 14 Wochen die Ausbildung zum Sicherungsdiensthundeführer durchlaufen. Auf diesen Tag haben wir alle lange gewartet, für ihn haben wir uns reichlich geschunden. Ein Diensthundezug ist das, was in der Bundeswehrterminologie als »Spezialzug« bezeichnet wird. Die spezialisierten Züge sind so konzipiert, dass lange dienende Soldaten im Rang eines Mannschafters den Kern dieser Teileinheit bilden. Das hat für den »Dienstherrn«, also das Bundesministerium der Verteidigung, natürlich den Vorteil, dass er den Mannschaftssoldaten längst nicht so viel Sold zahlen muss wie einem Unteroffizier oder gar Offizier. Man hält es wohl für wirtschaftlicher, die Mannschafter alle paar Jahre zu ersetzen, statt sie als Berufssoldaten weiter zu verpflichten. Dazu muss man sagen, dass es für Mannschaftssoldaten nicht möglich ist, Berufssoldat zu werden. Wir in der Truppe können diese Milchmädchenrechnung nicht nachvollziehen. Bis er als Spezialist seinen Dienst im Auslandseinsatz versehen kann, hat jeder einzelne Mannschafter eine Ausbildung genossen, die die Kosten eines Hochschulabschlusses bei Weitem übersteigt. Allein die Ausbildung eines Kampfmittelspürhundes beziffert man mir gegenüber auf 40000 DM. Nur für den Hund!

Doch bevor wir einen Hund zu Gesicht bekommen, müssen wir die Schulbank drücken. Uns werden Grundlagen zum Thema beigebracht. Es geht um die Wesenszüge, Sinnesleistungen und Triebarten des Hundes. Diese aus dem Effeff zu kennen, soll der Schlüssel zum Erfolg sein, denn wir werden unsere Tiere selbst zu Spezialhunden ausbilden, die die Geruchsmoleküle von über zwanzig Sprengstoffen erkennen oder einer Fußspur über viele Kilometer folgen können. Auf dem Plan steht zunächst Unterordnung und Schutzdienst. Bei der Unterordnung geht es schlicht um Gehorsam und Leinenführigkeit. Beim Schutzdienst soll der Hund lernen, auf Kommando zu beißen und auf Kommando auch abzulassen. Uns werden die verschiedenen Erziehungshilfen vorgestellt, vom Kettenwürgehalsband über das Stachelhalsband bis hin zum Teletakt, der per Fernbedienung Stromstöße an den Hund abgibt, ist alles im Repertoire. Lancer, der seit seiner Kindheit mit Hunden zu tun hat, sagt, dass es durchaus Alternativen zu diesen Geräten gibt. Die Ausbilder ignorieren diesen Einwand und fahren mit dem Unterricht fort.

Drei Tage später ist es endlich so weit. Der große Moment, in dem wir unsere Hunde bekommen, steht bevor. Mit schnellen Schritten marschieren wir den Hügel zur Zwingeranlage hinauf, Lancer und ich vorneweg, die restliche Gruppe in Begleitung der Ausbilder hinterher. Wir sollen uns alle Tiere ansehen und dann vor dem Zwinger des Hundes stehen bleiben, der uns am besten gefällt. Würden wir uns nicht einig werden, entscheiden die Ausbilder, wer welchen Hund bekommt. Das ist aber nicht nötig. Lancer geht die Reihe ab und bleibt dann kurz entschlossen vor dem Zwinger eines schwarzen Belgischen Schäferhundes mit Namen Bart stehen. Ebenso schnell treffen Loch, Boyst, Blume und Weile ihre Wahl. Milano und ich sind noch unentschlossen. Die Hunde schauen uns aufmerksam an. »Idor« ist auf der einen Tafel am Gitter zu lesen. Er hat für einen Belgischen Schäferhund einen erstaunlich breiten Brustkorb und den kräftigen Schädel einer Dogge. Idor scheint nur darauf zu warten, dass ich ihn anleine, damit wir gemeinsam eine Runde drehen. Der Deutsche Schäferhund hingegen, vor dem Milano steht, fletscht die Zähne, sobald man sich seinen 2 mal 4 Metern Zwinger nähert.

Die Ausbilder sagen, dass wir den Hunden jetzt ihr Halsband anlegen und sie anleinen sollen, um uns bei einem Spaziergang etwas zu beschnuppern. Wir sollen ganz zwanglos an die Sache herangehen und einfach nur Kontakt zueinander aufnehmen. Da Milano und ich noch immer zögern, wird uns Druck gemacht: »Wenn ihr jetzt nicht hineingeht, könnt ihr gleich wieder nach Hause fahren.« Stuvess und Mehlen, unsere Ausbilder, stehen mit Milano und mir ganz links vor der 21 Meter langen Zwingerreihe. Milano kommt der Aufforderung sofort nach und traut sich zu dem wütend bellenden Schäferhund hinein. Ich möchte ihm darin nicht nachstehen und nehme mir vor, möglichst selbstverständlich an Idor heranzutreten und ihm sein Halsband anzulegen. Idor steht stocksteif und wie angewurzelt in seinem Territorium. Aus den Winkeln seiner hellen braunen Augen beobachtet er mich.

»Ich bin mal gespannt, wer gleich mit wem Gassi geht!«, höhnt Mehlen, als wir uns mit den Hunden zur großen Wiese auf den Weg machen. Mehlen ist noch jung, etwa Mitte Zwanzig. Er ist hellblond, hat eine gedrungene Statur und wirkt sehr kräftig, fast schon bullig. Auch sein Gesicht ist eher rund als kantig und seine kleinen, hellen Augen sind wachsam. Er beobachtet uns sehr genau, seit seiner Jugend mit Hundesport vertraut, erkennt er sofort, wenn wir einen Fehler machen. Stuvess dürfte gute zehn Jahre älter sein. Sein gesamtes Erscheinungsbild wirkt ungepflegt. Dunkles, leicht welliges Haar geht direkt in einen ungetrimmten, filzigen Bart über. Seine schwarze Weste ist abgewetzt und speckig. Er sagt, dass er einige Jahre Soldat in einer Panzereinheit war und ebenfalls Einzelkämpfer sei, das sei ihm aber nicht wichtig, daher habe er sich das Abzeichen nicht an die Brust geheftet. Es fällt uns schwer, ihm zu glauben, aber wir hören uns höflich an, was er zu sagen hat. Überhaupt redet er gerne und scheint von sich sehr überzeugt zu sein. Im Lauf der Zeit lerne ich von den beiden tatsächlich sehr viel über Hundeausbildung und darüber, wie man die Fähigkeiten der Hunde optimal herausarbeitet. Elementare Details, auf die andere Ausbilder nicht achten, bringen sie mir bei.

Den Rest der Woche bemühen wir uns, den Hunden zu vermitteln, dass sie Vertrauen zu uns aufbauen können. Die Hundeschule kauft meist Jährlinge ein, die zuvor einen Eignungstest bestehen müssen. Da das Budget gering ist, sind es normalerweise nicht gerade die Spitzenhunde aus einer renommierten Zucht, die der Bundeswehr angeboten werden. Es sind eher die, die sich von ihrem Wesen her nicht für den Hundesport eignen. Beim Schutzdienst haben sie möglicherweise nicht nur die lederne Unterarmmanschette, sondern auch mal ein Körperteil zwischen den Zähnen gehabt. Hunde mit starkem Dominanztrieb, die sich auch gerne gegen ihren Menschen auflehnen, werden der Hundeschule häufig angeboten. Für den Einsatz als Diensthund sind sie gut zu gebrauchen. Wir wollen selbstbewusste Hunde mit starkem Überlebenstrieb. In einer Gefahrensituation sollen sie einen Angreifer blitzschnell und mutig stoppen.

Bei Idor handelt es sich um einen Malinois, dessen Vorfahren im Ringsport, einer besonders in Frankreich beliebten Form des Hundesports, etliche Preise geholt haben. Die Malinois-Schäferhunde werden als Nutztiere gezüchtet. Sie werden dabei auf den Ebenen Gehorsam, Schutzdienst, Umweltneutralität und Nervenstärke geprüft. Auch Idor wurde von klein auf für den Ringsport trainiert, hat aber in der Disziplin »Flucht ohne Anbeißen« nie auf Pfiff die Verfolgung abgebrochen. Die Hunde werden bei dieser Übung einem Figuranten hinterhergeschickt, der in einem wattierten Vollschutzanzug steckt und wie ein Michelinmännchen vor dem Hund wegläuft. Um den Gehorsam auch auf Distanz unter Beweis zu stellen, wird der Hund mit einer Hundepfeife aus etwa 30 Meter Entfernung zurückgerufen, wenn er bereits ansetzt, sich den Flüchtigen zu packen. Da Idor hier nicht wie gewünscht reagierte, war er für den Ringsport nicht mehr interessant.

Das sagt mir Mehlen allerdings erst einige Jahre später. Bei der Gelegenheit offenbart er mir auch, dass er und Stuvess nicht zufällig auf der Zwingerseite von Idor und Rex standen. Idor hat sich während der ersten Wochen an der Hundeschule seinem Tierpfleger von der unangenehmen Seite gezeigt. Auch Milanos Hund Rex hat eine bemerkenswerte Geschichte. Rex ist ein Schäferhund aus tschechischer Zucht. Um die bei den Deutschen Schäferhunden weit verbreiteten Erbkrankheiten wie Hüftdysplasie und Spondylose auszugleichen, wurde in viele Tiere aus tschechischer Zucht ein Achtel Wolf eingekreuzt. So klein Rex auch ist, so wild ist er. Seine Augen funkeln ganz furchtbar gefährlich, wenn er sein hohes Gebell anstimmt. Idor hört sich dagegen an, als hätte er letzte Nacht eine Flasche Whiskey geleert und eine Schachtel Zigaretten dazu geraucht. Stuvess und Mehlen haben jedenfalls damit gerechnet, dass diejenigen, die sich zu diesen Hunden in den Zwinger begeben, angeknabbert werden. Wir Fallschirmjäger und auch die Hunde haben sie eines anderen belehrt. Überhaupt hat jedes Tier seine Eigenarten, die es unverwechselbar machen. Wir können das Verhalten der Hunde im Verlauf der Ausbildung immer leichter vorhersehen. Auch wenn das Training nichts mit dem gemein hat, was wir als Fallschirmjäger den Tag über tun, machen wir alle schnell Fortschritte.

Obwohl ich von Hundeerziehung bisher so gut wie nichts weiß, fühle ich mich mit dieser Ausbildung allein nicht ausgelastet. Daher melde ich mich mit Lancer bei einem nahe gelegenen Fitnessstudio in Koblenz an. Mit Milano, der wie ich gelernter Koch ist, arbeite ich zusätzlich noch an zwei Abenden in der Woche in einer gemütlichen kleinen Gaststube in der Altstadt von Koblenz. An den Wochenenden fahre ich in der Regel nach Hause. Lancer, der nur wenige Kilometer weiter wohnt, nehme ich dann meist mit. Ich unterhalte mich gerne mit ihm und finde seine Ansichten und die Art und Weise, wie er sie vertritt, bemerkenswert klug. Andererseits überrascht es mich, wie altmodisch er manchmal sein kann.

Während einer solchen Heimfahrt fällt mir das besonders deutlich auf. Da wir unsere Hunde auch privat transportieren müssen, haben sich alle Diensthundeführer ein Auto zugelegt, in dem man eine Transportbox unterbringen kann – obwohl wir im Gegensatz zu den Diensthundeführern der Polizei keine steuerliche Vergünstigung als Ausgleich für die entstehenden Kosten erhalten. Ich habe mir einen V70 Kombi gekauft, der mit etlichen Komfortfunktionen ausgestattet ist – unter anderem mit einer Sitzheizung. Wir brechen an einem nasskalten Freitagnachmittag mit meinem Volvo Richtung Hamburg auf. Den Vormittag haben wir auf dem Übungsplatz verbracht und sind ordentlich durchgefroren. Daher schalte ich die Sitzheizung für uns ein. Lancer ist während der Fahrt schweigsamer als sonst. Erst als ich nach etlichen Kilometern nachfrage, ob es ihm recht ist, wenn ich auch seine Sitzheizung ausschalte, lehnt er sich entspannt zurück und sagt: »Sitzheizung – das gibt es? Ich habe schon überlegt, wie ich dir schonend erkläre, dass ich inkontinent bin und in deinem neuen Wagen eingenässt habe.« Ich bin mir nicht sicher, ob er mich mit seinem trockenen Humor auf den Arm nehmen will oder ob er es ernst meint. Während der Weiterfahrt unterhalten wir uns aber doch wie gewohnt. Er scheint also tatsächlich noch nie etwas von einer Sitzheizung gehört zu haben.

Es steht Nachtausbildung auf dem Plan. Die Ausbilder haben einen Hundeführer als Helfer eingeteilt und ihn auf dem Gelände versteckt. Die Hunde tragen einen Beißkorb, sie haben nun die Aufgabe, den Helfer zu finden und anzugreifen. Der Helfer trägt lediglich einen Genitalschutz und eine Unterarmmanschette aus Leder. Sollte etwas passieren, kann der Helfer sich mit ihr schützen. Die ersten Hunde sind bereits mit der Aufgabe fertig und nun soll ich meinen Hund holen. Ich kann kaum meine Hand vor Augen sehen, als ich die Zwingeranlage erreiche. Hier brennt noch Licht. Idor, der bereits durch die akustischen Signale des Helfers »informiert« ist, will nun unbedingt raus und ihn stellen. Ich öffne die Zwingertür und bekomme Idor nur mit Mühe angeleint. Auf dem Weg zum Gelände kann ich Idor kaum halten und ich habe das Gefühl, dass sich die Lederleine um mindestens einen Meter dehnt. Die Ausbilder stehen unter einer Straßenlaterne und geben mir nun den Befehl, dass ich meinen Hund schicken soll. »Idor, pass schön auf! Wo ist der Lump«, flüstere ich ihm ins Ohr. Idor winselt vor Anspannung, ich klinke seine Leine aus. Sofort sprintet er los. Ich kann ihn in der Dunkelheit nicht mehr sehen.

Es vergeht nur ein kurzer Augenblick, als der Helfer Uwe plötzlich ruft: »Der beißt durch!« Sofort fällt mir ein, scheiße, ich hab vergessen, den Beißkorb aufzusetzen. Ich laufe in die Richtung, aus der die Schreie kommen. »Müller, dein Hund beißt durch!«, schreit Uwe. Ich sehe nun Uwe, wie er am Boden liegt, und Idor, der ihn in den Arm gebissen hat und mit ihm kämpft. Sofort greife ich in das Kettenhalsband und schreie: »AUS!«. Idor lässt vom Arm ab und macht von ganz alleine Platz. Uwe steht auf und schreit mich an:

»Der hat gar keinen Beißkorb draufgehabt.« Nun sind auch die beiden Ausbilder und die anderen Hundeführer dazugekommen. »Da hat der Helfer mal richtig Glück gehabt. Und wo ist der Beißkorb, Müller?«, fragt mich einer der Ausbilder. In diesem Moment hält Lancer Idors Beißkorb ins Licht einer Taschenlampe. »Hier ist er, den muss Idor unterwegs verloren haben«, sagt er. »Ja, den muss er sich unterwegs abgemacht haben«, versuche ich mich rauszureden. Loch ruft dazwischen: »Also ich würde mir das was kosten lassen, Uwe.« Ich entschuldige mich für das Verhalten von Idor und bin froh, dass mein Hund nicht reden kann. Auf dem Rückweg bitte ich Lancer um Feuer für eine Zigarette. »Mensch, Lancer, Danke, dass du mir den Arsch gerettet hast«, flüstere ich ihm zu. »Mensch, Mula, ist doch kein Problem, hättest du doch auch für mich getan. Außerdem ist ja Gott sei Dank nichts Schlimmes passiert«, antwortet Lancer leise. Am Abend im Bett nehme ich mir vor, Uwe auf ein Bier einzuladen, dann wird die Sache wohl bald vergessen sein.

Bei der Hundeausbildung wird auch mit dem erwähnten Teletakt gearbeitet. Per Fernbedienung erhält der Hund über ein spezielles Halsband Stromstöße. Es ist eine praktikable Möglichkeit, über große Distanz und ohne lange Schleppleine auf das Tier einzuwirken. Es wird zwar beteuert, dass das ja nur als Absicherung genutzt wird, damit der Hund zuverlässig von einem Opfer ablässt, und dass das Gerät nicht als Fernsteuerung des Hundes gedacht ist, doch der Teletakt ist fester Bestandteil der Ausbildung. Lancer erfüllt alle gestellten Aufgaben, aber er macht keinen Hehl daraus, dass er es für Tierquälerei hält, den Teletakt zu benutzen. Das stößt den alten Hundesportlern Stuvess und Mehlen wohl sauer auf, denn sie versuchen, ihn mit Machtspielchen aus der Reserve zu locken. Doch Lancer bietet ihnen keine Angriffsfläche. Außer Milano, der aus seinem Herzen grundsätzlich keine Mördergrube macht, halten sich alle lieber bedeckt. Die Selbstverständlichkeit, mit der man uns diese Dinge an der Hundeschule präsentiert, und die Art und Weise, wie man Lancer vorführt, verunsichert auch uns. Am Ende der Ausbildung bleibt Stuvess und Mehlen nichts anderes übrig, als Lancer mit einem Trick auszubooten. Perfiderweise berufen sich die Ausbilder auf die Tierschutzverordnung und behaupten, dass Lancer und sein Hund Bart keine Bindung zueinander aufgebaut hätten. Das stimmt natürlich nicht. Lancer hat seinen Hund innerhalb der 14 Wochen genauso ins Herz geschlossen und für sich gewonnen wie alle anderen.

Besonders Milano ist über diese Ungerechtigkeit sehr verärgert und so aufgebracht, dass er es unsere kameradschaftliche Pflicht nennt, den Lehrgang ebenfalls zu beenden und die Versetzung aus dem Hundezug zu beantragen. Das bedeutet im Klartext Meuterei und Befehlsverweigerung. Wir sitzen gemeinsam in unserer Stube und sind hin- und hergerissen. Glücklicherweise nimmt Lancer uns die Entscheidung ab: Es wäre niemandem damit gedient, wenn alle seinetwegen aus dem Hundezug aussteigen würden, am allerwenigsten den Hunden, denn die würden an andere Hundeführer abgegeben werden, die weniger moralische Bedenken hätten als wir. Auf die Möglichkeit, den Lehrgang mit der nächsten Gruppe zu wiederholen, verzichtet Lancer. Es geht den Ausbildern nicht um das, was er tut, sondern mit welcher Einstellung er an die Sache herangeht. Machtspiele und Heuchelei sind Lancer aber grundsätzlich zuwider. Ranger Festas respektiert seine Haltung. Er bietet ihm einen Posten im Zugtrupp an. Er hätte dann zwar keinen eigenen Hund, doch er könnte als Figurant weiterhin aktiv an der Hundeausbildung teilnehmen. Lancer willigt ein und bleibt uns als Kamerad im Diensthundezug erhalten.

Die Zeit gibt Lancer recht, denn 2004 wird das Verbot solcher Erziehungsmethoden offiziell in die Tierschutzverordnung aufgenommen.

Schließlich muss Lancer mit feuchten Augen von Bart Abschied nehmen. Für alle anderen aus dem Lehrgang ist es endlich so weit: Sie dürfen ihren Hund zum ersten Mal mit zu sich nach Hause nehmen. Wir sind ausgebildete Hundeführer, auch wenn wir für die besonderen Spezialisierungen noch viel Zeit an der Hundeschule verbringen werden.

Meiner Familie habe ich Idor bereits angekündigt, sie ist schon sehr gespannt auf meinen Diensthund. Meine Eltern und meine kleine Schwester freuen sich mit mir über den vierbeinigen Familienzuwachs. Da Idor seit Monaten in der Zwingeranlage der Hundeschule untergebracht war und möglicherweise vorher auch noch nie in einer Familie gelebt hat, kann ich nur hoffen, dass er sich von seiner besten Seite zeigt. Die Ausbilder haben uns mit auf den Weg gegeben, dass wir den Hunden den Beißkorb aufsetzen sollen, bevor wir sie mit unseren Angehörigen zusammenführen. Die Hunde sind darauf trainiert worden, Menschen gegenüber grundsätzlich misstrauisch zu sein, es ist also möglich, dass sie aggressiv werden. Ich beherzige den Rat, doch allein mein Griff zum Maulkorb gibt Idor den Impuls, dass er gleich Schutzdienst absolvieren soll. Er schaut mich mit seinen großen hellbraunen Augen etwas skeptisch an, während ich ihn auch noch an die Leine nehme.

Mein Vater öffnet die Haustür. Sein erster Blick wandert zu dem Beißkorb, der den Hund besonders gefährlich erscheinen lässt. Dann schaut er etwas ängstlich mich an. Reine Vorsichtsmaßnahme, sage ich und lasse Idor von der Leine. Er stöbert sofort durch das Wohnzimmer und versucht mit dem dicken Beißkorb auf der Schnauze in jeden noch so schmalen Winkel zu kommen und die neue Umgebung mit seinem stärksten Sinnesorgan, der Schnauze, förmlich in sich hineinzusaugen. Meine Schwester geht unbefangen an Idor heran und streichelt ihn. Da er sich das gerne gefallen lässt, traut sich auch meine Mutter heran. Beide finden Idor ja ganz hübsch, aber der Maulkorb sei gar nicht schön. Den könne ich doch jetzt abmachen, zumal Idor ja sonst nicht aus der Wasserschüssel trinken könne, die ihm mein Vater hingestellt hat. Das ist ein Argument. Idor trinkt den Napf auch sofort leer.

Vier Augenpaare verfolgen jede seiner Bewegungen, gespannt darauf, was er wohl als Nächstes tut. Idor legt sich nun völlig unspektakulär auf den Wohnzimmerteppich und schläft. Er lässt sich vom Geklapper unserer Kaffeetassen nicht stören. Nur wenn jemand vom Tisch aufsteht, spitzt er die Ohren und bewegt sie wie kleine Radarantennen, um zu verfolgen, wer sich wo im Raum aufhält. Ab und an hebt er den großen Kopf, sucht mich mit seinem Blick und legt sich dann zufrieden und entspannt wieder zurück. Nach dem Kaffee und Kuchen finde ich, dass es an der Zeit ist, Idor in seinem neuen Revier spazieren zu führen.

Schon vor der Haustür werde ich von den Nachbarn auf Idor angesprochen. Sie sind ganz begeistert von ihm und gratulieren mir zu meinem schönen Diensthund. Das freut mich natürlich. Gut gelaunt gehe ich mit Idor in die nahe Innenstadt von Buxtehude. Seinen »Berg« hat er schon gesetzt, aber ich bin stolz auf meinen großartigen Hund und möchte noch ein wenig mit ihm angeben und gesehen werden. Bei dem schönen Wetter scheint mir »Tanjas Eiscafé« dafür genau richtig zu sein. Wir müssen nur noch über eine Kreuzung gehen, dann sind wir da. Idor möchte aber lieber spielen und beißt in die Leine, während wir an der Fußgängerampel auf Grün warten. Da ich der Chef in unserem Zweierrudel bin und zu bestimmen habe, wann gespielt wird, ignoriere ich seine Aufforderung und gebe scharf das Kommando »Fuß«. Doch statt zu gehorchen, steigt Idor in ein Kräftemessen ein. Er läuft um mich herum. Den Radius der Leine, in die er sich fest verbissen hat, nutzt er voll aus und bringt mich durch sein Zerren etwas aus dem Gleichgewicht.

Diese Situation ist mir von anderen Hunden an der Diensthundeschule bekannt. Sie hatten sich gegen ihre Hundeführer aufgelehnt, da sie den Posten des Rudelführers für sich beanspruchten. In solchen Situationen hieß es: »Hau ihm eine auf den Kopf – aber ordentlich, damit der weiß, wer der Chef ist!« Tatsächlich hat das dann auch immer gewirkt, und wenn meine Kameraden dann ein paar Meter mit ihren Hunden stramm gingen und den Unterordnungsdrill wie »Fuß!«, »Sitz!« und »Platz!« übten, war das Tier von seinem Ansinnen schnell wieder kuriert.

Bei Idor zeigt mein Schlag mit der flachen Hand auf den Schädel allerdings nicht die gewünschte Wirkung. Im Gegenteil, der Dickschädel fängt jetzt auch noch an zu knurren und fixiert mich mit den Augen. Ich merke, wie ich unter Stress gerate. Wenn ich jetzt einen Fehler mache, bin ich meinem eigenen Hund ausgeliefert. Idor wusste ja bereits, dass er seine 42 Zähne vom Schöpfer nicht ins Maul gesetzt bekommen hat, um nur Leberwurstbrote zu kauen. Ich hingegen weiß mir in dieser brisanten Situation nicht anders zu helfen, als ihm noch mal zwischen die Ohren zu hauen. Diesmal aber so heftig, wie man mit der Faust auf den Tisch haut. »Aus! Aus!«, rufe ich dabei so laut und energisch wie ich kann. Zu einem dritten Hieb komme ich nicht mehr. Idor hat die Leine ausgespuckt und schießt wie ein Krokodil mit geöffnetem Fang auf mein Gesicht zu. Im allerletzten Moment gelingt es mir, zurückzuzucken und ihn am Halsband zu packen. Idor ist richtig in Rage und schleudert bei dem Versuch, mir in die Arme zu beißen, mit dem ganzen Körper hin und her. Ich wehre mich aus Leibeskräften, denn mir ist klar, dass es nicht um ein paar harmlose Blessuren geht, wenn er mich zu fassen bekommt. Stuvess hat uns sehr eindringlich erzählt, wie einem Hundeführer einmal von einem Hund die Bauchdecke aufgerissen wurde. Die Därme des Mannes seien mit einem Rutsch herausgefallen. Ich kämpfe also buchstäblich um mein Leben und versuche, den wild gewordenen Köter gegen den Ampelpfeiler zu schlagen, damit er zur Raison kommt. In einer letzten, großen Kraftanstrengung gelingt es mir, mich auf seinen Körper zu knien und ihm damit die Luft zu nehmen.

Erst jetzt, als Idor nachgibt und ruhiger wird, bemerke ich, was für ein Aufsehen wir erregt haben. Die Autos sind trotz grüner Ampel nicht weitergefahren. Stattdessen hupen einige Leute wild und eine Frau schreit mir aus ihrem Kleinwagen empört zu: »Eh, du Tierquäler, ich zeig dich an!« Da platzt mir der Kragen und ich erwidere: »Halts Maul!« Jetzt meint sich ihr Mann auch noch einmischen zu müssen. Von der Beifahrerseite aus lehnt er sich herüber und stellt mir die selten dämliche Frage, ob ich denn gerade seine Frau beleidigt hätte. Statt darauf einzugehen, biete ich ihm an, mir doch mal zu zeigen, wie er mit dem Hund spazieren geht, ansonsten solle er einfach seine blöde Fresse halten und sich davonmachen. Seine Frau nimmt ihm die Entscheidung zu seinem Glück ab und gibt Gas. Endlich kann ich mich wieder auf meine Situation konzentrieren. Ich stehe rasch auf und nehme Idor ins Gehorsam. Auf das Kommando »Fuß!« reagiert er sofort und wir marschieren strammen Schrittes zurück nach Hause. Dabei zittere ich von der Anstrengung und dem Adrenalinschub am ganzen Körper. Statt Idor mit ins Haus zu nehmen, lasse ich ihn sicherheitshalber auf die Ladefläche meines Kombi springen und schließe die Heckklappe, ohne ihn auch nur eines Blickes zu würdigen. Wortlos gehe ich an meinen verwunderten Eltern vorbei und schmeiße mich in meinem Zimmer aufs Bett.

Ich bin total erschüttert, dass mein Idor, den ich so lieb gewonnen habe und den ich immer mit den besten Leckerbissen versorge, mich gerade auffressen wollte. Wie soll ich dieser Bestie jetzt noch vertrauen können? Tatsächlich zweifele ich meine Entscheidung, Hundeführer werden zu wollen, grundlegend an und überlege, ob ich die nächsten Jahre wirklich als Raubtierdompteur verbringen möchte. Als ich am nächsten Morgen mit Idor spazieren gehe, ist er so lieb und gelassen, wie ich es von ihm gewohnt bin. Auch der Rest des Wochenendes verläuft ohne weitere unangenehme Zwischenfälle. Im Gegenteil, Idor weicht mir nicht von der Seite und nachts springt er heimlich zu mir ins Bett und legt sich am Fußende schlafen. Ich freue mich, dass er die Nähe zu mir sucht, und lasse ihn gewähren. Ich hatte befürchtet, dass der Zwischenfall an der Ampel unsere Beziehung zerstört hätte. Das Gegenteil scheint aber der Fall zu sein. Idor akzeptiert mich endlich als Leithund unseres Zweierrudels. Die Rangfolge wurde eindeutig geklärt, er kann sich mir nun entspannt unterordnen.

Am Sonntagabend mache ich mich guter Dinge mit Idor auf den Weg zur Kaserne. Meine Mutter verabschiedet mich mit einem Kuss auf die Wange und drückt mir, wie so oft, noch 20 D-Mark als Benzingeld in die Hand. Die Aufforderung, sie anzurufen, wenn ich angekommen sei, bin ich bereits von ihr gewohnt. Ich frage mich, ob meine Kameraden auch so von ihren Müttern verabschiedet werden. Ich mache einen kleinen Umweg über Hamburg-Harburg, wo Lancer bereits mit zwei Bechern Kaffee in den Händen auf mich wartet. Wir fahren die Strecke meist gemeinsam und erzählen uns gegenseitig, wie unser Wochenende verlaufen ist. Zu meinem Kampf mit Idor sagt er mir, dass ich viel Glück hatte. Unsere Hunde seien ja bereits darin trainiert, Menschen zu beißen und ernsthaft zu verletzen. Hätte Idor die Oberhand gewonnen, wäre ich sicher nicht mehr in so guter Verfassung.

Im Nachhinein erfahre ich von meinen Kameraden, dass sie ähnliche Rangkämpfe auszufechten haben. Einem ist es so wenig geheuer, mit seinem Hund in einem Raum zu übernachten, dass er das Risiko nur mit einer Dose Pfefferspray unter dem Kopfkissen eingehen mag. Angesichts dessen bin ich sehr froh, dass Idor zu einem Kampfmittelspürhund ausgebildet wird und der Schutzdienst dabei nicht so stark im Vordergrund steht wie bei den Personensuchhunden, bei denen das Misstrauen und die Bereitschaft zuzubeißen wesentlich stärker gefördert wird.

Unser neues Zuhause ist der Truppenübungsplatz in Friedrichsfeld außerhalb der Kaserne in Varel. Dort ist ein Gebäude aus den Zwanzigerjahren komplett renoviert worden. Wir freuen uns, dass wir Einzelstuben bekommen, damit wir unsere Hunde abends mit auf die Stube nehmen können. So lässt sich eine stärkere Bindung aufbauen, als wenn man sie im Zwinger stehen ließe, wie es an der Hunde schule aus Platzgründen der Fall ist. Wenn sie krank sind oder sich verletzt haben, ist es auch besser, sie in einer ruhigen Umgebung zu versorgen. Im Zwinger herrscht immer Betrieb und die Hunde scheuchen sich mit ihrem Gebell gegenseitig auf, sobald jemand an der Anlage vorbeigeht. Die neuen Zwinger erfüllen alle Anforderungen an die moderne Tierhaltung. Wir sind davon ebenso begeistert wie von der für unsere Maßstäbe luxuriösen Ausstattung der neuen Unterkunft. Das ist etwas anderes als die schimmeligen Baracken, in denen wir in Koblenz untergebracht waren. Dort mussten wir, als wir ankamen, erst einmal den Rattenkot herausfegen.

Wir dürfen uns die Stuben sogar selbst einrichten. Da wir in den kommenden Jahren hier leben werden, möchte Hauptfeldwebel Festas, dass wir uns wohlfühlen. Die Kameraden aus der Kaserne in Varel werden neidisch, wenn sie sich bei uns umsehen. Wir investieren sogar gemeinsam etwas Geld, um einen Raum mit Fitnessgeräten auszustatten, die Gemeinschaftsküche auszubauen und unseren Aufenthaltsraum gemütlich einzurichten. Unser Zugführer spendiert eine Waschmaschine und einen Wäschetrockner. Nun können wir es problemlos in dieser Abgeschiedenheit aushalten. Da der Truppenübungsplatz direkt an unser gut eingezäuntes Lager grenzt, können wir mit unseren Hunden täglich laufen gehen, ohne befürchten zu müssen, dass uns Jogger oder andere Hunde begegnen. Wir leben und arbeiten in einem komplett anderen Rahmen als dem normalerweise bei der Bundeswehr üblichen. Festas legt zwar außerordentlichen Wert auf Befehl und Gehorsam, aber er hört seinen Männern auch zu und geht auf sie ein. Ich respektiere ihn sehr dafür, dass er trotz seines rauen Auftretens sehr menschlich mit mir und meinen Kameraden umgeht. Niemand zweifelt seine Autorität an. Wir lernen sehr viel von ihm. Festas führt den Diensthundezug mit Zuckerbrot und Peitsche. Das tut er aber so gerecht, dass wir es ihm auch dann nicht übel nehmen, wenn er uns für eine Disziplinlosigkeit anbrüllt und mit Aufgaben eindeckt, die wir als »Scheißauftrag« bezeichnen.

Festas erklärt, dass ein Ranger nie allein unterwegs ist. Er hat seinen Waffenbruder, den Buddy, der wie sein siamesischer Zwilling ist. Der Buddy ist der, mit dem man gemeinsam trainiert, der einem den Rücken freihält und aufpasst, dass man keine Nachteile erleidet, etwa weil man Streife laufen muss, während der Spieß das Essen verteilt. Und wenn man mal krank ist, pflegt der eine Buddy den anderen, bis er wieder gesund ist. Festas erwartet, dass die Männer in seinem Zug auch ohne ausdrücklichen Befehl ihre Aufgaben verantwortungsvoll wahrnehmen. Das ist ungewöhnlich im Vergleich zu der sonstigen Struktur der Bundeswehr. Da aber jeder seinen Hund immer bei sich haben wird, muss sich unser Zugführer einfach auf uns verlassen können. Er ruft uns immer wieder ins Bewusstsein, dass unsere ausgebildeten Hunde einem Menschen so gefährlich werden können wie eine schussbereite Waffe.

Da wir uns als Hundeführer alle für zwölf Jahre bei der Bundeswehr verpflichten, miete ich in der Nähe von Friedrichsfeld eine große Wohnung. Meine Freundin erwartet ein Kind von mir und sie ist bereit, ihre Arbeit in Hannover aufzugeben und zu mir nach Friesland zu ziehen. Ich bin sehr froh darüber, denn ich möchte nicht in einer Wochenendbeziehung leben. Natürlich ist das Leben hier im Vergleich zur Großstadt sehr beschaulich, aber ich stelle es mir schön vor, das Kind hier in der Natur aufwachsen zu sehen.

# STEINZEIT, ENDZEIT – AFGHANISTAN

Die Zeit bis zum Spezialisierungslehrgang vergeht wie im Flug. Ehe ich mich in Friedrichsfeld richtig eingelebt habe, führt Idors Ausbildung mich Mitte des Jahres erneut nach Koblenz an die Diensthundeschule. Zunächst sollen die Hunde während des Trainings einfach ihr Spielzeug finden, wenn wir es verstecken. Zur Belohnung loben wir unseren Hund und spielen mit ihm und dem gefundenen Bringsel. Es ist ein lustiger Anblick, wenn wir Soldaten ausgelassen mit unseren Hunden herumtollen und sie überschwänglich loben: »Jaaaaaa feinnn issa, Klasse Bubbi, so issa fein.« Nachdem die Hunde verstanden haben, dass wir eine Art Versteckspiel mit ihnen veranstalten, sobald wir sie aus ihrer Fahrzeugbox holen, wird ein spezielles Spielzeug mit etwas Sprengstoff befüllt, damit sie den Geruch des von ihnen gesuchten Spielzeugs mit dem eines Sprengstoffs verbinden. Nach und nach verbinden sie den Geruch von mehr als zwanzig häufig bei Attentaten verwendeten Sprengstoffen mit ihrem Objekt der Begierde.

In der nächsten Phase der Hundeausbildung nehmen wir nur noch einen kleinen Behälter, der eine geringe Menge Sprengstoff enthält, und verstecken diese sogenannte Riechprobe an allen möglichen für ein Sprengstoffattentat infrage kommenden Orten. Wenn Idor meint, sie gefunden zu haben, setzt er sich mit gespitzten Ohren erwartungsvoll vor sie und fixiert diese Stelle mit den Augen. Ich stehe hinter ihm und schleudere seinen Lieblingsgummiball aus dem Ärmel. In Idors Wahrnehmung springt der Ball wie durch

Zauberei aus dem Versteck. Er freut sich jedes Mal aufs Neue darüber und kaut begeistert auf seinem tollen Zauberball herum.

Es wundert mich, dass wir immer nur mit geringen Mengen unter 50 Gramm üben. Ein Ausbilder erklärt mir, dass es laut einer Sicherheitsbestimmung nicht erlaubt sei, mit größeren Mengen zu trainieren. Allerdings würden die Hunde auch umso sicherer fündig, je mehr Sprengstoff an einem Ort versteckt sei. Man strebe bei der Ausbildung an, dass die Hunde Explosivstoffe auch bei reinen Molekülanhaftungen anzeigen. Dadurch könne man theoretisch sogar nachweisen, wer bei einem Mordanschlag geschossen hat, selbst wenn sich der Schütze der Waffe entledigt hätte. Praktisch gebe es bei der Ausführung aber das Problem, dass es nach der Genfer Konvention nicht zulässig ist, Personen unter Zuhilfenahme von Hunden zu durchsuchen. Ich gebe mich mit der Antwort zufrieden, da ich inzwischen begriffen habe, dass ich meine Meinung lieber für mich behalte, wenn ich den Lehrgang bestehen will. Einleuchten will mir das Ganze aber nicht. Mit meinen Erfahrungen aus dem Kosovo halte ich es für wesentlich sinnvoller, nicht nur Gebäude und Gegenstände, sondern auch Personen mit der Hilfe von Hunden auf Waffen und Sprengstoffe zu überprüfen. Das ginge wesentlich schneller und würde auch das Problem der Leibesvisitation von Frauen vereinfachen, die nur von einer Frau gemacht werden darf.

Wir müssen unsere Hunde gut einschätzen können, sie genau beobachten und auch kleinste Verhaltensänderungen erkennen. Es erfordert erstaunlich viel Fingerspitzengefühl, Erfahrung und Sachkenntnis, einen erfolgreichen Spürhund auszubilden. Ohne Vertrauen und Liebe zueinander ist man als Team nicht erfolgreich. Jeder Spürhund hat seine eigene Art zu suchen und keiner erbrächte bei einem anderen als seinem Hundeführer eine gleich gute Leistung. Mein Idor arbeitet mit der Zeit fast selbstständig, weil er mich gerne glücklich machen möchte. Selbst wenn ich einen schlechten Tag habe und mich ungeschickt anstelle, wird er fündig. Er geht so ruhig, vorsichtig und konzentriert vor, dass ich mit ihm »in einem

Porzellanladen spüren gehen könnte«, wie mir ein Ausbilder anerkennend sagt. Ich bin sehr stolz auf Idor und sorge mich nicht um die Abschlussprüfung.

Milano und ich kommen gerade aus dem Verwaltungsgebäude der Diensthundeschule, als ein Kamerad von den Feldjägern aufgeregt an uns vorbeirennt und uns zuruft: »Die USA werden angegriffen!« Wir schauen ihm irritiert hinterher. Verwundert gehen wir in die Unterkunft. Dort kommt uns Kamerad Hässlich entgegen. Er fordert uns auf, schnell mitzukommen. Vor dem Fernseher auf seiner Stube sitzen bereits mehrere Kameraden versammelt. Auf dem Bildschirm laufen verstörende Bilder – ein Flugzeug steuert auf ein Hochhaus zu und explodiert nach dem Aufprall in einem der oberen Stockwerke. Dasselbe geschieht wenig später mit dem Hochhaus daneben. Danach sieht man, wie Menschen versuchen, sich zu retten, und sogar aus den obersten Stockwerken in den Tod springen, um der Flammenhölle zu entgehen. Kurz darauf stürzen die Gebäude in sich zusammen – die Twin Towers des World Trade Centers in New York.

Was ich sehe, kommt mir völlig unwirklich vor. Ich kann nicht fassen, dass es die Realität sein soll und kein fiktiver Film ist. Zunächst halte ich diese Katastrophe für ein Flugzeugunglück, aber in den Nachrichten wird schon bald von einem terroristischen Anschlag gesprochen, nachdem mehrere Flugzeuge gleichzeitig als entführt gemeldet wurden. Welche Drahtzieher dahinterstehen und aus welcher Motivation gehandelt wird, ist noch völlig unklar. Ich bin zutiefst schockiert. Auch meine Kameraden bringen kein Wort hervor und starren wie gebannt auf die sich immer wiederholenden Bilder. Als mein Handy klingelt, gehe ich aus der Stube. Es ist meine Mutter, ihre Stimme klingt besorgt. Sie fragt mich, ob bei mir alles in Ordnung sei und ob es mir gut gehe. Möglicherweise befürchtet sie, dass ich mehr wisse als sie und meine Einheit bereits in Alarmbereitschaft versetzt sei. Da meine Einheit zu den Krisenreaktionskräften, KRK, der Bundeswehr gehört, wäre das tatsächlich wahrscheinlich. Während des Gesprächs beobachte ich Geschäftigkeit auf dem Kasernenhof. Es ist kurz vor Dienstschluss, normalerweise sieht man die Leute in kleinen Grüppchen draußen zusammenstehen und rauchen. Es gelingt mir, meiner Mutter ein paar beruhigende Worte zu sagen, aber als ich das Gespräch beende, merke ich, dass ich selber Angst verspüre.

Zurück in Hässlichs Stube beteilige ich mich an den Spekulationen meiner Kameraden. Wir sitzen bis in den späten Abend hinein zusammen und überlegen, welche Auswirkungen das Ganze letztendlich für uns haben mag. Als ich mich schlafen lege, merke ich, macht sich eine Sorge in mir breit: Wenn dieser geplante Massenmord von einer fremden Regierung eingefädelt wurde, kann es zu einem Krieg größeren Ausmaßes kommen. Schlimmstenfalls sogar zu einem Atomkrieg, denn wer würde sich mit den USA anlegen, wenn nicht eine Atommacht? Ich fühle mich zum ersten Mal in meinem Beruf als Soldat dem Schicksal ohnmächtig ausgeliefert. Egal wie die Regierungen entscheiden werden, ich werde es umsetzen müssen. Ein unruhiger Schlaf löst am Abend des 11. September 2001 diese Gedanken ab.

Drei Tage später erhalte ich die Nachricht, dass die Geburt meines ersten Kindes noch heute und in Kürze erwartet wird, früher als errechnet. Glücklicherweise gibt mir Hauptfeldwebel Festas frei. Ich springe sofort mit Idor ins Auto und stelle auf der Fahrt von Koblenz nach Hannover meinen persönlichen Geschwindigkeitsrekord auf. Im Krankenhaus eile ich durch die Abteilungen und frage mich aufgeregt bis zum Kreißsaal durch. Da ich in Uniform bin, ernte ich verwunderte Blicke. Gerade als ich den Kreißsaal betreten will, kommt mir eine Krankenschwester mit einem winzig kleinen Baby auf dem Arm entgegen. Meine kleine Tochter hat soeben das Licht der Welt erblickt. Sie ist ein Frühchen und so niedlich, dass ich alles um mich herum vergesse. Ich traue mich kaum, sie auf dem Arm zu halten, weil sie so zerbrechlich wirkt. Als die Schwester mich fragt, welchen Namen sie in den Geburtsunterlagen eintragen soll, sage ich, während ich meinem Kind stolz in seine wunderbar blauen Augen schaue: »Patricia!« Es ist der schönste Moment meines Lebens und ich wünsche mir nichts sehnlicher, als bei ihr bleiben zu können. Leider zwingt mich mein Dienst zurück zur Hundeschule nach Koblenz, wo ich am nächsten Morgen pünktlich erwartet werde.

Noch vor Ende des Jahres machen Idor und ich die Abschlussprüfung. Es ist den Ausbildern aufgefallen, dass mein intelligenter Hund sich angewöhnt hat, nicht mehr nach seinem Bällchen, also der Riechprobe, zu schnuppern, sondern auf dem Übungsareal der Spur seiner Vorgänger zu folgen und sich einfach genau dort hinzusetzen, wo schon die anderen Hunde ihren Hintern auf den Boden gepflanzt haben. Daher wird Idor als Erster auf die Suche geschickt. Natürlich enttäuscht mich mein toller Hund nicht und nach annähernd anderthalb Jahren treten wir als fertig ausgebildetes Kampfmittelspürhundteam den Weg in die heimatliche Kaserne an.

Als ich in der Kaserne in Varel ankomme, herrscht allgemein Aufbruchsstimmung. Die Attentäter des 11. September konnten innerhalb weniger Tage identifiziert werden. Es waren Studenten der Technischen Universität Hamburg-Harburg unter ihnen, die den Anschlag von langer Hand vorbereitet haben und die sich sogar als Piloten ausbilden ließen. Ich höre vom eigentlichen Drahtzieher, dem aus Saudi-Arabien stammenden Osama bin Laden, der während des sowjet-afghanischen Krieges die Hilfsleistungen muslimischer Unterstützer für die Afghanen koordinierte und das von ihm gegründete Netzwerk radikal-islamischer Terroristen al-Qaida von Afghanistan aus steuert.

Bisher war es mir egal, welcher Konfession jemand angehört. Ich selber habe keine religiöse Erziehung gehabt, es war für mich daher ohne Bedeutung, welchem Glauben Menschen anhängen. Mir ist völlig unverständlich, dass jemand aus fanatischem Religionswahn einen Massenmord begeht. Ich teile von diesem Moment an die Meinung vieler, dass von diesen religiösen muslimischen Fanatikern eine Bedrohung für unsere Gesellschaft und Werte ausgeht. Dass die

Anschläge vom 11. September unter anderem in Deutschland, gar in Hamburg, nur wenige Kilometer vom Wohnort meiner Eltern entfernt, geplant wurden, trägt dazu bei. Dennoch erstaunt es mich, dass die USA nicht einmal einen Monat später, am 7. Oktober 2001, Afghanistan angreifen und das radikal-islamische Talibanregime stürzen, das Osama bin Laden Zuflucht gewährt. Es erscheint mir unverhältnismäßig, dass ein Krieg begonnen wird, nur um einer einzelnen Person habhaft zu werden. Al-Qaida ist ohnehin weit verzweigt und in etlichen Ländern beheimatet. Trotzdem stellt sich die internationale Staatengemeinschaft hinter die Pläne der USA und unterstützt diesen »war on terror« mit militärischen Mitteln.

Mir fallen die Presseberichte wieder ein, die Anfang des Jahres darüber informierten, dass die angeblichen Beweise über den Völkermord im Kosovo gefälscht waren. Außenminister Joschka Fischer und Verteidigungsminister Rudolf Scharping, die mit diesen fingierten Berichten die militärische Beteiligung Deutschlands an der Intervention der NATO auf dem Balkan erwirkt haben, sind immer noch in den gleichen Ämtern. Ich frage mich daher, ob wir auch dieses Mal angelogen werden. Nach meinem Empfinden steht überraschend schnell fest, wer für den Tod und die körperliche und seelische Verwundung von Tausenden von Menschen verantwortlich ist. Die USA können sich jedenfalls der uneingeschränkten Solidarität ihrer Bündnispartner sicher sein. Die Anschläge in den Vereinigten Staaten sorgen dafür, dass die NATO-Partner, aus Empörung und auch aus Angst vor einem Anschlag auf eigenem Territorium, bereitwillig einer Offensive am Hindukusch zustimmen. Die Bundesregierung befürwortet die Entsendung deutscher Truppen nach Afghanistan und beteiligt sich an der OEF- und ISAF-Mission.

Aus dem Diensthundezug sind alle ausgebildeten Soldaten eingeplant. Mein Gruppenführer, Oberfeldwebel Kunz, ist mit einem Vorauskommando noch vor Weihnachten unterwegs nach Kabul, um ein geeignetes Lager zu erkunden. Das Hauptkommando des Fallschirmjägerbataillons 313 bereitet sich darauf vor, in Kürze zu folgen. Wie beim Kosovoeinsatz verschiebt sich der Termin des Abmarsches immer wieder. Durch den früh einsetzenden strengen Winter können die Transportflugzeuge nicht von der Zwischenstation in der Türkei aus weiterfliegen, die Tragflächen sind zu stark vereist. Alle eingeplanten Soldaten verbringen das Weihnachtsfest auf ihren gepackten Sachen, bereit, jederzeit aufzubrechen. Ich bin mit meinen Kameraden aus dem Spürhundlehrgang glücklicherweise von dieser Ungewissheit verschont. Damit wir überhaupt etwas Urlaub machen und unsere Familien sehen können, werden wir zu einem späteren Zeitpunkt eingeplant.

Milano, Butzki, Hässlich und ich fliegen am 7. Februar 2002 mit einer gecharterten russischen Antonov, der größten Transportmaschine weltweit, von Köln-Wahn aus nach Kabul. Wir sind mit unseren Hunden in der obersten Etage des riesigen Flugzeugs einquartiert. Die russische Bordbesatzung hat sich hier mit Kühlschrank und Kochnische häuslich eingerichtet. Die exotischen Gerüche der von ihnen zubereiteten Speisen wabern in der ohnehin stickigen Maschine aufdringlich zu uns herüber. Zwischendurch beobachte ich, wie ein Bordmechaniker eine undichte Ölleitung einfach mit einem Putzlappen, den er sich aus der Tasche zieht, abdichtet. Ich hoffe inständig, dass ich heil nach Kabul komme. Wir landen aber zunächst in Aserbaidschan. Warum wir ohne Flugabkommen überhaupt in deren Hoheitsgebiet geflogen sind, erfahre ich von der russischen Besatzung der Antonov nicht. Als wir endlich die Hauptstadt von Afghanistan anfliegen, bin ich heilfroh. Die Landung wird zu einem Thriller, da die ehemaligen sowjetischen Kampfpiloten erst noch ein hartes Wendemanöver zum Abbremsen des gigantischen Flugzeugs einlegen müssen – die einzige halbwegs intakte Landebahn des stark zerstörten Kabul International Airport (KIA) ist kurz.

Als wir mit den Hunden im Arm die schmale Leiter bis zum untersten Stockwerk der Transportmaschine hinabklettern, erwartet uns Lancer bereits mit dem T4-Kleinbus an der Heckrampe. Freudestrahlend nimmt er uns in Empfang und stattet uns auch gleich mit den schweren Bristolwesten aus. Bei den wenigen Soldaten, die zum Schutz des Lagers zur Verfügung stünden, erwarte man uns bereits sehnlich, sagt er. Die Fahrt ins Lager Camp Warehouse führt uns durch die Innenstadt von Kabul. Über der Stadt liegt eine dichte Smogglocke, die schon von Weitem zu sehen ist. Das in dieser Gebirgsregion ohnehin erschwerte Atmen wird durch die trockene, staubige Luft zusätzlich unangenehm beeinträchtigt. Ich habe ständig das Gefühl, mich räuspern zu müssen, um das Kratzen im Hals loszuwerden.

Die rohen Betongebäude in Kabul tragen deutlich die Spuren eines lange andauernden Krieges. Die vielen Menschen, die wie Insekten in einem Ameisenhaufen durch die Straßen gehen, wirken auf mich bedrohlich. Ich habe den Eindruck, dass uns ihre dunklen Augen über den dichten schwarzen Bärten fortwährend feindselig anblicken. Bestenfalls scheinen die Menschen unsere Anwesenheit zu ignorieren. Wir fahren fast nur in Schrittgeschwindigkeit durch die dichtbevölkerten Straßen. Die an den anarchistischen Fahrstil gewöhnten Afghanen dagegen rasen auch unter Ausnutzung der Gegenfahrbahn, was immer ihre alten Fahrzeuge hergeben. Ein Mann, dem beide Beine fehlen, hockt auf einem Rollbrett mitten zwischen zwei entgegengesetzten Fahrspuren. Stumpfen Blickes sieht er die Fahrzeuge an sich vorbeidrängen und bettelt mit einem Schälchen in der Hand um ein paar Münzen. Der Einsatz im Kosovo löste in mir einen Kulturschock aus, hier jedoch übermannt mich das Gefühl, die Realität verlassen zu haben. Meine Umgebung erscheint mir als eine Mischung aus Steinzeit und Endzeit.

Als wir Kabul in östlicher Richtung verlassen, nehmen wir etwas an Fahrt auf. Die von den russischen Besatzern gebaute Ringstraße ist jedoch in einem so schlechten Zustand, dass wir maximal mit 50 km/h ins etwa 10 Kilometer entfernt gelegene Camp Warehouse fahren können. Hauptfeldwebel Festas begrüßt uns lachend mit einem freundlichen Klaps auf die Schulter. Wir bringen unsere Hunde zu der transportablen Zwingeranlage, die in einem von Mauerruinen abgeschirmten Bereich direkt neben unseren Zelten aufgebaut wurde. Dann weist uns Festas im Zelt rasch unsere 2,5 Quadratmeter zu, auf denen wir für die nächsten sechs Monate unser Feldbett aufschlagen. Ohne Umschweife setzen wir uns danach zusammen und bekommen nach einer genauen Einweisung in die Lage unsere Aufgaben zugeteilt. Wir sollen innerhalb des Geländes die Lagerwachen durch Streifengänge mit dem Hund unterstützen, fremde Fahrzeuge, die ins Lager hineingelassen werden, auf Sprengstoff, Waffen und Munition überprüfen und als Reserve ein Team auf Abruf in Alarmbereitschaft halten. Da die Bundeswehr Tagelöhner beschäftigt, die im Camp Warehouse handwerkliche Arbeiten verrichten, kommt es morgens am Lagereingang immer wieder zu Tumulten und Gerangel. Jobs bei uns Deutschen sind begehrt, immerhin zahlt die deutsche ISAF-Truppe den Arbeitern hier im Einsatzland einen nach deutschen Maßstäben bemessenen Lohn. So können die Afghanen in nur wenigen Tagen ein Vielfaches des in Afghanistan durchschnittlichen Jahreseinkommens von nicht einmal 200 US-Dollar verdienen. Es wird versucht, die Arbeit durch eine täglich neue Vergabe an die Bevölkerung Kabuls gerecht zu verteilen, aber das führt zu dem Problem, dass sich jeden Morgen eine große Horde Afghanen praktisch um die Stellen prügelt.

Wir nehmen natürlich auch Aufgaben außerhalb des Lagers wahr, aber die Aufträge sind wechselnd und diese »missions« werden meist erst am Abend zuvor erteilt. Für alle verfügbaren deutschen Soldaten steht bereits die Absicherung des Sportstadions in Kabul in drei Tagen auf dem Plan. Ein Fußballspiel zwischen der afghanischen Nationalmannschaft und einer Auswahl talentierter Fußballspieler der ISAF-Truppen soll zur Völkerverständigung beitragen. Zwei verstärkte Kompanien, insgesamt etwa dreihundert Mann des Einsatzkontingents, sollen das Stadion, das etwa 30 000 Zuschauern Platz bietet, absichern. Bei einer Erkundung des Areals müssen wir feststellen, dass eine zuverlässige Überprüfung des gesamten Stadions in der kurzen Zeit gar nicht möglich ist. Viele Räume unterhalb der Tribüne sind kaum begehbar. Sie sind unbeleuchtet und übersät mit Glasscherben. In den dunklen Ecken der ehemaligen Umkleide- und Duschkabinen erkennen wir im Schein unserer Taschenlampen, dass der ganze Boden vollgeschissen ist. Die Hunde können wir nur mit speziell gepolsterten Pfotenschuhen zur Sprengstoffsuche mit in die Räume nehmen.

Das nächste Problem besteht darin, die bereits abgespürten Segmente der Arena bis zum Spiel abzuriegeln, nachts in das offene Stadion zu gelangen ist kein Problem. Auf dem verdorrten Rasen des Fußballfeldes spielen einige Kinder, natürlich nur Jungen. Mädchen dürfen nicht allein auf die Straße gehen oder gar dort spielen. Ich erinnere mich in diesem Moment an einen Fernsehbeitrag, den ich vor meinem Abflug im ZDF gesehen habe. Darin zeigte man, wie eine Frau in der landestypischen Burka in diesem Stadion zu Tode gesteinigt wurde. Es hieß auch, dass die Taliban Regimekritiker im Stadion von Kabul öffentlich erschießen. Mein Blick fällt auf die deutlich erkennbaren Einschusslöcher an der Innenwand. Der Gedanke daran, an einem solchen Ort ein Freundschaftsspiel stattfinden zu lassen, lässt mich erschaudern.

Wie befürchtet, wird das Spiel zu einer Nagelprobe. Etliche gefälschte Eintrittskarten sind in Umlauf gebracht worden, da die offiziellen Karten innerhalb kürzester Zeit ausverkauft waren. Eine mindestens ebenso große Menschenmenge wie die, die das Stadion bereits ausfüllt, drängt sich an den zahlreichen Eingängen und verlangt protestierend Einlass. Dass ihre vorgezeigten Karten keine Gültigkeit haben, können oder wollen sie nicht verstehen. Erschwerend kommt hinzu, dass korrupte Polizisten der afghanischen Miliz dieselben Karten, die sie den Zuschauern am Eingang abgenommen haben, ein paar Meter weiter in der Menge nochmals verkaufen. Zusammen mit Soldaten der britischen Armee versuchen wir, der Lage Herr zu werden. Die Niederländer, die ebenfalls zur Unterstützung eingeplant waren, werden unerwartet abgezogen.

Völlig unterbesetzt bemühen wir uns, den wütenden Mob davon abzuhalten, das Stadion zu stürmen. Von unseren Schusswaffen dürfen wir nur bei direkter Gefahr für Leib und Leben Gebrauch machen, damit es nicht zu einer Eskalation der Gewalt kommt. Die Afghanen selbst sind nicht zimperlich. Vereinzelt fliegen Ziegelsteine über die hohe Stadionmauer auf die Tribüne. Ein afghanischer Polizist schleudert einen dieser Steine wütend in die Menge zurück und trifft jemanden am Kopf. Als der Getroffene zusammensackt, lachen die Umstehenden lauthals. Niemand macht Anstalten, dem Verletzten zu helfen. Bei so einer Mentalität nützt den Gurkhas, einer britischen Eliteeinheit, die ausschließlich aus Nepalesen besteht, ihr scharfes, sichelartiges Kukrimesser nichts. Die Menschenmasse ist einfach zu erdrückend. Die Soldaten der Kampfkompanien werden in einem Innenhof des Haupteingangs bereits die Stufen der Tribüne hinaufgedrängt, als per Funk der Hundezug zur Unterstützung herbeigerufen wird. Mit vereinten Kräften gelingt es schließlich, die einstürmenden Massen aus dem Innenhof zu drängen. Die religiös bedingte Angst der Muslime vor Hunden trägt ihren Teil dazu bei.

Nach dem Fußballspiel sind wir heilfroh, die Situation ohne ein Blutbad bewältigt zu haben. Wir bleiben noch, bis das Stadion gänzlich leer ist, und machen einen abschließenden Kontrollgang, um sicherzugehen, dass kein Material von uns liegen bleibt. Dabei stellen wir erstaunt fest, dass die massiven schmiedeeisernen Gitter am Haupteingang gebrochen und verbogen sind. Am nächsten Morgen erfahren wir, dass drei Afghanen bei dem Aufruhr ums Leben gekommen sind. Ich vermute, dass sie schlicht und einfach erdrückt wurden. Das Fußballspiel, von dem ich nichts mitbekommen habe, geht im Übrigen 2:0 für das ISAF-Team aus. Das geplante Rückspiel fällt nach den Erfahrungen dieses Tages ersatzlos aus.

Mit der nächsten Feldpost kommen massenhaft Kauknochen für unsere Hunde. Einige Kameraden haben sie sich aus Dankbarkeit dafür, von den Hunden vor dem Mob gerettet worden zu sein, von ihren Angehörigen aus Deutschland schicken lassen. Gerade einmal drei Tage nach meiner Ankunft im Land habe ich mit Idor meine erste Bewährungsprobe bestanden. Die anderen in unserer Region eingesetzten ISAF-Truppen erkennen uns an, ebenso unsere deutschen Kameraden. Jenseits der täglichen Streifengänge und -fahrten innerhalb und außerhalb des Lagers kann Idor seine Fähigkeiten bei der Suche nach Sprengstoff und Waffenverstecken unter Beweis stellen. Dem Ranger fällt allerdings sehr bald ein deutliches Manko an den Kampfmittelspürhunden auf.

Für eine verdeckte Operation mit dem Special Air Service werden wir von den Briten zur Unterstützung gerufen. Berichten der im Land tätigen Geheimdienste zufolge hat man angeblich verlässliche Hinweise auf ein besonders großes Waffenversteck erhalten. Unser K9-Zug soll bei der Durchsuchung des etwa einen Hektar großen Holzlagers, in dem die Waffen vermutet werden, mit den Spürhunden helfen. Die Operation verläuft unter absoluter Geheimhaltung. Selbst unseren vertrauten Kameraden im Lager gegenüber verraten wir nichts darüber. Wir stehen mitten in der Nacht um 03:00 Uhr wortlos auf, steigen in die bereits vorbereiteten Fahrzeuge und stehlen uns fast lautlos aus dem Camp. Das ganze Gebiet um unser Zielobjekt wird heimlich großflächig abgeriegelt und die in dem Depot anwesenden Arbeiter des Holzhandels werden festgesetzt. Bei der Befragung durch sprachkundige SAS-Soldaten geben sie vor, nichts zu wissen. Nachdem das SAS-Team das ganze Gelände abgesucht hat, kommen unsere Kampfmittelspürhunde zum Einsatz. Eine etwa 3 Meter hohe Lehmmauer umgibt den ganzen Komplex. Die stabile Erdwand soll wohl nicht nur vor neugierigen Blicken schützen, sondern auch vor unliebsamen Besuchern, denn in der Mauer befinden sich wie in einem Fort an einigen Stellen Stufen unter Schießscharten. Mich erinnert das an meinen Einsatz im Kosovo. Dort habe ich ebenfalls häufig Grundstücke gesehen, die durch eine hohe, stabile Mauer wie eine Festung geschützt wurden.

Während das Geschäftsgebäude, ein kleiner Bungalow, von den Briten durchsucht wird, machen wir uns daran, alles noch einmal mit unseren Spürhunden abzusuchen. Limmann und Kunz machen den Anfang und lassen ihre Hunde systematisch an verdächtigen Stellen nach Sprengstoff schnüffeln. Ich stehe in ihrer Nähe und achte darauf, dass meine Kameraden bei der Suche nichts auslassen. Durch diese gegenseitige Kontrolle soll nichts übersehen werden, wenn der Hundeführer seine volle Aufmerksamkeit auf den Hund richtet. Da die Hunde meiner beiden Kameraden aber weder auf dem Gelände noch im Gebäude fündig werden, mache ich mich mit Idor an die Arbeit. Ich will mit ihm nach einem Erdversteck suchen, denn ich halte es für möglich, dass das gesuchte Kriegsgerät auf der großen Anlage irgendwo vergraben wurde. An einem Stapel aus Baumstämmen voller Äste, die völlig ineinander verschränkt sind, fange ich an. Um ein Versteck zu schützen, erscheinen mir die schweren, sperrigen Hölzer gut geeignet.

Ich gebe vor, Idors Spielzeug irgendwo in dem Geäst zu verstecken. Idor liegt wenige Meter entfernt von mir auf dem Boden und fixiert meine Hand. Er ist schon merklich ungeduldig und sprintet auf Kommando sofort los. Noch ehe er die Baumstämme erreicht, schießt uns eine schwarze Katze aus dem Holzhaufen entgegen und nimmt fauchend Reißaus. Idor vergisst seinen Gummiball sofort und beginnt stattdessen eifrig der Katze nachzustellen. Um ihn zu stoppen, schreie ich laut: »Platz!« Normalerweise ist das eine Art Notbremse, auf die er sofort reagiert und sich flach auf den Boden legt. Wenn aber der Jagdtrieb eines Hundes geweckt ist, werden alle anderen Wahrnehmungen ausgeblendet. Er ist ein so tief sitzender Urinstinkt, dass die Hunde ihren Gehorsam komplett vergessen. Auf die britischen Elitesoldaten muss das sehr unprofessionell wirken und ich merke, wie ich vor Scham rot anlaufe. Ein Blick zu meinem Zugführer sagt mir sofort, was er dabei empfindet. Die Halsschlagadern des Rangers treten, wie immer, wenn er sich ärgert, deutlich hervor. Sein laut schallender Ruf »Idooor!« lässt mich zusammenzucken. Idor zeigt aber keinerlei Reaktion, er ist voll auf seine Beute fixiert. Selbst Festas' markerschütternde Stimme dringt nicht zu ihm durch. Unbeirrt jagt mein sonst so folgsamer Hund der Katze in das Gebäude hinterher.

In der Hoffnung, ihn hier endlich zu fassen zu bekommen, renne ich ebenfalls durch die offene Eingangstür in einen schummerigen, spärlich möblierten Raum hinein. Dort steht Idor an einem kleinen Lüftungsschlitz, durch den die Katze gesprungen sein muss. Er schnuppert ganz aufgeregt hinter der Katze her. Hinter ihm sehe ich zwei Afghanen völlig perplex an einer Wand sitzen. Mit weit aufgerissenen Augen starren sie Idor an, als wäre er ein Schaitan oder George W. Bush persönlich, der gekommen ist, um sie zu sich zu holen. Obwohl ich mich darüber ärgere, mich mit meinem Hund bis auf die Knochen blamiert zu haben, kann ich mir das Lachen kaum verkneifen. Ich greife mir Idor resolut an seinem Halsband und führe ihn hinaus. Hauptfeldwebel Festas erwartet uns bereits und sagt mir, dass ich den Hund gleich wieder in seine Box im Hundeanhänger bringen kann. Jetzt, wo der Jagdtrieb geweckt sei, könne man von Idor erst einmal keine zuverlässige Anzeige bei der Suche nach Kampfmitteln erwarten. Der Ranger beauftragt Hässlich damit, weiterzusuchen. Es nagt gewaltig an meinem Stolz, dass Idor wie in einem Comic blind einer Katze hinterhergejagt ist. Ich bin enttäuscht und fürchte den Spott meiner Kameraden.

Lancer gesellt sich zu mir. Er merkt mir meinen Unmut an und versucht mich aufzumuntern. Freundlich lachend bietet er mir eine Zigarette an und sagt, dass Idor sich doch gut als Hofhund eignen würde. Gemeinsam rauchend amüsieren wir uns über die erschrockenen Afghanen, deren Gesichtsausdruck ich nachzuahmen versuche. Nebenbei beobachten wir ein paar junge, mit Sturmgewehren bewaffnete Afghanen.

Eine mit dem ISAF-Mandat verbundene Auflage zwingt uns, immer afghanische Sicherheitskräfte in unsere Arbeit einzubinden. Da es sich in diesem Fall um einen als besonders wichtig eingestuften Auftrag handelt, wurden uns Leute vom afghanischen Geheimdienst an die Seite gestellt. Lancer stellt fest, dass diese Leute immer gepflegte, fast neue Schuhe tragen. Er sinniert sarkastisch über einen möglichen Zusammenhang mit dem Phänomen, dass die ein bis drei Dutzend Leichen, die jeden Morgen an Kabuls Stadtrand gefunden werden, meist keine Schuhe tragen. Der Geheimdienstler, den wir gerade beobachten, ist so jung, dass er noch keinen Bart trägt. Die lässig umgehängte Kalaschnikow signalisiert uns, dass er nicht besonders motiviert bei der Arbeit ist. Ein Brite, der einer Pioniereinheit angehört und uns mit einem Metalldetektor unterstützt hat, steht ebenfalls in der Nähe und verpackt sein Arbeitsgerät. Anders als beim deutschen Vallon-Detektor befindet sich kein ringförmiger Sensor an seinem Metallsucher, es macht aber das gleiche monotone, etwas quäkige Geräusch. Da der Stab zur Hälfte aus knallgelb leuchtendem Kunststoff gefertigt ist, erinnert das Ding unwillkürlich an ein Lichtschwert aus »Star Wars«.

Ich weiß nicht, ob der milchbärtige Afghane jemals einen Science-Fiction-Film gesehen hat, aber als der Pionier, oder auf Englisch korrekter »engineer«, sein Lichtschwert im Scherz auf ihn richtet und einschaltet, erschrickt der junge Afghane heftig. Seine Reaktion lässt Lancer und mich die Luft anhalten: Blitzartig hat er seine Kalaschnikow im Hüftanschlag und reißt den Spannhebel durch, um eine Patrone in den Lauf zu befördern. Der Brite lächelt weiterhin gelassen und packt die vermeintlich futuristische Waffe weg. Lancer und ich schauen uns an. Wir haben den gleichen Gedanken – entweder ist der Bursche strunzdumm und hat keine Ahnung, wie nah er dem Sensenmann gerade war, oder die Briten sind genauso verrückt wie die Afghanen und halten es für einen großartigen Scherz, wenn man auf sie schießt. Seine Gelassenheit rettet ihm höchstwahrscheinlich das Leben, denn die Mündung des Sturmgewehrs neigt sich langsam zu Boden, während der Afghane noch verunsichert dreinschaut. Immerhin haben wir eine beeindruckende Vorstellung von der Reaktionsgeschwindigkeit und Urteilskraft des jungen Geheimdienstlers erhalten. Wir sind uns einig, dass man den Burschen nicht unterschätzen sollte.

Limmanns Stimme lenkt unsere Aufmerksamkeit wieder auf das Geschehen im Gebäude. Sein Hund Bill hat sich erwartungsvoll vor einer Transportkiste aus Metall hingesetzt. Perle überprüft die Anzeige gerade mit seinem Hund. Auch Ben setzt sich deutlich gespannt vor die verschlossene Kiste. Wir holen einen der festgehaltenen Holzhändler und fordern ihn auf, uns ihren Inhalt zu zeigen. Der in löchrige Gewänder gehüllte Mann deutet entschuldigend auf das große Schloss davor und gibt vor, keinen Schlüssel dafür zu besitzen. Limmann holt den langen Bolzenschneider, den wir für solche Gelegenheiten immer mitführen, und reicht ihn aufmunternd dem Afghanen. Dem Mann bleibt kaum etwas anderes übrig, als das solide Vorhängeschloss durchzuknipsen. Er hebt den Deckel auf unser Geheiß vorsichtig an. Durch einen schmalen Schlitz überzeuge ich mich mithilfe meiner Taschenlampe davon, dass keine Drähte oder ähnliche Dinge, die auf eine Sprengfalle hindeuten, zu sehen sind. Dann gebe ich dem nervösen Kerl einen Wink, den Deckel gänzlich aufzuklappen. Siegessicher schauen wir nach, was sich denn in der Metalltruhe befindet, sie ist zu unserer Überraschung vollkommen leer.

Limmann will sich nicht mit der Fehlanzeige seines Hundes abfinden und hofft, einen doppelten Boden zu finden, aber die Metallbox ist und bleibt leer. Wir versuchen uns unsere Enttäuschung nicht anmerken zu lassen. Der Ranger ruft den Holzhandler zu sich und fragt ihn streng, was sich in der Kiste befunden habe. Der Afghane wirkt verunsichert. Ein Dolmetscher übersetzt ihn uns und sagt, dass in ihr immer nur Geld aufbewahrt werde, das der Inhaber aber für den Ankauf von Holz auf Geschäftsreise mitgenommen habe. Diese Antwort erscheint Festas plausibel genug. Wir wissen bereits, dass die nach unseren Maßstäben fast wertlosen afghanischen Geldscheine offenbar eine Chemikalie enthalten, die unsere Hunde mit einem vertrauten Geruch ihres Trainingsspielzeugs verwechseln. Frustriert fahren wir zurück ins Camp Warehouse. In der Nachbesprechung des Tages will der Ranger von uns wissen, wie es zu dieser eklatanten Fehlleistung kommen konnte. Die eindeutige Sprengstoffanzeige an der Geldkiste ist meinen Kameraden und mir ein Rätsel, denn wir sind uns der Fähigkeiten unserer Hunde absolut sicher.

Ein weiterer Fehlschlag, der sich einige Wochen später ereignet, bringt uns doch noch auf die richtige Fährte. Während einer Einsatzbesprechung erfahren wir, dass die ISAF-Führung plant, ihr Hauptquartier in dem Wohnhaus eines Warlords einzurichten. Das palastartige Anwesen wurde bei der Ankunft der NATO-Truppen vom Kriegsfürsten verlassen, weil er mit seiner Festnahme rechnen musste. Seit seiner Flucht steht das Gebäude leer und wurde der dringend nach Unterbringungsmöglichkeiten suchenden ISAF von den afghanischen Behörden angeboten. Der Gebäudekomplex liegt im Zentrum von Kabul, in einem gut bewachten Diplomatenviertel. In derselben Straße ist ein paar Häuser weiter auch die amerikanische Botschaft untergebracht. Ich werde an diesem Tag leider andernorts eingesetzt, aber Lancer erzählt mir bei unserer allabendlichen Partie Schach und einem Becher schwarzem Tee, wie die Abspüraktion verlaufen ist: Der gepflegte Garten und die Räume des luxuriös eingerichteten, doppelstöckigen Gebäudes wurden von deutschen und britischen Sprengstoffexperten mit Kampfmittelspürhunden nach Sprengfallen und Explosivstoffen durchsucht. In einem leeren Raum im oberen Stockwerk setzte sich einer der Spürhunde an einer Stelle vor die Zimmerwand. Der zweite Hund, der routinemäßig zur Kontrolle eingesetzt wird, platzierte sich an genau derselben Stelle und starrte erwartungsvoll auf die Wand, in der Hoffnung, dass sein geliebtes Spielzeug aus ihr hervorspringt. Die gründliche Untersuchung der britischen »engineers« mit technischen Prüfgeräten ergab aber, dass lediglich minimale Spuren einer zur Produktion von Sprengstoff verwendeten Chemikalie an diesem Teil der Wand nachzuweisen waren.

Diese Erkenntnis, in Zusammenhang gebracht mit der Feststellung, dass die Hunde bei Funden von Munition, die noch aus der Zeit der sowjetischen Invasion stammt, keinerlei Anzeigeverhalten an den Tag legen, hilft mir und meinen Kameraden, den Kern des Problems zu erkennen. Die Hunde sind von uns bei der Ausbildung immer nur an ganz geringe Mengen Sprengstoff gewöhnt worden und sie reagieren auch nur auf frischen Sprengstoff, da dieser eine andere Ausdünstung hat als alte Munition. Dadurch aber, dass die hiesigen Munitionsfunde über lange Zeit Temperatur- und Witterungseinflüssen ausgesetzt waren, hat sich ihre chemische Beschaffenheit und damit auch ihr Geruch verändert. Bei der Auswertung besprechen wir, wie wir unsere Hunde gezielter für diese Situation ausbilden können. Wir müssen dringend eine Möglichkeit finden, mit den Sprengstoffen in entsprechender Menge zu trainieren, die in einem IED, einer »unkonventionellen Spreng- und Brandvorrichtung«, auch tatsächlich zu erwarten sind, sonst ließen sich unsere Hunde nicht zuverlässig zum Schutz von Menschenleben einsetzen. Wir müssen die Hunde unbedingt an den Geruch der Blindgänger und Munitionsreste gewöhnen, die überall in Afghanistan offen und für Attentäter sehr leicht zugänglich herumliegen.

Innerhalb des Camp Warehouse lässt sich das nicht bewerkstelligen, da aus Sicherheitsgründen nur geringe Mengen an Munition und Sprengstoff im Lager zugelassen sind. Das eigentliche Munitionsdepot befindet sich einige Kilometer entfernt außerhalb des Lagers mitten in einer überschaubaren und gut zu verteidigenden Ebene. Da wir ohnehin täglich an dem Depot Streife laufen, überlegen wir zunächst, unsere Hunde dort an den Munitions- und Sprengstoffbehältern spüren zu lassen. Diesen Gedanken verwerfen wir aber schnell wieder, weil dort natürlich nur unsere fabrikneuen Explosivstoffe sind. Uns fällt ein, dass die Kampfmittelbeseitiger täglich große Mengen an Fundmunition wie Blindgängern, Minen und Raketen entschärfen und vernichten müssen. Wir wollen sie bei nächster Gelegenheit fragen, ob wir unsere Hunde an diesen entschärften Munitionsfunden ausbilden dürfen. Die Experten der Piониereinheit haben keine Einwände und vereinbaren mit unserem Gruppenführer, Oberfeldwebel Kunz, der selbst zuvor einer Pioniereinheit angehörte, eine erste Ortsbegehung.

# VERHÄNGNISVOLLE KAMPFMITTELBESEITIGUNG

Der Sprengplatz befindet sich in der gleichen versandeten Hochebene wie das Munitionsdepot, von dem aus es mit bloßem Auge allerdings kaum noch zu erkennen ist. Alle Kampfmittel und Explosivstoffe, die sicher hierhertransportiert werden können, werden in einer eigens dafür ausgebaggerten Sprenggrube zusammengetragen und unter strengen Sicherheitsvorkehrungen mit einer Initialsprengung vernichtet.

Kunz will, dass zur Beratung jeder verfügbare Mann der Kampfmittelspürhundgruppe mitkommt, an dem vereinbarten Tag ist allerdings kaum jemand abkömmlich. Ich laufe mit Idor innerhalb des Lagers Streife, während meine Kameraden mit ihren Hunden am Interconti-Hotel oder im Lager der NATO-Partner auf ihren zur Routine gewordenen Kontrollgängen unterwegs sind. Nach meinem Streifengang durch das Camp Warehouse bringe ich Idor in seinen Zwinger. Ich sehe gerade noch unseren Kleinbus mit den schwarz getönten Scheiben zur Ortsbegehung losfahren und laufe schnell hinterher. Lancer, der den T4 lenkt, sieht mich im Rückspiegel winken und geht vom Gas, während Milano mir die Seitentür öffnet. Mit einem großen Satz springe ich in das Fahrzeug hinein und lasse die Schiebetür hinter mir zufallen. Zumindest zwei Hundeführer begleiten nun Kunz bei der Erkundung.

Während der Fahrt erinnert mich Milano daran, dass wir bereits den 6. März haben und es nur noch 3 Tage dauert, bis wir unsere 30 Tage für die Einsatzmedaille vollhaben. Lancer amüsiert sich darüber, wie wichtig den meisten Soldaten die Medaillen sind. Weil ihn der eingeprägte Bundesadler auf der Frontseite an die Verpackung der Deutschen Markenbutter erinnert, nennt er sie »Butterorden« und sagt, dass sie ohnehin jeder Soldat bekommt, der seine 30 Tage im Einsatzland abreißt, egal ob faul oder fleißig. Ihm sind die »Einsatztouristen« ein Gräuel, die sich auf der Jagd nach solch einer Auszeichnung aus der Etappe für den Einsatz melden und hier Posten innehaben, die uns vollkommen sinnlos erscheinen. Er erzählt uns, dass ein Major vor meiner Ankunft in Afghanistan unseren Versorgungsunteroffizier mit der Dienstpistole bedroht habe, weil er von ihm keinen Diesel bekam. Damals seien die Dieselvorräte im Lager knapp gewesen. Daher war befohlen worden, dass nur für elementare Aufgaben wie Patrouillenfahrten und den Betrieb des Feldlazaretts Kraftstoff ausgegeben werden darf. Der Major hatte allerdings keinen Diesel mehr für seinen Generator, den er hauptsächlich für den Betrieb seiner Zeltheizung, wie er sagte, dringend benötige. Natürlich habe ihm unser Kamerad aus dem Materialtrupp keinen Tropfen überlassen. Das habe den kälteempfindlichen Major derart erzürnt, dass er seine Dienstpistole zog, bereit zum Schuss durchlud und auf unseren Kameraden anlegte. Die ganze Sache ging zum Glück glimpflich aus, daher wurde der Offizier trotz seines Lagerkollers nicht sofort aus dem Einsatz entlassen.

Milano und ich sind über diesen Vorfall empört, zumal wir unseren Versorger als sehr freundlichen und guten Kameraden schätzen. Wir sind uns darin einig, dass viel zu viele Soldaten dieses Schlages, die wir als »Stransky« schmähen, im Camp Warehouse sind. Stransky ist ein Charakter in einem Film über den Zweiten Weltkrieg, der uns als Synonym für unfähige Vorgesetzte dient. Solche Leute verlassen unser geschütztes Lager nur äußerst selten. Sie beteiligen sich auch nicht an der Lagerwache oder unseren Streifengängen, was zum Wohl aller Kameraden im Lager sicherlich besser ist. Meist handelt es sich um Verwaltungspersonal aus anderen Einheiten. Diese Soldaten aus der Etappe sind bei uns unbeliebt, da uns ihre Funktion im Einsatz nicht einleuchtet und sie den aufeinander eingespielten Infanteriegruppen bei einem Gefecht wahrscheinlich nur im Weg stehen.

Lancer erreicht das Munitionsdepot. Wir müssen hier warten, bis der Sprengmeister uns über Funk die Erlaubnis erteilt, in seinen Verantwortungsbereich zu treten. Mit uns warten noch Oberfeldwebel Mesner und der Stabsgefreite Neuring. Sie sind normalerweise im Stabsgebäude tätig. Mesner erklärt uns, dass er einen Versuch durchführen will, wie man die Fensterscheiben im Stabsgebäude, einem mehrstöckigen und wegen der Kälte »Kühlschrank« genannten Betonklotz, mit einfachen Mitteln gegen einen Anschlag absichern kann. Die Fenster des seit Beginn unseres Einsatzes instand gesetzten Gebäudes sind nur einfach verglast worden, daher könnten bereits bei einer Explosion an der nur wenige Meter entfernten Hauptstraße die Scheiben bersten. Ich habe so etwas bereits im Kosovo erlebt. Die Scherben würden durch die Druckwelle wie Sekundärprojektile in den Raum hineinfliegen und Menschen womöglich lebensgefährlich verletzen. Unser Kamerad erwähnt auch, dass das Lager erst kürzlich Ziel eines Anschlags geworden ist.

Ich hatte zuvor bereits von einem missglückten Angriff auf Camp Warehouse erfahren. Eine von fünf provisorisch auf das Lager gerichteten Raketen war über unsere Zelte hinweggeflogen und in der Wüstenlandschaft dahinter explodiert. Detonationen höre ich, seit ich in Afghanistan bin, mehrfach am Tag. Den Flug der Rakete über unsere Unterkünfte hinüber hat außer den Wachposten fast keiner bemerkt. Die Quick Reaction Force, eine schnelle Eingreiftruppe, überprüfte die Gegend, aus der die Rakete angeflogen kam, und entdeckte auf einer Anhöhe vier weitere Boden-Luft-Raketen vom Typ SA-3, eine Hinterlassenschaft der Sowjets. Die Flugkörper waren in einer Art Reihenschaltung miteinander verbunden und an eine Zündvorrichtung angeschlossen. Mit einem improvisierten Zeitzünder, wahrscheinlich einem einfachen Wecker, wurde die erste Rakete ausgelöst. Glücklicherweise wurde der Anschlag wohl nicht besonders gründlich vorbereitet, die Verbindung riss bereits bei der zweiten SA-3 ab. Eine Rakete hätte mit verheerender Wirkung mitten unter uns explodieren können. Unsere Zeltplanen hätten 60 Kilogramm Sprengstoff und einer Splitterwirkung aus Hunderten kleiner Stahlwürfel nichts entgegenzusetzen gehabt.

Dass unser Lager Ziel eines Anschlages wurde, bringt mich nicht sonderlich aus der Ruhe. Ich bin durch die Einsatzerfahrung aus dem Kosovo daran gewöhnt, mich ständig einer unbekannten Gefahr ausgesetzt zu sehen. Ich nehme das als Berufsrisiko hin. Würde ich mir Sorgen über das ohnehin Unvorhersehbare erlauben, käme ich nicht einmal während meiner kurzen Ruhephasen zum Schlafen.

Es dauert noch etwas, bis der Funkspruch kommt und wir uns in den Gefahrenbereich in Bewegung setzen. Der Kranwagen, den ich vom Munitionsdepot aus nur erahnt habe, ist das Erste, was mir bereits von Weitem auffällt. Dann, daneben, direkt an der Sprenggrube, eine der SA-3-Raketen. Solches Kriegsgerät habe ich zuletzt als Kind mit meinem Großvater während einer Militärparade von Weitem zu sehen bekommen. Jetzt, wo ich die Gelegenheit habe, dieses 6 Meter lange Ungetüm aus der Nähe zu betrachten, bin ich erstaunt, dass diese scheinbar simple Konstruktion sich überhaupt vom Boden abheben kann. Unsere Kameraden aus der Pioniereinheit begrüßen uns nur flüchtig, da sie bis zur Dämmerung, die in etwa zwei Stunden einsetzen wird, noch viel zu tun haben. Ab da sollte der Platz von allen Explosivstoffen geräumt und verlassen sein, weil er dann nicht mehr vor einem Überraschungsangriff sicher ist. Der heiklen Tätigkeit, Blindgänger und alte Munition zu entschärfen, sollte man ohnehin nicht bei pechschwarzer Nacht nachgehen.

Da außer Kunz keiner von uns diesen Sprengplatz zuvor betreten hat, verschaffen wir uns einen Überblick und überlegen, wie wir unsere Hunde hier ausbilden können, ohne den Kameraden von der

Kampfmittelbeseitigung in die Quere zu kommen. Wir können uns frei über den Platz bewegen, da alle über den Tag zusammengetragenen Kampfmittel bereits entschärft wurden. Dem sogenannten Dresscode auf dem Platz folgend, legen wir unsere Bristolwesten und Gefechtshelme ab. Die sandige Umgebung ist auf mehrere Kilometer im Umkreis mühelos zu überblicken. Die Landschaft ist bis zum Fuß der entfernten Gebirge nur von einigen Bodenunebenheiten geprägt. Tagsüber ließe sich jede Annäherung lange vorher erkennen. Mit Lancer gehe ich zum Kranfahrzeug und überlege, wie ich hier mit meinem Hund am geschicktesten üben könnte. Dabei fällt mein Blick auf etwas in der Sprenggrube, das wie ordentlich nebeneinander abgelegte graue Abwasserrohre aussieht. Ich habe keine Idee, um was es sich bei diesen Stangen mit einem Durchmesser von etwa 20 Zentimetern handelt, und frage neugierig bei Oberfeldwebel Faus nach. Er ist heute der Verantwortliche auf dem Platz und bereitet die Stangen – die Treibladung der SA-3-Raketen – zur Vernichtung vor. Lancers Angebot, ihm bei der Verlegung des Plastiksprengstoffs behilflich zu sein, nimmt er gerne an. Das von der Festigkeit an Marzipan erinnernde PETN, das wir bei der Bundeswehr gewöhnlich verwenden, ist so sicher in der Handhabung, dass man es gegen eine Wand schleudern oder anzünden könnte, ohne dass es explodiert. Lancer, der das natürlich weiß, zerteilt die Sprengstoffpäckchen, die etwa so groß sind wie ein halbes Pfund Butter, mit seinem Messer und fixiert die halbierten Portionen mit Klebeband auf den Treibladungen. Nachdem alles vorbereitet ist, geht Faus aus der Sprenggrube hinaus.

Ich bin derweil bei zwei weiteren Sprengstoffexperten aus dem EOD-Team. Sie entfernen den Sprengsatz aus dem eigentlichen Gefechtskopf der Rakete. Etwas verlegen frage ich scherzhaft nach, ob uns das Ding denn nicht mehr gefährlich werden kann. Die beiden Oberfeldwebel Ohlrich und Buchner lachen mich freundlich an und versichern mir, dass der Zünder, der den Sprengstoff auslösen sollte, bereits entfernt wurde. Per Hand befördern sie faustgroße Brocken des kanariengelben Sprengstoffs in einen leeren Karton, der zuvor

EPa-Notrationen enthielt. Ein Däne steht vor der Öffnung der in die Sprenggrube hineinragenden SA-3 und hält den Karton etwa in Brusthöhe direkt an die Rakete. Da ein Teil der gelben Krümel immer wieder durch einen Spalt hindurchrieselt, klebt Lancer ein Stück Gewebeband von unten auf den Karton. Freundlich bedankt sich der fast kindlich wirkende junge Kerl bei Lancer. Der wendet sich mir zu und sagt, dass der Sprengstoff erstaunlich hart sei und bereits kristallin wirkt. Ich teile seinen Eindruck, ohne überrascht darüber zu sein. Die Raketen lagen wahrscheinlich über Jahre in dieser Wüstenregion, Temperaturschwankungen und der Witterung ungeschützt ausgesetzt. Wenn der Sprengstoff dadurch seine Struktur verändert hat, wäre er genau der richtige für unser Hundetraining.

Gerade als ich mich bei den EOD-Leuten erkundigen will, ob wir unsere Spürhunde an diesem Sprengstoff trainieren dürften, versuchen Ohlrich und Buchner, eine hartnäckige Kruste des gelben Materials mit einem Hammer und einem flachen Schraubenzieher von der Metallwand der Rakete herunterzumeißeln. Lancer und ich blicken uns erschrocken an. Lancers entsetzter Gesichtsausdruck entspricht genau dem, was ich empfinde. Sofort folgen wir unserem Impuls und springen aus der Richtung weg, in die die Öffnung des Raketenkörpers zeigt! Wir sind noch nicht ganz aus der Sprenggrube entkommen, als ein leuchtend gelber Lichtblitz mich aus dieser Welt herausreißt. Eine Feuerwalze rast glühend heiß an mir vorbei, während mich zeitgleich etwas Großes, Schweres hart am Rücken trifft. Eine unsichtbare Kraft erfasst mich und schleudert mich durch ein Nichts, dann schlage ich dumpf auf den Erdboden auf. Den Explosionsknall nehme ich eigenartig gedämpft und wie aus weiter Ferne wahr. Mir geht durch den Kopf, dass das unmöglich der gesamte Sprengstoff mit der Treibladung in der Grube gewesen sein kann, der da detoniert ist. In dem Fall wäre alles, selbst der tonnenschwere Kranwagen, zerrissen und weggeblasen worden.

Blitzartig bin ich auf den Beinen und suche nach Lancer. Wir standen ja einen Wimpernschlag zuvor noch nebeneinander an der

Schräge der Grube. Ich erkenne schemenhaft eine Hand neben mir und will meinen Buddy hochreißen. Den abgetrennten Arm, den ich daraufhin ungläubig anstarre, werfe ich mit Schaudern zu Boden. Ich stürme vorwärts und sehe außerhalb der Grube einen Soldaten in zerrissener Tarnkleidung wie eine hingeworfene Stoffpuppe rücklings auf der Erde liegen. Das muss Lancer sein. Im Lauf packe ich ihn an seiner rechten Schulter und brülle ihn an: »Komm, weg hier!« Seine Gesichtszüge sind nicht zu erkennen, ich blicke in ein von schwarz-roten Punkten übersätes Antlitz. In dem Moment, da ich ihn berühre, reißt er die Augen mit einem Ausdruck auf, als wäre er sich eben bewusst geworden, dass die Gefahr noch nicht überstanden ist. Mit einem Satz ist er auf den Beinen und läuft neben mir los. Wir brauchen kein Wort zu wechseln, wir wissen, was zu tun ist. So schnell die Beine uns tragen, sprinten wir Deckung suchend aus dem Gefahrenzentrum.

Mein Blickwinkel fokussiert sich zu einem kleinen Kreis, in dem ich alles in farblos grauen Schattierungen wahrnehme. Mein Buddy verschwindet rechts von mir aus dem Bild. Neben einem Fahrzeug, das ich unterbewusst noch als einen Wolf erkenne, versagen mir die Beine. Mein Zeitgefühl ist außer Kraft gesetzt, ich meine aus einer kurzen Besinnungslosigkeit aufzuwachen. Das Geschehen um mich herum, die Unruhe und die aufgeregt einander zugerufenen Worte nehme ich wie in einem Traum als unwirklich wahr. Unfähig, mich zu bewegen, liege ich auf dem Boden. Ich frage mich, wie lange es wohl dauern kann, bis man mich hier findet, und ob man überhaupt nach mir sucht. Warum liege ich hier auf meinem Rücken und kann mich nicht bewegen? Ich müsste doch zumindest meine Hände spüren. Die Angst, übersehen und liegen gelassen zu werden, erdrückt mich beinahe. Lancer muss noch irgendwo in der Nähe sein, ich habe ihn ja einen Moment lang gesehen, bevor er aus meinem engen Blickfeld geriet. Mein Buddy wird mich bestimmt nicht im Stich lassen, sicher sucht er bereits nach mir.

Dieser Gedanke beruhigt mich. Langsam erlange ich wieder Kontrolle über meine Arme und Hände. Ich betrachte sie geistesabwesend, als gehörten sie nicht zu mir. Die Ärmel meines Feldhemdes sind verschwunden. Da, wo sie abgerissen wurden, sind die ausgefransten Ränder des schwer entflammbaren Stoffes etwas verschmort. Die Hände und Arme sind mit einer dunklen, blutigschmierigen Schicht bedeckt. Eine Wunde, mit der ich mir das erklären könnte, kann ich nicht ertasten. Überhaupt ist mir das Gefühl für meinen Körper abhandengekommen. Meine Beine reagieren nicht auf meinen Willen. Selbst wenn ich mit der Faust auf meine Oberschenkel schlage, fühle ich nichts. Es ist, als sähe ich jemand anderem dabei zu. Mir fällt auf, dass mir auch irgendetwas in den Mund geraten ist. Was da zwischen meinen Zähnen knirscht, hat den typischen metallischen Geschmack von Blut. Der heftige Schlag in den Rücken wird mir wieder bewusst. Möglicherweise ist meine Wirbelsäule verletzt worden. Wenn mein Rückenmark dabei beschädigt wurde, habe ich eingenässt. Ich wische mir das Blut von der linken Hand und fasse mir in den Schritt. Der Stoff fühlt sich eigenartig an, aber nicht nass. Die Hand, die ich danach betrachte, ist wieder blutverschmiert mit dem körnig-rauen Film bedeckt, wie ich ihn zuvor abgewischt habe. Sie riecht nicht nach Urin. Warum kann ich meine Beine dann trotzdem nicht bewegen?

Milano taucht plötzlich in meinem Gesichtsfeld auf. Jemand hat mich gefunden. Möglicherweise bleibe ich gelähmt, aber ich werde leben. Ich kann seine Hektik nicht nachempfinden. Seine erregten Worte klingen fremd und dumpf. Sie gelangen nicht aus der Richtung seiner Lippen an mein Ohr. »Mula, du verblutest! Du verblutest ja!«, immer wieder. Verzweifelt kniet Milano neben mir und tastet mich überall ab. Anscheinend findet er eine Kopfverletzung. Ich registriere das alles nur, völlig unfähig zu einer Reaktion. Hektisch will Milano ein Verbandpäckchen aufschneiden. Die scharfe Klinge seines Messers schnellt hervor. Wie in Zeitlupe sehe ich die Messerspitze knapp an meinen Augen vorbeisausen. Für einen kurzen Moment bin ich wieder hellwach. Das kann nicht mein Blut sein, denke ich, dann müsste ich irgendetwas fühlen, aber ich habe keine Schmerzen. Mir wird schlagartig klar, dass es das Blut der anderen sein muss. Das Blut der Soldaten, die direkt an der Rakete standen. Ich packe Milanos Arm mit eisernem Griff am Handgelenk und schreie: »Hör auf, hör auf, hör auf, hör auf! Das ist nicht mein Blut! Das ist nicht mein Blut!« Milano sieht mich verständnislos an. Er ruft jemanden heran und verschwindet aus meinem Sichtfeld. Nun erscheint darin das Gesicht eines Mannes, der deutlich älter aussieht. Er scheint ein Däne zu sein, aber seine Worte dringen auf Englisch zu mir durch: »You want Morphium?« Wenn er mich das fragt, dann wird er es wohl für nötig halten, denke ich. »Yes«, gebe ich ihm zur Antwort. Ich spüre nichts von der Autoinjektionsspritze, die er mir durch den Hosenstoff ins Bein rammt, aber die Wirkung tritt rasch ein. Eine wohlige Wärme hüllt mich ein und gelassene Ruhe tritt an die Stelle von Sorge. Verwundert bemerke ich, dass ich mich nicht mehr wie zuvor neben dem Fahrzeug befinde. Ich muss für einen Moment eingenickt sein. Ein Soldat in deutscher Flecktarnuniform beugt sich zu mir hinab und sagt mit beunruhigter Stimme zu mir: »Alles wird gut, alles wird gut, gucken Sie einfach nach oben. Nur nach oben in den Himmel. Alles wird gut, nur nicht woanders hinschauen!« Dann ist er wieder weg.

Ich blicke geradeaus in den Himmel. Er ist perfekt blau. Völlig wolkenlos und perfekt blau. Man hat mich gefunden, ich werde versorgt, mir kann nichts mehr passieren, denke ich. Selbst wenn ich gelähmt bleiben sollte – ich werde überleben. Ich habe keinerlei Vorstellung davon, wie lange ich bereits in den Himmel blicke. Es scheint nichts weiter zu geschehen, trotzdem bemerke ich die Hektik, die mich irgendwie umgibt. Sie beunruhigt mich und ich wende meinen Blick nach rechts. Ein Mann liegt neben mir. Unsere Blicke treffen sich. Seine Augen sind klar und halten meinen Blick fest. Etwas ragt aus seinem Mund heraus. Es wird ein Tubus sein. Zwei Männer knien zu seiner rechten Seite und sind mit schnellen Handgriffen am

Werk. Mir wird bewusst, dass ich mich an einer im Wüstensand eingerichteten Verwundetensammelstelle befinde. Mein Blick wandert am Körper des Nebenmannes herab. Da, wo die Hüfte beginnen sollte, endet er. Stattdessen sind links von seinem Bauch als eine undefinierbare Masse seine Gedärme hervorgequollen. Ich will nicht hinsehen, aber es dauert unendlich lange, bis ich wieder geradeaus in den Himmel starren kann. Ich will das nicht sehen, ich will nicht hinsehen müssen. Trotzdem wende ich meinen Kopf erneut in seine Richtung. Sein Blick ist flehend. Die vom Tubus verzerrten Worte sind kaum zu verstehen. »Mama, Mama«, höre ich unentwegt. Ich blicke dem Mann in die Augen. Um sie herum ist sein Gesicht schwarz und bis zur Unkenntlichkeit verkohlt. Es gelingt mir nicht, das alles zuzuordnen, und bin wie in Trance einfach nur verwundert von dem, was um mich herum geschieht. Trotzdem wende ich meinen Blick von dem Mann ab, als man ihm mehrere Spritzen gibt. Irgendetwas in mir sagt, dass ich den Mann jetzt nicht sterben sehen will.

Auf einmal kümmert man sich wieder um mich. Der Deutsche ist wieder da. Erneut sagt er zu mir: »Alles wird gut!« Ganz vorsichtig heben mehrere Leute mich gleichzeitig an. Ich höre aus ihren Gesprächen heraus, dass sie bei mir eine Wirbelsäulenverletzung vermuten. Abwesend registriere ich, dass eine Vakuummatratze unter meinen Körper geschoben wird und man mich abtransportiert. Die zur Fixation konzipierte Matratze schließt meine untere Körperhälfte fest ein und gibt mir das Gefühl, gut geschützt zu sein. Ich dämmere weg und werde erst durch heftiges Gerüttel und ein Holpern geweckt. Anhand der Ausstattung erkenne ich, dass ich mich in einem Sanitätskraftwagen befinde. Die resolute Stimme eines älteren Mannes mit hagerem Gesicht ertönt neben mir: »Not so fast! I said not so fast!« Sein Arm ist in Richtung des Fahrers ausgestreckt, der Zeigefinger drohend auf den Mann gerichtet, der mit viel zu hoher Geschwindigkeit durch die Schlaglöcher donnert. Sofort wird das Tempo gedrosselt. Ich bin dem Mann dankbar, dass er auf mich achtgibt. Erleichtert falle ich in meinen Dämmerzustand zurück.

In einem Sanitätszelt schlage ich das nächste Mal die Augen auf. Medizinisches Gerät liegt neben mir in einer Nierenschale. Sechs Soldaten in fremder Uniform stehen um meine Krankenliege und unterhalten sich anscheinend auf Französisch. Einer greift sich eine Schere aus der Schale und will sich daranmachen, meine ledernen Hosenträger, die ich zum Andenken aus einem serbischen Schützengraben mitgebracht habe, durchzuschneiden. Schwach sage ich ihm: »No, it's a souvenir from Kosovo.« Der Mann schaut mich verdutzt an, dann scheint er zu begreifen und hilft mir, die Hosenträger über meine Schultern abzustreifen. Sein Blick fällt dabei auf mein olivgrünes T-Shirt, auf das die siebenflammige Granate, das Symbol der Fremdenlegion, gedruckt ist. Auch seine Kameraden bemerken es und nicken mir freundlich lachend zu. Statt mein eingerissenes T-Shirt wie üblich einfach aufzuschneiden, zeigen sie Verständnis dafür, dass ich es behalten möchte. Sie helfen mir dabei, es auszuziehen, und untersuchen mich anschließend.

Während sie meine Beine abtasten und bewegen, kehrt zu meiner großen Erleichterung das Gefühl langsam bis in die Fußspitzen zurück. Die Soldaten, von denen ich annehme, dass sie Sanitäter und Ärzte sind, scheinen mit dem Ergebnis ihrer Untersuchung zufrieden zu sein. Von zwei Leuten werde ich in ein komplett unbelegtes Sanitätszelt geschoben und ohne weitere Information mir selbst überlassen. Ich liege direkt am Zelteingang und blicke auf die vielen leeren Liegen neben mir, als ein junger französischer Soldat mir ein Satellitentelefon bringt und mir auf Englisch mitteilt, dass ich meine Familie anrufen darf. Ich wundere mich selber darüber, dass es mir gelungen ist, die richtige Telefonnummer zu wählen, als mein Vater das Gespräch annimmt. Er ist überrascht, meine Stimme zu hören. Schnell sage ich ihm, dass ich bei einer Raketenexplosion verwundet wurde, es mir aber den Umständen entsprechend gut geht. Merklich irritiert sagt mein Vater, dass er gerade einen Bericht über eine Raketenexplosion im Fernsehen verfolgt. Es gebe etliche Schwerverletzte, berichtet man in einer Sondersendung. Er scheint nicht verstanden zu haben, dass ich zu diesen Verletzten gehöre. Noch einmal mache ich deutlich, dass ich gut versorgt werde, dann beende ich das Gespräch. Dankend reiche ich das Telefon an den wartenden Soldaten zurück, der daraufhin sofort wieder geht.

Ich bin allein in einer Krankenstation, in der die Liegen wie im Obduktionssaal aufgereiht sind. Ich bin viel zu benommen und weiß auch noch nicht genug über den Hergang der Explosion, um erkennen zu können, dass ich unglaubliches Glück hatte. Ich bin am Leben und liege nicht aufgebahrt mit meiner durchgebrochenen Erkennungsmarke am Zeh hier, bereit für die Autopsie. Meine Eltern müssen keinen Leichnam in einem Zinksarg entgegennehmen. Sie werden nicht aus dem Schlaf gerissen und von einem Soldaten der Familienbetreuungsstelle oder einem Militärgeistlichen über meinen Tod unterrichtet. Stattdessen klingelt Karsten bei ihnen, Wehrpflichtiger und Geschäftszimmersoldat der 1. Kompanie 313. Er hat den Auftrag übernommen, meine Eltern in Buxtehude aufzusuchen und ihnen Genaueres über meinen Zustand und das Unglück zu berichten. Meine Mutter hat trotz ihrer Aufregung Mitleid mit dem jungen Burschen, der in unserer Küche sitzt und ihr kaum etwas über mich sagen kann. Sie macht ihm einen Kaffee und ist erleichtert zu hören, dass ich schnellstmöglich aus Afghanistan ausgeflogen werde.

Auf der Suche nach einem Dixiklo irre ich auf wackeligen Beinen durch die labyrinthisch miteinander verbundenen Zelte der Krankenstation. Schummeriges Neonlicht erleichtert mir die Orientierung. Ein Zelt weiter liegt jemand ebenso einsam wie ich auf einer Krankenpritsche. Ich beuge mich über sein Bett, um dem wie eine Mumie bandagierten Menschen ins Gesicht zu schauen, aber auch das ist bis auf Aussparungen für Augen, Mund und Nase komplett eingewickelt. Nachdem ich ein Dixi gefunden habe, kehre ich auf meine Liege zurück, danach bin ich erst einmal allein mit meinen Gedanken. Irgendwann kommt Hauptfeldwebel Festas zu mir. Etliche Offiziere, deren Gesichter ich nicht zuordnen kann, begleiten ihn. Mein Blick heftet sich an den Ranger. Seine Erleichterung darüber, mich lebend wiederzusehen, ist ihm deutlich anzusehen. Er kniet in meiner Augenhöhe neben der Liege und fragt mich, ob er etwas für mich tun kann. Ich möchte etwas über meine Kameraden erfahren und frage ihn speziell nach Lancer, den ich so plötzlich aus den Augen verloren hatte. Zu meiner großen Erleichterung sagt er mir, dass alle aus dem Hundezug am Leben sind. Schnell schiebt er hinterher, dass Lancer im deutschen Lazarett liegt und wieder wohlauf ist. Wir seien auf mehrere Sanitätsstationen verteilt worden, da man im Camp Warehouse nicht auf so viele Rettungsfälle eingestellt war. Ich sei hier im Lager der Franzosen am KIA. Festas bemüht sich um ein Lächeln, als er mir berichtet, dass mein Buddy bereits Späße macht und über seinen niedrigen Ruhepuls gescherzt hat. Mein Zugführer klärt mich darüber auf, dass die Mumie in dem Zelt nebenan Kunz sei. Er sei narkotisiert und schlafe. Morgen früh, teilt er mir noch mit, werde ich mit den anderen Verletzten ausgeflogen und komme ins Bundeswehrkrankenhaus Koblenz. Idor müsse vorerst in Afghanistan bleiben und werde von dem nächsten Hundeführer, der nach Deutschland ausfliegt, mitgebracht. Als der Ranger mich mit dem Offizierstross im Schlepptau verlässt, fühle ich mich noch einsamer als zuvor. Halb im Dämmerzustand starre ich einfach vor mich hin. Irgendwann falle ich in einen leichten unruhigen Schlaf.

Am nächsten Morgen bringt mir eine französische Sanitäterin ein frisches weißes T-Shirt, auf das zu meiner Verwunderung das Emblem einer englischen Einheit gedruckt ist. Sie sagt mir, dass es nicht mehr lange dauern wird, bis mich eine Transall abholt. Ich bin bereits am Rollfeld des Kabul International Airport und warte rauchend auf die anderen Verwundeten, unter denen sich auch mein Buddy befindet. Als er ankommt und mich sieht, lächelt er. Er ist erleichtert, mich noch in einem Stück zu sehen, ebenso geht es mir bei ihm. Wir entfernen uns ein paar Schritte, damit wir ungestört miteinander reden können. Ich biete Lancer eine Zigarette an. Mit gedämpfter Stimme frage ich ihn, ob er weiß, dass es gestern auch etliche Tote gab. Ich meine es nur zu flüstern, doch er versteht mich trotz der zerrissenen Trommelfelle. Er blickt mir fest in die Augen. Wir stehen uns direkt gegenüber, sein Blick ist intensiv und durchdringend. Ebenso durchdringend sind seine Worte: »Vergiss sie. Wir leben! Nur das ist jetzt wichtig.« Ich bin irritiert und weiß nicht, was ich jetzt noch sagen kann.

Es wird Jahre dauern, bis ich verstehe, warum er so mitleidlos reagiert. Bis ich seine Wut auf Ohlrich und Buchner verstehe, die mit ihrem Leichtsinn das Leben ungezählter Menschen aus den Fugen gebracht haben. Es sind nicht nur die fünf Toten und außer Lancer und mir sechs weitere Verletzte, bei denen nun eine neue Zeit beginnt und das Leben aus einer komplett anderen Sicht erscheint, es sind auch die Familien, Freunde, Kinder, die nicht mehr den Menschen in den Arm nehmen werden, den sie zuvor verabschiedet haben. Die beiden EOD haben ihren Fehler mit dem Leben bezahlt. Damit ist es für sie vorbei. Es ist aber nicht vorbei für die, die um sie trauern werden, nicht für die Kinder, die ihren Vater nie wieder zu Gesicht bekommen werden, nicht vorbei für all jene, die auf dem Sprengplatz um unser Leben gekämpft haben und einige nicht retten konnten. Für sie alle fängt das Leid gerade erst an.

Schweigend und rauchend gehen wir über das Rollfeld zurück zu den anderen Soldaten, die ungeduldig auf die Ankunft der Transall warten. Der Flug nach Usbekistan ist rüttelig. In Termez werde ich mit den anderen sieben Verwundeten in einen MedEvac mit Intensivstation transportiert. Bei dreien besteht noch akute Lebensgefahr. Aufgrund schwerer Verbrennungen sind insgesamt vier Kameraden, die von Kopf bis Fuß bandagiert sind, in ein künstliches Koma versetzt worden. Der Airbus bringt uns nach Köln-Wahn. Dort dauert es ein wenig, bis wir aussteigen können, da Verteidigungsminister Scharping uns vor der Presse in Empfang nehmen möchte. An der Gangway schüttelt er mir die Hand und verspricht, dass mir »schnell und unbürokratisch geholfen werden wird«. Nachdem er das Gleiche meinem Buddy in die Hand verspricht und einen kurzen Blick auf die im Koma liegenden Männer wirft, steigt er schnell wieder in seinen Dienstwagen und fährt davon. Es ist kalt in Deutschland. Ich habe nur das, was ich am Leib trage, meine gesamte Ausrüstung und auch mein persönlicher Kram ist in Afghanistan geblieben. Ein Sanitäter legt mir eine graue Bundeswehrdecke über die Schultern, damit ich mich im T-Shirt nicht noch erkälte. Die Presseleute, die sich an der etwa 200 Meter entfernten Absperrung drängen, dokumentieren mithilfe riesiger Teleobjektive unseren Umstieg in den Rettungshubschrauber. In den Nachrichten wird es so aussehen, als stünden sie direkt neben uns.

# VERSEHRT DAHEIM

Im Bundeswehrkrankenhaus werden wir sehr freundlich aufgenommen. Es kommen alle möglichen Leute, die ich gar nicht richtig zuzuordnen weiß, und bieten mir ein Gespräch an. Militär- und Zivilgeistliche, Sozialdienstmitarbeiter und der Spieß des Bundeswehrkrankenhauses geben sich die Klinke in die Hand und überschlagen sich vor Hilfsbereitschaft. Ich weiß allerdings nicht, was ich mit ihnen reden sollte. Die OP meiner Trommelfelle vier Tage später verläuft ohne Komplikationen. Da allen durch die enorme Druckwelle bei der Explosion die Trommelfelle buchstäblich zerfetzt wurden, will man durch eine Tympanoplastik unser Hörvermögen, das momentan nur über die Knochenleitung des Schädels möglich ist, wiederherstellen. Eine hauchdünne Knorpelschicht wird aus der Ohrmuschel abgehobelt und an der Stelle, an der nur noch ein paar zackelige Fetzen an die Trommelfelle erinnern, implantiert.

Wenige Tage nach der Operation bekommen wir Besuch. Ein Mitarbeiter des MAD befragt mich nach dem, was sich vor der Explosion auf dem Sprengplatz zugetragen hat. Ich mache meine Aussage und er erinnert mich unnötigerweise an meine Verschwiegenheitspflicht gegenüber Dritten. Er sagt mir, dass ich auf keinen Fall mit den Reportern reden dürfe, die vor dem Krankenhaus auf uns lauern. Einer habe sich sogar als Soldat verkleidet und versucht, so an uns heranzukommen. Per Unterschrift verpflichte ich mich, mit niemandem über den Vorfall in Afghanistan zu reden. Ich bin noch so benommen und durcheinander, dass ich wahrscheinlich alles unterschrieben hätte. Später, als es vor Gericht um die Aufklärung dieses Vorfalls ging, hat man uns von dieser Schweigepflicht entbunden. Damals hieß es, man wolle uns vor der Presse schützen. Dass das nicht uneigennützig geschah, war mir klar, aber ich hielt es für meine Pflicht, den Anweisungen Folge zu leisten.

Am Tag der Trauerfeier für die bei der Explosion getöteten Soldaten stattet uns unser Einsatzkommandeur, General von Butler, der die Toten bei der Überführung begleitet, einen Krankenbesuch ab. Er gibt mir die Antworten, die ich brauche, um verstehen zu können, was genau geschehen ist. Er erklärt mir auch, dass es sich bei der Explosion genau genommen um eine Deflagration gehandelt hat, einen explosionsartigen Verbrennungsvorgang des Sprengstoffs im Gefechtskopf der Rakete, was auch erklärt, weshalb ich noch am Leben bin. Dass durch ihn nicht auch noch die gesamte Treibladung in der Grube und das PETN ausgelöst wurden, grenzt an ein Wunder. Überhaupt wird mir nach und nach klar, was für ein unglaubliches Glück ich hatte. Alle, die dichter als ich an der Rakete standen, sind getötet worden, und alle anderen Verwundeten standen viel weiter vom Zentrum der Explosion entfernt.

Die nächsten Wochen verbringe ich, abgeschirmt von der Presse, im Bundeswehrkrankenhaus. Währenddessen vertreibe ich mir die Zeit mit Lancer in der Cafeteria oder in der Raucherecke. Unsere Infusionsständer nehmen wir kurzerhand mit. Für die Leute im Aufenthaltsraum scheinen wir ein ungewöhnlicher Anblick zu sein. Oft ertappen wir sie dabei, wie sie uns irritiert anstarren. Ich nehme an, dass unsere Flügelhemden und dicken Wattepolster auf den Ohren ihre Aufmerksamkeit auf uns ziehen. Darauf, dass wir mit unseren Unterhaltungen den ganzen Raum beschallen, komme ich gar nicht. Da wir immer noch über die Knochenleitung hören, sprechen wir, ohne es selbst zu bemerken, doppelt so laut wie gewöhnlich. Die Wochen ziehen sich – zurück in der Heimat, dennoch fern von zu Hause – wie Kaugummi in die Länge. Ich bin mit Lancer, Kunz und Neuring, der aus der Intensivstation entlassen werden konnte, in einem Zimmer untergebracht. Als hätten wir uns dazu verabredet, versuchen wir uns gegenseitig mit Späßen aufzumuntern und lassen das Thema Sprengplatz komplett außen vor. Unser Kamerad Mesner kämpft derweil noch um sein Leben. Seine Familie und seine Freundin weichen ihm keinen Augenblick von der Seite. Es gelingt den Ärzten, ein Wunder zu vollbringen und ihn trotz seiner schweren Brandverletzungen und etlicher Schrapnelle im Körper am Leben zu erhalten. Sogar sein rechtes Auge, das nur noch mit dem Sehnerv an ihm hing, können sie retten. Ich glaube aber, dass er letztlich nur durch den Rückhalt der Familie den Willen zu überleben aufbringt. Kunz hat mit seiner Freundin weniger Glück. Sie sagt ihm noch im Krankenhaus, dass sie es nicht länger erträgt, mit einem Soldaten liiert zu sein, und gibt ihm den Laufpass. Da ich bereits mit meiner Familie telefoniert habe und weiß, dass es allen gut geht, kreisen meine Gedanken abends vor dem Einschlafen stets um Idor und ich frage mich, wie es ihm wohl ohne mich ergeht. Die Nächte in Kabul waren kalt, daher hatte ich stets dafür gesorgt, dass er seine Decke in die Hundebox bekam. Hoffentlich kümmert man sich auch jetzt gut um ihn.

Oft werde ich nachts von dem Feuerball, der mich umhüllt, wach. Dann wieder einzuschlafen gelingt mir nicht, ich bin zu aufgeregt. Auch Kunz wälzt sich im Schlaf und scheint zu fantasieren. Wenn ich ihm jedoch am nächsten Morgen davon berichte, kann er sich nicht erinnern. Nach langem Warten wird uns unser heiß ersehntes Gepäck, das wir in Afghanistan zurücklassen mussten, ins Krankenhaus gebracht. Lancer und ich helfen einem Sani, unsere schweren Transportkisten, Seesäcke und Rucksäcke in einer Abstellkammer auf der Station zu verstauen. Ich frage den Sanitäter, ob ich schnell mal in meine Transportbox schauen könne. Die Neugierde, ob alle meine Briefe und privaten Aufzeichnungen mit eingepackt wurden, ist so groß, dass ich seine Antwort nicht abwarte. Ich öffne die Box. Mit einem lauten Surren kommt mir ein riesiges, hornissenartiges Insekt entgegen und fliegt Richtung Flur hinaus. Verdutzt schauen Lancer und ich einander an, dann laufen wir hinterher, um das sonderbare Exemplar einzufangen. Wir sehen noch, wie dieses afghanische Rieseninsekt durch das Fenster nach draußen fliegt und verschwindet, als der Sanitäter uns fragt, was das denn wohl gewesen sein möge. Lancer und ich wissen es nicht, doch wir erklären dem jungen Soldaten, dass er ja nichts sagen dürfte, wenn jetzt in Deutschland eine tödliche Seuche ausbräche, weil er dann definitiv eine Mitschuld daran hätte. Wir werfen uns bei den Albernheiten oft den Ball zu, um ja keine Trübsal und keine schlechte Stimmung aufkommen zu lassen. Es fällt uns nicht schwer, denn die Freude darüber, dem Tod entronnen zu sein, beschwingt uns geradezu.

Als ich von Festas erfahre, dass Idor von einem Kameraden, der Heimaturlaub bekommt, nach Deutschland mitgebracht wird, lasse ich mich auf eigenen Wunsch nach mehr als sechs Wochen aus der Klinik entlassen. Idor soll von niemand anderem als mir in Empfang genommen und während der Quarantäne betreut werden. Ich bin ohnehin bereits eifersüchtig, wenn Major Kusse, der ihn in Afghanistan betreut, mir am Telefon erzählt, wie gut sich Idor mit ihm verträgt. Zu meiner riesigen Freude begrüßt mich mein geliebter Hund bei unserem Wiedersehen mit einer so ausgelassenen Freude, dass alle Gedanken daran, ob er mich überhaupt vermisst hat, verfliegen.

Von der Mutter meiner Tochter Patricia wäre ich gern genauso herzlich begrüßt worden, aber alles, was ich zu Hause vorfinde, ist eine ausgeräumte Wohnung. Es gab bereits vor meiner Abreise nach Afghanistan Diskussionen mit ihr über den Einsatz. Für mich stand aber immer außer Frage, dass ich an den Missionen teilnehme. Ich bin aus Berufung Soldat geworden. Die Bundeswehr ist für mich mehr als ein Arbeitsplatz im öffentlichen Dienst. Ich habe mich bewusst schriftlich verpflichtet, auch an Auslandseinsätzen teilzunehmen. Dafür bin ich nun einmal Fallschirmjäger. Leider hat meine Partnerin kein Verständnis dafür. Möglicherweise war die Nachricht, dass ich durch eine Explosion beinahe getötet worden wäre, einfach zu viel für sie. Fortan jedenfalls sehe ich meine kleine Tochter nur noch alle 14 Tage, vorausgesetzt, ich bin nicht gerade auf einem Lehrgang oder im Einsatz.

In den folgenden Wochen muss ich immer wieder zur Nachuntersuchung ins Bundeswehrkrankenhaus nach Koblenz. Man stellt fest, dass ich trotz der neuen Trommelfelle eine Hörminderung habe. Ich berichte den Ärzten, dass ich Schwierigkeiten habe, einem Gespräch zu folgen, wenn es noch andere Geräusche im Hintergrund gibt, da sich das dann zu einem einzigen Stimmengewirr vermengt. Auch, dass ich viele gewohnte Klänge, zum Beispiel die Stimmen meiner Familienangehörigen, nicht mehr wiedererkennen kann. Mir wird gesagt, dass das nun einmal so sei und ich mich mit der Zeit daran gewöhnen würde. Ebenso an den Tinnitus, einen ständig anhaltenden, alles überlagernden Pfeifton. Mehr als die Infusionstherapie und die blutverdünnenden Medikamente, die ich erhalten habe, lasse sich dagegen nicht tun.

Es sind allerdings noch andere Veränderungen im Gang, von denen ich den Ärzten nichts sage, da ich sie selbst noch nicht einordnen kann. Meine gesamte Wahrnehmung scheint sich verschoben zu haben. Das Wissen, dem Tod um Haaresbreite entronnen zu sein, berauscht mich. Meine Freizeit verbringe ich auf Feiern, im Bodybuildingstudio oder mit meinem Motorrad auf einem Enduroparcours. Ich fühle mich unverwundbar und will das Leben in vollen Zügen inhalieren, bevor es vorbei ist. Dem euphorisierenden Gefühl, überlebt zu haben, gebe ich mich ungezügelt hin. Auf einem Quarterdollar aus New Hampshire finde ich mein Lebensmotto: »Live free or die.« Das bringt mein Lebensgefühl so sehr auf den Punkt, dass ich mir diesen Leitspruch groß über meinen Rücken tätowieren lasse. Ich möchte, dass andere sofort sehen, was mich antreibt.

Der Anblick des sterbenden Mannes, der sich auf dem Trümmerfeld mit seinem Blick an mir festklammerte – er begegnet mir fast jede Nacht und erinnert mich daran, wie schlagartig auch ich jederzeit aus meinem Leben gerissen werden kann. Die längst vergessen geglaubten Erlebnisse aus dem Kosovo kommen hinzu und vermischen sich in meinen Träumen miteinander. Die sterbende alte Frau auf dem Dachboden, ich kann mir bis heute nicht verzeihen, vor Schreck nicht gehandelt zu haben. Ich bäte ihre Familie, der ich sicherlich Kummer und Schrecken bereitet habe, gern um Verzeihung. Auch das tote Mädchen, dessen verwesten Körper ich auf der dreckigen Matratze liegen sah, taucht in meinen Träumen auf. Das Gefühl der Ohnmacht gegenüber all dem Leid, das mich über die letzten Jahre hinweg verfolgt, erdrückt mich und schürt eine unbändige Wut in mir. Ich will frei sein, frei von all dem leben können!

Mein Zugführer ist mir in dieser Zeit eine große Hilfe. Er versichert Kunz, Lancer und mir, dass wir uns immer an ihn wenden können, wenn wir reden wollen. Das nehme ich eher an als die Angebote des Standortpfarrers oder eines Sozialarbeiters. Auch von Psychologen halte ich nicht viel. Es ist für »harte Kerls« von der Truppe irgendwie nicht schicklich, zu einem »Psycho« zu laufen. Stattdessen trinkt man lieber gemeinsam mit den Kameraden eine Flasche Whiskey, um die Welt für gewisse Zeit wieder in Ordnung zu bringen. Meine Hemmschwelle, einen Psychologen aufzusuchen, liegt zu diesem Zeitpunkt noch sehr hoch. Auch wenn es sich um einen Militärpsychologen handelt – ich glaube nicht, dass es jemanden gibt, der nachvollziehen kann, was ich erlebt und gesehen habe. Es wird nicht allzu viele Bundeswehrpsychologen geben, die bereits im Einsatz waren, und selbst diese werden wohl in den seltensten Fällen über traumatisierende Kriegserlebnisse aus eigener Erfahrung verfügen.

Ich will mich nicht irgendeinem Seelenklempner anvertrauen. Das theoretische Wissen ersetzt nicht die Erfahrung. Entsprechend widerwillig nehme ich einen Termin bei Oberfeldarzt Pellnitz wahr, dem Leiter der FU6, einer Abteilung für psychologische Psychotherapie, der mir von meiner Truppenärztin aufgedrückt wurde. Genau genommen allen, die aus meiner Einheit bei dem Unglück dabei waren. Aus Sorge, ausgelacht zu werden, erzähle ich niemandem im Hundezug davon, dass ich im Bundeswehrkrankenhaus bei einem

Psychiater vorstellig werden soll. Ich will die Sache möglichst schnell hinter mich bringen. Umso überraschter bin ich, als ich in dem Dienstzimmer des Oberfeldarztes nicht auf einen Weißkittel treffe, sondern auf einen etwas kauzigen Soldaten im Feldanzug, der kurz vor der Pensionierung zu stehen scheint und sich durch nichts mehr aus der Ruhe bringen lässt. Er bietet mir einen Kaffee an, fragt, ob ich mich gestört fühle, wenn er bei unserem Gespräch raucht, und hört sich dann erst einmal mit aller Geduld an, worin meiner Ansicht nach die Probleme liegen, die mich belasten. Es gelingt ihm ganz nebenbei, mir das Gefühl zu geben, dass ich ihm vertrauen kann. Er erzählt mir im Lauf des Gesprächs, dass er während seines Einsatzes in Kambodscha mit ähnlichen Situationen konfrontiert wurde, und sagt mir, dass ich nach dem, was ich ihm über meine Wesensveränderungen seit der Raketenexplosion berichte, alle Anzeichen einer posttraumatischen Belastungsstörung (PTBS) habe. Dass dies eine anerkannte Erkrankung ist, wird mir erst bewusst, als er mir noch sagt, dass er das in seinen Bericht für die Wehrbereichsverwaltung aufnehmen wird.

Trotzdem weiß ich nach dieser Diagnose erst einmal nichts mit dem Begriff anzufangen. Belastungsstörung hört sich nicht besonders alarmierend an, es klingt etwa so wie »Ermüdungsbruch«. Mich wundert überhaupt nicht, dass ich nach dem, was ich erlebt habe, schlecht schlafe. In jedem zweiten Kriegsfilm wird dargestellt, wie Veteranen aus dem Schlaf hochschrecken. Der Oberfeldarzt bestätigt mir, dass es bei solch einem traumatisierenden Erlebnis normal sei, unter Albträumen zu leiden. Ich solle dennoch, oder gerade deshalb, weiterhin den Dienst bei meinen Kameraden in der Truppe versehen, das sei sehr wichtig. Vermutlich will der Arzt keine Pferde scheu machen. Jedenfalls erklärt er mir nicht, welche Auswirkungen eine posttraumatische Belastungsstörung langfristig haben kann, daher bin ich mir der Tragweite dieser Diagnose nicht bewusst. Momentan stieße er damit bei mir ohnehin auf taube Ohren. Seit ich begriffen habe, wie viel Glück ich hatte, die Explosion zu überleben, bin ich in einer Art Rauschzustand. Ich bin voller Euphorie und will einfach nur spüren, dass ich am Leben bin. Der PTBS-Befund interessiert mich daher jetzt nicht besonders. Mein Tinnitus beeinflusst und beunruhigt mich wesentlich direkter. Der Gedanke daran, nie wieder eine Minute der Stille zu erleben, erscheint mir viel schrecklicher als eine posttraumatische Belastungsstörung.

Dazu kommt, dass mein Gehör seit der Tympanoplastik nicht mehr so funktioniert wie zuvor und ich mich nur mühsam mit der veränderten Wahrnehmung arrangiere. Ein Gespräch mit Umweltgeräuschen, etwa in einem Café, ist mir einfach nicht möglich. Selektives Hören müsse ich neu erlernen, sagen mir die Fachärzte, es könne allerdings auch sein, dass es sich nicht mehr ausgleiche. Aber mit der Zeit würde ich lernen, vieles von den Lippen abzulesen, beschwichtigt man mich in Koblenz. Kunz, der vor dem Einsatz eine private Unfallversicherung abgeschlossen hat, bekommt von der Versicherung eine Ausgleichszahlung. Aus Kulanz, wie die Versicherung betont. Da jede Versicherung eine »Kriegsklausel« enthält, sind alle Schäden, die jemanden in einer Kriegs- oder Krisenregion ereilen, von der Leistung ausgeschlossen. Zu meinem Erstaunen wird Kunz sogar pro Ohr eine Entschädigung in der vollen Höhe von 25 Prozent Minderung der Erwerbsfähigkeit anerkannt. Bei der Wehrbereichsverwaltung wird dagegen nur ein Gesamtwert errechnet. Aus 25 Prozent Einschränkung pro Ohr wird kurzerhand eine gesamte Minderung der Erwerbsfähigkeit von 30 Prozent. Das finde ich zwar kurios, aber Oberfeldarzt Pellnitz erklärt mir, dass da andere Bewertungsmaßstäbe gelten. Was die Versicherung Kunz allerdings nicht sagte und worauf auch ich von keinem Versicherungsmakler hingewiesen wurde, ist, dass der Staat einspringen muss – vorausgesetzt, es existiert ein Versicherungsschutz bei irgendeinem Anbieter.

Weil ich vor meinem Einsatz von diesen Winkelzügen nichts wusste, habe ich weder eine Unfall- noch eine Lebensversicherung abgeschlossen. Von mehreren Versicherungsmaklern, mit denen ich vor dem Einsatz sprach, hieß es außerdem, ein Versicherungsschutz würde durch die Kriegsklausel nicht wirksam – es gebe keine Leistung, wenn der Versicherungsfall sich in einer Kriegsregion ereigne. Das hat mich damals nicht weiter verwundert, da mich schon niemand gegen die Risiken bei einem militärischen Fallschirmsprung versichern wollte. Dass die Springerzulage von 180 DM, eine Risikozulage, dazu gedacht ist, mich abzusichern, ist ein schwacher Trost, denn wenn mir tatsächlich etwas passiert, kann ich allenfalls auf den Rahmenvertrag der Bundeswehr hoffen, den der Bundeswehrverband anbietet. Ich verlasse mich dabei auf die Aussage meines Spießes, der allerdings auch meint, dass man bereits durch den Dienstherrn und die Mitgliedschaft im Bundeswehrverband gut abgesichert sei. Das mag für Berufssoldaten zutreffen, für die übrigen Soldaten hat das nur bedingt seine Richtigkeit.

Ich bin ohnehin der Meinung, dass die Beratung intern und individuell erfolgen müsste. Stattdessen finden in der Kaserne Massenveranstaltungen statt, die für Soldaten auf Zeit zugeschnitten sind, aber das neue Einsatzspektrum der Bundeswehr längst nicht hinreichend berücksichtigen. Den Berufssoldaten kann das egal sein, da sie Beamtenstatus haben. Ihre Absicherung ist deutlich besser als die der anderen Soldaten. Ein Soldat auf Zeit oder gar ein freiwillig Wehrdienst Leistender, der in den Einsatz geht, ist in einer wesentlich schlechteren Position. Vielen Soldaten aus meiner Einheit, deren befristeter Vertrag in naher Zukunft endet, wird angeboten, für die Zeit eines Auslandseinsatzes weiter verpflichtet zu werden. Diese Gelegenheit, sich vor Ende der Dienstzeit noch ein finanzielles Polster zu schaffen, wird oftmals gerne wahrgenommen. Die Kameraden können nicht wissen, welche Probleme auf sie zukommen, wenn sie aus dem Einsatz heimkehren und dann außerhalb der vertrauten Strukturen Hilfe suchen müssen. In der Regel hat nicht einmal der Chef oder Spieß ihrer Kompanie eine Vorstellung davon, wie es dann für sie weitergeht. Woher auch? Wenn die Leute entlassen werden, verliert sich der Kontakt sehr schnell. Es kommen neue Männer nach und neue Aufgaben, für die sie vorbereitet werden müssen. Für den Exsoldaten in Not hingegen bedeutet das eine Odyssee als Bittsteller von einer Behörde zur nächsten. Für seine Ansprechpartner ist er nicht der Kamerad, sondern ein Fall. Wenn die Anträge auf Unterstützung abgelehnt werden, bleibt nur noch der kostspielige Rechtsweg. Es sollte nicht nötig sein, dass sich der einzelne Soldat um derlei kümmert, weil meiner Ansicht nach der Dienstherr wie eine Versicherung agieren sollte. So interpretiere ich auch den § 31 des Soldatengesetzes, in dem es heißt, dass der Dienstherr eine Pflicht zur Fürsorge hat.

Lancer erhält von Pellnitz eine ähnliche Diagnose wie ich. Allerdings sind es andere Dinge, die meinen Buddy um den Schlaf bringen. Wie ich aus unseren Gesprächen heraushöre, beschäftigt ihn seit der Explosion die Frage nach dem Sinn. Dem Sinn des Einsatzes, dem seines Überlebens, des Lebens überhaupt. Lancer und ich sind dadurch, dass wir am 6. März die Explosion überlebt haben, nicht nur zu Leidensgenossen, sondern auch zu Blutsbrüdern geworden. Auch wenn es nicht unser eigenes Blut ist, das uns verbindet. So verschieden die Beweggründe sind, die uns umtreiben, so ähnlich ist die Kur, die wir uns verordnen. Damit ich nachts überhaupt schlafen kann, versuche ich mich durch extrem viel Sport am Tag und Alkohol am Abend in einen Zustand der totalen Erschöpfung zu bringen. Ich versuche, um 22:00 Uhr wie ein Stein ins Bett zu fallen, damit ich bis zum Dienstbeginn genug Schlaf bekomme. Dennoch quäle ich mich jeden Morgen auf die Beine, als hätte ich überhaupt nicht geschlafen. Nach Dienstschluss verbringe ich den Abend gemeinsam mit meinem Buddy. Fast täglich fahren wir dann mit dem Rad ins 5 Kilometer entfernte Varel. Selbst an den Wochenenden bleiben wir lieber in der Kaserne, als an den Ort zu fahren, den wir vor einigen Monaten noch Zuhause nannten.

Im Studio »Vera Fit« begegnen wir häufig unserem neuen Bataillonskommandeur. Ich frage ihn ab und an nach der Entwicklung in unserem Wehrdienstbeschädigungsverfahren, das seit einigen Monaten bearbeitet wird. Die Sachbearbeiterin der Wehrbereichsverwaltung kann ich telefonisch nie erreichen und ich habe den Verdacht, dass sie sich verleugnen lässt. Ich hoffe, dass man meinen Vorgesetzten nicht so einfach abwimmeln wird. Oberstleutnant Janson versichert mir jedes Mal, wenn ich ihn frage, sich persönlich um diese Angelegenheit zu kümmern, aber er sagt mir auch, dass es sich nach seiner Erfahrung immer über Monate hinzieht, bis die Verwaltung zu einer Entscheidung kommt. Ich bin von der Warterei genervt und überlege, dem neuen Verteidigungsminister in einem Brief zu schreiben, wie lange die Anerkennung meiner Wehrdienstbeschädigung schon auf sich warten lässt. Von »schnell und unbürokratisch« kann da nicht die Rede sein. Leider ist derjenige, der uns das bei unserer Ankunft in Köln-Wahn so vollmundig zugesichert hat, nicht mehr im Amt. Rudolf Scharping kam durch die Mallorcaaffäre ins Gerede und ist von seinem Amt als Verteidigungsminister zurückgetreten. Ein Schritt, den meine Kameraden und ich begrüßten, da wir es auch nicht als passend empfanden, dass unser oberster Dienstherr sich mit seiner Geliebten im Pool ablichten lässt, während seine Untergebenen in Afghanistan ihr Leben riskieren. Erst Jahre später schreibe ich seinem Nach-Nachfolger Franz Josef Jung einen Brief mit der Bitte um Unterstützung. Ein Assistent antwortet mir lapidar, man habe viel Verständnis für meine Situation und wünsche mir viel Glück für meinen weiteren Werdegang.

Im Frühjahr 2003 kommt mein Gruppenführer Kunz zu mir und sagt, dass ich mir schnell die Stiefel putzen und ein ordentliches Feldhemd anziehen soll, wir würden vom Bataillonskommandeur erwartet. Gemeinsam mit Oberfeldwebel Mesner melden wir uns wie befohlen. Zusätzlich zu der üblichen Einsatzmedaille bekommen wir die Ehrenmedaille der Bundeswehr überreicht, die uns vom Verteidigungsminister »als sichtbare Anerkennung für treue Dienste und in Würdigung beispielhafter soldatischer Pflichterfüllung« verliehen wurde. Ich freue mich über diese besondere Auszeichnung und gehe davon aus, dass auch Lancer und Neuring sie erhalten. Es stellt sich aber heraus, dass man sie als einfache Mannschaftssoldaten übergangen hat. Verärgert fordere ich meinen Buddy auf, sich das nicht gefallen zu lassen. Immerhin hat er trotz seiner eigenen Verwundung den schwer verbrannten Kameraden Kunz und Mesner Erste Hilfe geleistet. Er hat mir erzählt, dass er auf der Suche nach mir zuerst Kunz getroffen, ihn in einer Bodensenke in Deckung gebracht und dessen Verbrennungen mit dem Wasser seiner Feldflasche gekühlt hat. Als dann Sanitäter sich um Kunz kümmerten, ist er weiter auf der Suche nach mir zu einer Verwundetensammelstelle gelangt, an der Sanitäter einem Mann in den Überresten einer deutschen Uniform eine Infusion legten und ihn zu stabilisieren versuchten.

Auf Englisch riefen sie Lancer zur Unterstützung heran. Er hielt den Mann, dessen Gesicht und Körper vor lauter Verbrennungen nicht mehr zu erkennen waren, für mich. Lancer konnte noch nicht wissen, dass ich es war, der ihn an der Schulter gepackt und hochgerissen hatte. Mein Buddy redete beruhigend auf den Mann ein, dass er durchhalten müsse und bereits morgen wieder bei seiner Familie sei. Lancer berichtete mir, wie bodenlos verzweifelt er in diesem Moment war, weil er seinen Worten selbst nicht glaubte und annahm, dass ich ihm jeden Moment unter den Händen wegsterbe. Aber seine eindringlich hervorgebrachten Worte schienen ins Bewusstsein des Verletzten zu dringen. Jedenfalls hörte der verbrannte und von Schrapnellen durchsiebte Mann zwischendurch immer wieder auf zu schreien. Er hielt inne und schien die Bedeutung der Worte zu erfassen. Drei Meter zu seiner Linken sah Lancer Neuring liegen. Er schaute Hilfe suchend zu meinem Buddy hinüber. Da ihm die kleinen Schrapnellwürfel nicht nur das Knie, sondern auch den Kiefer durchschlagen hatten, war er unfähig, etwas zu rufen. Sein wimmerndes Stöhnen fiel in die Schreie des zur Unkenntlichkeit verbrannten Mannes ein. Dieser Mann, um den Lancer sich intensiv gekümmert hat, war Mesner, den es von uns allen am Schlimmsten getroffen hat.

Trotz seiner Nervenstärke in dieser Situation soll mein Buddy bei der Verleihung der Ehrenmedaillen unter den Tisch fallen? Das will ich nicht akzeptieren. Doch Lancer reagiert ungewohnt schroff auf meine Aufforderung, für sich eine Ehrenmedaille einzufordern: Was solle er denn damit anfangen? Sie würde nur bei den anderen Butterorden in der Schublade landen, in der auch sein Schuhputzzeug liegt. Mich ärgert seine Haltung, doch ich kenne ihn gut genug, um zu wissen, dass er den neuen Bataillonskommandeur Janson nicht darum bitten wird, für ihn die Ehrenmedaille zu beantragen. Beim Smoker wäre Lancer nicht so abweisend gewesen, aber dem wäre so eine beleidigende Herabwürdigung sicher auch nicht passiert. Lancer verehrt unseren bei allen Soldaten im Bataillon geschätzten und beliebten »Präsidenten«, der seit unserer Grundausbildung das Fallschirmjägerbataillon 313 geführt hat. Fünf Jahre lang war er uns mehr Vater als Vorgesetzter.

Es ist nicht das letzte Mal, dass mit zweierlei Maß gemessen wird und Soldaten abhängig von der Laufbahn, die sie beim Militär eingeschlagen haben, behandelt werden. Während Mesner und Kunz auffallend schnell zu Hauptfeldwebeln befördert werden und sich ihnen so der Weg zum Berufssoldaten eröffnet, werde ich ein paar Jahre später trotz der besonderen Empfehlung des Kommandeurs, in der es heißt, ich sei der leistungsstärkste Unteroffizier des Bataillons und müsse zum Feldwebel ausgebildet werden, ohne Chance auf eine Weiterverpflichtung entlassen. Meinem Buddy ergeht es ähnlich. Obwohl alle unsere Vorgesetzten bis hinauf zum Brigadegeneral seine Weiterverpflichtung um vier Jahre zum SaZ 12 begrüßen würden, lehnt man das bei der Stammdienststelle des Heeres mit der Begründung ab, dass Lancer die Altersgrenze dafür überschritten habe und man keinen Präzedenzfall schaffen wolle. Seine Dienstzeit endet somit nach dem achten Dienstjahr.

# JEDE MENGE KLUGSCHEISSER

Seit unserer Rückkehr aus Afghanistan ist inzwischen mehr als ein Jahr vergangen. Die Truppenpsychologin Frau Bruns hat auf unsere Bitte hin beim Brigadekommandeur erwirkt, dass ich mit Kunz, Neuring und Lancer noch einmal nach Afghanistan fliegen kann, um an der Unfallstelle Abschied nehmen und damit einen Schlussstrich unter das gemeinsam erlebte Leid ziehen zu können. Mesner sagt, dass er auf keinen Fall noch mal nach Afghanistan will. Ich akzeptiere seine Entscheidung, aber mir ist es wichtig, denn seit ich durch die schnelle Repatriierung aus dem Einsatz gerissen wurde, habe ich das Gefühl, dort noch irgendetwas zu Ende bringen zu müssen. Unser Flug nach Kabul wird um eine Woche verschoben, denn kurz vor der geplanten Abreise wird ein Selbstmordattentat auf einen voll besetzten Militärbus verübt, der die Soldaten des dritten Kontingents nach einem halben Jahr Dienst in Afghanistan zu ihrem Flieger Richtung Heimat bringen sollte. Wir haben daher Zeit, unsere Pläne noch einmal zu überdenken. Sollten wir auf den geplanten 14-tägigen Aufenthalt im Camp Warehouse verzichten?

Diese Entscheidung wird für uns zur Gretchenfrage. Gemeinsam mit Lancer und Kunz bespreche ich, wie wir uns verhalten wollen. Es ist uns ganz klar, dass wir, wenn wir jetzt nicht nach Afghanistan fliegen, im Diensthundezug fehl am Platz sind. In jedem Kontingent werden unsere Diensthunde angefordert, unabhängig davon, ob unser Bataillon im Einsatz ist oder nicht. Außerdem steht noch das Gefühl im Raum, »es« zu Ende bringen zu wollen. Wenn nicht jetzt, dann wahrscheinlich nie. Letzten Endes sind wir eine Woche später in Kabul, zurück an dem Ort, wo unser Leben in einem unbedachten Augenblick aus den Fugen geriet. Jeder von uns bekommt die Gelegenheit, allein Abschied von den fünf gefallenen Kameraden zu nehmen. Für jeden wurde am Unfallort eine mit Beton ausgegossene Öltonne zum Gedächtnis aufgestellt. Ich leere eine Flasche Jim Beam an der Stelle aus, an der die Sprenggrube gewesen sein muss – sie sind jetzt im Himmel und da gibt es vielleicht keinen Schnaps. Dann stelle ich mich zu unserer Truppenpsychologin, die uns begleitet.

Gemeinsam beobachten wir Lancer, der lange regungslos und schweigend an der Unfallstelle steht. Dann salutiert er, macht auf dem Absatz kehrt und geht. Mein Buddy schleppt seit der Explosion eine enorme psychische Last aus Wut, Schuld und Verzweiflung mit sich herum. Er hofft aber, wie er mir später bei einem Bier offenbart, jetzt mit der ganzen Geschichte abschließen zu können. Ich verstehe sehr gut, was er meint. Seit einem Jahr kommen wir wegen der Explosion nicht mehr zur Ruhe. Die Wehrbereichsverwaltung, von der wir seit Langem die Anerkennung unserer Wehrdienstbeschädigung erwarten, lässt nicht von sich hören. Ich habe mit meinen Kameraden bereits einen Anwalt damit beauftragt, der Sache nachzugehen, denn die Lage dürfte klar sein.

Infolge der hinausgezögerten Anerkennung unserer Wehrdienstbeschädigung erhalten wir auch keine Ausgleichszahlung für die bleibenden Schäden, die uns beruflich und im Alltag einschränken. Aber unsere Springerzulage in Höhe von 92 Euro ist uns natürlich sofort gestrichen worden, da wir für mindestens ein Jahr nicht mehr fliegen, also auch nicht mehr Fallschirmspringen dürfen. Auch für Auslandseinsätze sind wir damit nicht tauglich. Die Gefahrenzulage zum Sold von 6,70 Euro pro Stunde steht nicht wirklich im Verhältnis zu dem eingegangenen Risiko. Ich erhalte noch etwa 2400 Euro Zulage für meine 28 Tage Einsatz, ich hätte stattdessen lieber noch meine Gesundheit. Trotzdem bin ich bereit, weiterhin an Auslandseinsätzen teilzunehmen, da das nun einmal meinen Beruf ausmacht. Ich bin auch nach wie vor stolz darauf, als Soldat für die Werte unserer Gesellschaft einzustehen. Was mich inzwischen allerdings reichlich Nerven kostet, ist, dass wir immer neue Anträge stellen müssen, immer wieder von Ärzten aus unterschiedlichen Fachbereichen begutachtet werden und wir selbst da ständig andere Ärzte vor uns haben. Eigentlich ist jedem, mit dem ich über die Situation spreche, klar, dass mir eine Entschädigung durch die Bundeswehr als meinem Arbeitgeber zusteht. Was es da immer noch zu prüfen gibt, leuchtet niemandem ein.

Dazu gehen mir eine Menge Klugscheißer auf die Nerven, die meinen, ich hätte wissen müssen, dass so etwas auf mich zukommt: »Du wusstest doch, wo du hingehst«, bekomme ich vorgehalten. »Du wusstest doch, was dich im Krieg erwartet. Dafür bist du doch Soldat geworden. Hast du dir nie Gedanken darüber gemacht? Warum beschwerst du dich jetzt?« Das ist graue Theorie. Das ist, als würde mir jemand voller Überzeugung sagen: »Ich weiß, wie Sex ist, ich weiß, wie sich das anfühlt – ich habe irre viele Sexfilme gesehen und auch schon sehr viel darüber gelesen!«

Nein, ich wusste nicht, was auf mich zukommt. Ich meinte es zu wissen und ich meinte damit umgehen zu können. Ich habe mich leider getäuscht. Zu erleben, wie Menschen gewaltsam sterben, zu sehen, wie ihre zerrissenen Leiber um einen herum verstreut liegen, zu hören, wie Kameraden mit verkohlten Gesichtern und aberwitzig verdrehten Gliedmaßen, ihren Blick an mich geklammert nach der Mama schreien oder einfach vor Schmerzen brüllen – darauf war ich verdammt nicht vorbereitet. Auf welchem gottverdammten Lehrgang wird man darauf vorbereitet? Ich muss ihn wohl verpasst haben. Ich hasse die Schlauschwätzer, die ihren Arsch im Fernsehsessel breitsitzen und meinen, sie wüssten Bescheid. Einen Scheiß wissen sie. Wo sind diese Helden? Wenn sie den Job machen würden, dann müssten ja nicht solche Schwächlinge wie ich »die Sicherheit der Bundesrepublik Deutschland am Hindukusch verteidigen«.

Mein Bedürfnis, meinen Körper wahrzunehmen, ganz real zu spüren, dass ich lebe, nimmt immer extremere Formen an. Während das Fallschirmspringen mir früher einen Nervenkitzel verschafft hat, nehme ich es jetzt so hin wie eine Fahrt im Bus. Stattdessen suche ich zunehmend die Gefahr auf dem Motocrossgelände eines Freundes. Stundenlang fahre ich mit einem Crossmotorrad durch schlammige Pfützen und springe jauchzend über Erdwälle. Es macht mir nichts aus, auch mal zu stürzen und mir dabei tüchtig wehzutun, weil ich gerade beim Sturz einen Schub an Lebendigkeit empfinde. Besonders dann, wenn mir etwas nur gerade so gelingt, erlebe ich ein wahres Hochgefühl. Ähnliches passiert mir beim Laufen. Ohne erkennbaren Anlass bekomme ich manchmal Gänsehaut und fühle mich so euphorisiert, dass ich dann noch schneller laufen kann.

Den Höhepunkt erreiche ich bei einem 100-Kilometer-Langstreckenmarsch in Belgien. Die als Wanderroute gedachte Strecke laufe ich mit Lancer in nur 13 Stunden ab. Da unsere künstlichen Trommelfelle hohem Druck nicht gewachsen sind und beim Freifallsprung oder Tauchen einreißen würden, kommen diese Leistungsprüfungen für uns nicht mehr infrage. Es gelingt aber auch auf andere Art, den Körper dazu zu bringen, das seit der Explosion an eine ständig erhöhte Ausschüttung von Stresshormonen gewöhnte Gehirn zu stimulieren. Durch extreme Anstrengung gelingt es uns, die Reserve auszuschütten, die der Körper für Notfälle zurückhält. Ich fühle mich dann unbesiegbar und nahezu unsterblich. Der Nachteil ist, dass ich bald danach jedes Mal in ein emotionales Loch falle, aus dem ich für einige Zeit nicht wieder herauskomme. Ich würde am liebsten den ganzen Tag im Bett liegen bleiben und nur die Verantwortung Idor gegenüber zwingt mich auf die Beine. Ich kann mir die innere Leere und Kälte nicht erklären und empfinde in solchen Situationen nur noch Wut und große Traurigkeit.

Meine Eltern begreifen nicht, weshalb ich mich dann zurückziehe und mit keinem Menschen etwas zu tun haben will. Besonders meinem Vater ist meine vermeintliche Faulheit ein Dorn im Auge.

Er versucht mich dazu anzutreiben, aufzustehen und am Familienleben teilzunehmen. Ich reagiere mit Gereiztheit, wodurch der Haussegen fast jedes Wochenende schief hängt. Besonders meine jüngere Schwester Johanna, die noch bei unseren Eltern lebt, nimmt es sehr mit, dass es jedes Mal zum Streit kommt. Daher werden meine Heimfahrten immer seltener, bis sie schließlich fast ganz aufhören. Die einzige Möglichkeit, die ich habe, um mich wieder zu beruhigen, ist, Idor in den Arm zu nehmen und ihm durchs vertraute Fell zu streichen. Er liegt dann ganz dicht neben mir in meinem Bett und kuschelt sich ganz an mich heran. Mein geliebter Hund weiß, dass etwas mit mir nicht in Ordnung ist, und schaut mich traurig an. Während ich ihm durch sein helles, weiches Fell streiche, schläft er ein. Die tiefe Ruhe seiner Atemzüge überträgt sich auf mich, dann schlafe ich trotz der Anspannung ein und finde etwas Ruhe.

Immer häufiger gerate ich in der Folgezeit mit meinen Kameraden aus dem Hundezug aneinander und fühle mich unverstanden. Das Gefühl, unverwundbar zu sein, manifestiert sich immer mehr. Wenn ich an den Wochenenden in die Disco gehe, kommt es oft zu Schlägereien. Durch das Krafttraining hat sich mein Körper zusehends verändert. Ich wiege mittlerweile wieder fast 90 Kilo und habe nur 16 bis 17 Prozent Körperfettanteil. Mein ständiger Ehrgeiz, noch leistungsfähiger und trainierter zu werden, bringt mich zusätzlich in eine Außenseiterposition. Die meisten Kameraden vom Hundezug haben für meine inzwischen zur Besessenheit gewordenen sportlichen Aktivitäten kein Verständnis. Abends sitze ich allein vorm Fernseher oder fahre ziellos mit meinem Geländemotorrad durch die Gegend. Meist komme ich dann erst sehr spät wieder, denn die Angst vor dem Einschlafen und dann von Albträumen geplagt zu werden, ist zu groß.

Nachdem ich 2004 den Commando Aguerrissement in Frankreich absolviert habe und dort drillmäßig im Nahkampf ausgebildet wurde, wird mir mein Leben im K9-Zug immer schwerer. Einige meiner Kameraden haben Spaß daran, mich zu provozieren. Sie wissen bereits, dass ich jedes Mal darauf anspringe und Mühe habe, mich zu beherrschen. Meist geht es bereits am Frühstückstisch los. Es gehört nicht viel dazu, bis ich die Kontrolle über mich verliere und auf Konfrontationskurs gehe. In meiner Wut spiele ich mit dem Gedanken, den verbalen Sticheleien mit dem Brotmesser das Wort abzuschneiden. Leider versteht selbst Festas nicht, unter welcher Anspannung ich stehe, und ignoriert die Situation am Tisch. Gerne würde ich mich, wie an einer mittelalterlichen Tafelrunde, erheben und denjenigen, der mich provoziert, zu einem Schwertkampf herausfordern. Zu echten Handgreiflichkeiten kommt es allerdings erst etwas später an einer geweihten Stätte.

Schlaf ist mein Feind. Wegen des Tinnitus fällt es mir schwer einzuschlafen. Die Angst vor den Albträumen, die mich inzwischen seit drei Jahren Nacht für Nacht heimsuchen, führt dazu, dass ich am liebsten gar nicht mehr schlafen würde. Ich schalte abends den Fernseher ein und stelle den Ton so laut, dass mein Tinnitus von dem Klang der Flimmerkiste überdeckt wird. Leider führt das dazu, dass Idor jedes Mal sehr unruhig wird und durch die Stube läuft. Damit er zur Ruhe kommt, lasse ich ihn zu mir ins Bett. Meist schläft er noch vor mir ein, während ich ihm mit der Hand durchs Fell streiche. Etwas später fallen dann auch mir die Augen zu. Wenn ich aus dem Schlaf hochschrecke, weil ich wieder schlecht geträumt habe, springt er sofort aus dem Bett und winselt. Er rollt sich dann auf seiner Schlafunterlage zusammen und guckt betrübt zu mir herüber. Meist steht er erst in den frühen Morgenstunden von seiner Decke auf und schleicht sich zu mir ins Bett zurück. Ich weiß das so genau, weil ich die ganze Zeit über mit offenen Augen im Bett liege und ihn in dem fahlen Licht beobachte, das durch meinen Vorhang hindurchschimmert. Manchmal, wenn Idor bemerkt, dass ich im Schlaf weine, legt er seinen großen Kopf an meinen. Er drückt sich, so dicht er kann, an mich heran. Ich wache davon auf und bin vorerst erlöst. Er gibt mir das Gefühl der Sicherheit und seine hörbar tiefen, ruhi-

ANZ OBEN Das Abseilen mit Diensthund aus einem 'ubschrauber erfordert viel Übung

BEN Dezember 2002 sagte Verteidigungsminister Struck: Die Sicherheit der Bundesrepublik Deutschland wird auch n Hindukusch verteidigt.« Dieses Foto von dem besagten ebirgszug entstand im Februar 2002 bei meinem Flug mit ner Antonov-Transportmaschine.

CHTS Beim Spiel mit Idor

OBEN UND RECHTS Mit Idor bei der Arbeit

UNTEN RECHTS In Kabul suchen wir in einen Gebäude nach Sprengstofffallen

OBEN Ein Freundschaftsspiel in Kabul zwischen Soldaten und Afghanen wird zu einer schwer kontrollierbaren Massenveranstaltung

OBEN RECHTS Abzug der Zuschauer des nervenzerreißenden Freundschaftsspieles

RECHTS Zur Einsatzvorbereitung am Olympia-Stadion in Kabul sind aktuelle Satellitenbilder elementar

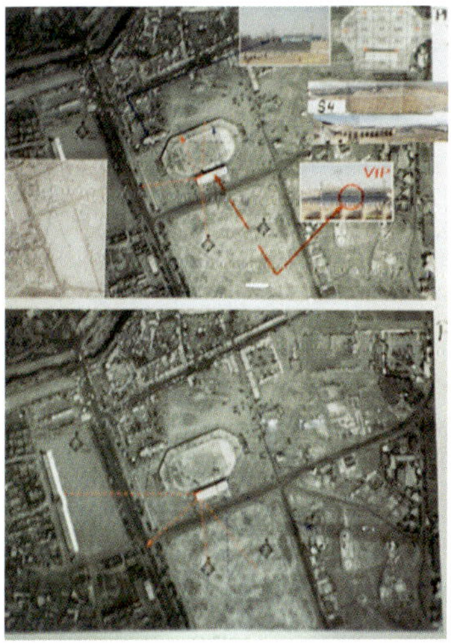
S4
VIP

GANZ OBEN LINKS UND DARUNTER Raketen bedrohen Camp Warehouse

OBEN So kann die Explosion einer SA3-Rakete aussehen

LINKS Mit Hammer und Schraubenzieher am Gefechtskopf der SA3-Rakete – so sollte man es auf keinen Fall machen

3

UNTEN 6. März 2002, die Sprenggrube. An der Nr. 3 liegt mein Barett, ich selber bin weit aus der Grube herausgeschleudert worden. In der Grube sind die mit Plastiksprengstoff präparierten Treibladungen der SA3-Raketen zu sehen.

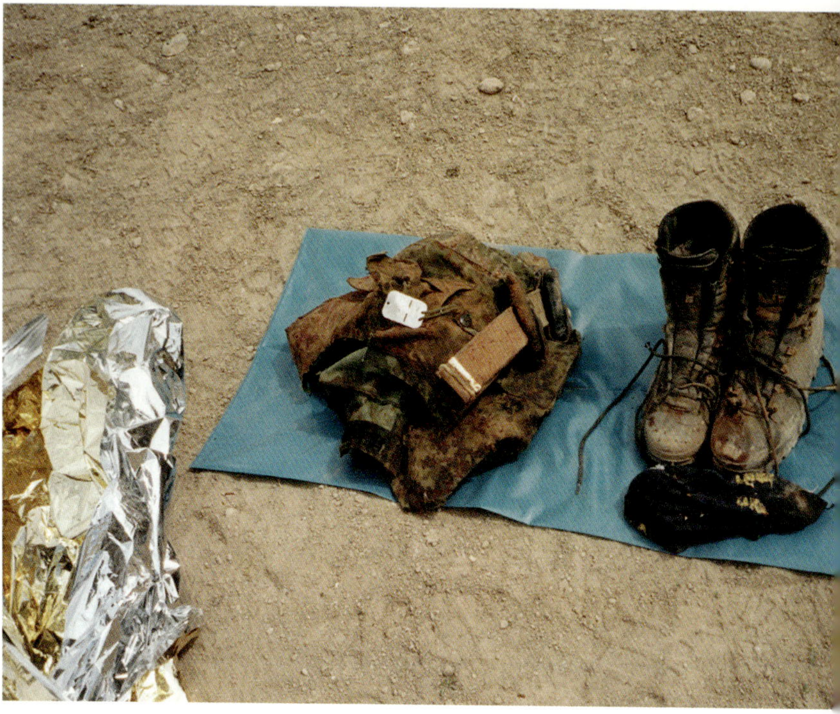

RECHTS Abschied von den Toten

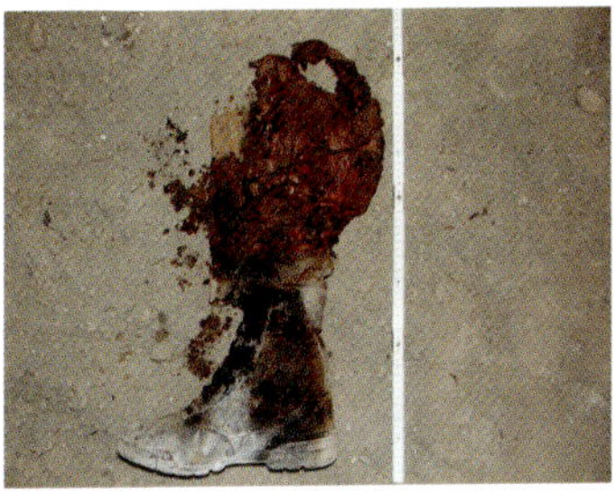

OBEN Tödlicher Raketensplitter

OBEN RECHTS Die Ehrenmedaille in Bronze

RECHTS Für besondere Erfüllung der Soldatenpflichten erhalte ich die Ehrenmedaille vom Verteidigungsminister

Im Namen der

Bundesrepublik Deutschland

verleihe ich

Herrn Stabsgefreiten

Robert Müller

für beispielhafte Erfüllung der Soldatenpflichten

die Ehrenmedaille der Bundeswehr

Bonn, 15. August 2002

Der Bundesminister der Verteidigung

Peter Struck

OBEN Bei meinem Afghanistaneinsatz 2005 mache ich wieder Handgranaten und Minen unschädlich

OBEN RECHTS Der fast lautlose Kampfhubschrauber »Apache« gibt auch bei riskanten Einsätzen ein Gefühl der Sicherheit

OBEN Ich hoffe, dass die nächste Generation Afghanen einer besseren Zukunft entgegensieht. Im Hintergrund ist die *CIMIC* – eine Institution der Bundeswehr – zur Unterstützung der Zivilbevölkerung zu sehen.

OBEN Bekommen diese Kinder durch unsere Hilfe eine Chance im Leben?

OBEN RECHTS Neben mir steht ein junger afghanischer Polizist, dem ich während meines Einsatzes deutsches Know-how vermitteln soll

RECHTS Diesen Blindgänger bringt mir ein unbedarfter afghanischer Landarbeiter. Aus Sorge, dass die Mine plötzlich explodiert, vernichten wir sie noch vor Ort.

OBEN Als ein ziviles Flugzeug im nahe gelegenen Gebirge abstürzt, wird eine Taskforce zur Rettung der Passagiere zusammengestellt und ausgesandt

RECHTS Mit einer Gruppe amerikanischer Special-Forces-Soldaten werde ich von einem Black-Hawk-Hubschrauber im verschneiten Gebirge abgesetzt

OBEN Auf 4000 Meter Höhe bereiten wir einen Hubschrauberlandeplatz für die Bergung vor

UNTEN Mit meinen amerikanischen Kameraden warte ich auf die Abholung per Hubschrauber. Niemand hat den Flugzeugabsturz überlebt.

GANZ OBEN Das ansonsten unbeliebte Waffenreinigen wird im Einsatz zur Freizeitbeschäftigung

OBEN Dank Idor bin ich im Einsatz auch in traurigen Situationen niemals allein

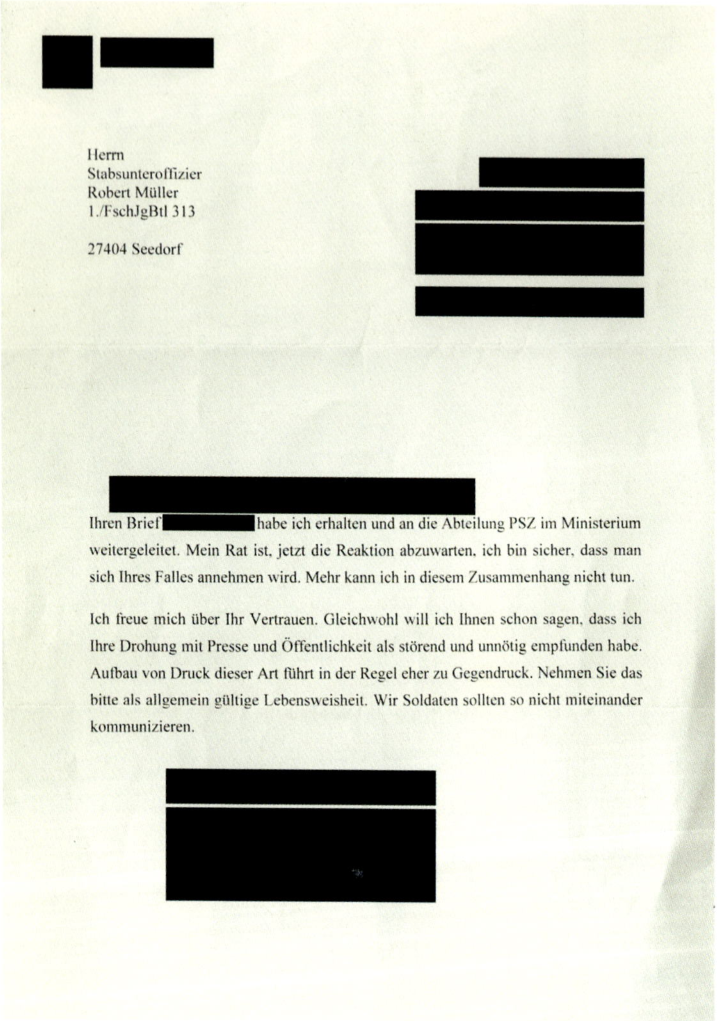

[redacted]

Herrn
Stabsunteroffizier
Robert Müller
1./FschJgBtl 313

27404 Seedorf

[redacted]

[redacted]

Ihren Brief [redacted] habe ich erhalten und an die Abteilung PSZ im Ministerium weitergeleitet. Mein Rat ist, jetzt die Reaktion abzuwarten, ich bin sicher, dass man sich Ihres Falles annehmen wird. Mehr kann ich in diesem Zusammenhang nicht tun.

Ich freue mich über Ihr Vertrauen. Gleichwohl will ich Ihnen schon sagen, dass ich Ihre Drohung mit Presse und Öffentlichkeit als störend und unnötig empfunden habe. Aufbau von Druck dieser Art führt in der Regel eher zu Gegendruck. Nehmen Sie das bitte als allgemein gültige Lebensweisheit. Wir Soldaten sollten so nicht miteinander kommunizieren.

[redacted]

OBEN Antwortbrief eines hohen Vorgesetzten des BMVg auf meine Bitte um Unterstützung

OBEN RECHTS Als der Bundestag im Jahr 2010 endlich die Stichtagsregelung des Einsatz-Weiterverwendungsgesetzes kippt, ist mein Vertrauen in die Gerechtigkeit bereits in Schieflage geraten

RECHTS Die Unterstützung einiger Politiker, allen voran Elke Hoff und Serkan Tören, ist mir im Kampf um Gleichstellung und Gerechtigkeit eine große Hilfe

DEM DEUTSCHEN VOLKE
NO. 18518 870TROY
TAIL ORED

LINKS Die zahlreichen Urkunden und Medaillen in meiner Wohnzimmervitrine zeugen von meinen Leistungen im Dienste der Bundesrepublik Deutschland

OBEN Bei einer Vorführung am Tag der offenen Tür in der Friesland-Kaserne. Meine Tochter Patricia muss zur Seite gehen.

gen Atemzüge neben meinem Ohr lassen auch mich tief und ruhig atmen. Wenn er neben mir im Schlaf genüsslich schmatzt, bringt er mich sogar zum Schmunzeln.

Wenn ich mich morgens zum Dienstbeginn auf die Beine quälen muss, fühle ich mich wie gerädert. Mein Gesicht und das Kopfkissen sind schweißnass. Ich bringe meinen Kreislauf mit einer langen Laufrunde auf dem bewaldeten Truppenübungsplatz Friedrichsfeld in Schwung. Gemeinsam mit Lancer und einigen anderen Hundeführern absolvieren wir die etwa 6 Kilometer lange Strecke in weniger als einer halben Stunde. Ich würde gern noch eine zweite oder dritte Runde dranhängen, wie Lancer es gewöhnlich tut, doch der Dienstbetrieb mit den Hunden lässt dies nicht zu. Nach dem Frühstück fahren wir jeden Tag an wechselnde Trainingsorte, an denen wir unsere Hunde unter realistischen Bedingungen trainieren. Lancer ist mit seinen Leuten vom Zugtrupp flexibler in der Zeiteinteilung, er muss nur dafür sorgen, dass unter dem Strich alle Aufgaben auf seiner Liste erledigt sind. Hauptfeldwebel Festas lässt ihm freie Hand und wird von Lancer dafür nicht enttäuscht. Bei den Supervisionen aller Einheiten ist der Zugtrupp der K9er regelmäßig die einzige Verwaltungstruppe, die ohne Beanstandungen durchgewinkt wird.

Nachmittags fahre ich direkt nach dem Dienst mit Lancer mit dem Fahrrad die 6 Kilometer zum Fitnessstudio. Wir trainieren dort eine gute Stunde und fahren dann wieder zurück in die abgelegene Unterkunft des Diensthundezugs. Dort kochen wir uns abwechselnd etwas Nahrhaftes, damit die Muskeln ordentlich wachsen können. Danach verschwinde ich sofort auf meine Stube zu Idor, der schon ungeduldig auf mich wartet. Die anderen Hundeführer sitzen derweil meist gemütlich zusammen im Fernsehraum und schauen sich einen Videofilm an, während sie Pizza oder Döner verdrücken.

Ich feiere oder grille auch mal mit meinen Kameraden, dann werden mal eben eine Flasche Jim Beam Bourbon und ein paar Bier geleert. Mit der richtigen Bettschwere nehme ich meinen Tinnitus gar nicht mehr wahr, ich falle dann einfach nur auf die Matratze. So erliege ich schnell der Versuchung, mich jeden Tag auf diese Weise in den Schlaf zu befördern. Mit einigen Gläsern Whiskey-Cola bin ich bedient. Da niemand mitbekommen soll, wie viel ich tatsächlich trinke, kaufe ich meinen Nachschub in einem Nachbarort und verstecke die Vorräte in meiner kleinen Stube.

Manchmal besucht mich Lancer abends. Er ist inzwischen sehr in sich gekehrt und spricht nur noch selten mit jemandem. Entweder spielen wir zur Ablenkung ein Teamspiel auf meiner Konsole oder wir gucken uns einen Film an. Zum Schachspielen, wie wir es früher gerne getan haben, fehlt uns längst die Konzentration. Meist bringt Lancer eine Flasche Wodka mit, die wir dann gemeinsam nebenbei leeren. Er meint, dass man Wodka nicht so schnell riecht und ich durch Sturzsuff schnell in einen traumlosen Schlaf falle. Außerdem trinkt man dann weniger und ist am nächsten Morgen wieder dienstfähig, sagt er. Da Lancer jeden Morgen vor Dienstbeginn in die 5 Kilometer entfernte eigentliche Kaserne fährt, rechnet er sich sogar genau aus, wie viel er trinken kann, damit sein Körper den Alkohol bis zum nächsten Morgen abgebaut hat. Er möchte natürlich nicht alkoholisiert am Steuer erwischt werden. Der Sturzsuff funktioniert auch mit Bourbon, aber ich merke nicht, dass es nun ein allabendliches Ritual geworden ist, vor dem Einschlafen ein Glas mit einer durchsichtigen Mischung Whiskey-Cola in einem Zug zu trinken. Ich bin dann so schnell betrunken, dass ich es nicht mehr schaffe, mich auszuziehen, und in Uniform auf dem Bett einschlafe. Dadurch kann ich zwar den Tinnitus und meine Albträume ausblenden, aber erholsamer Schlaf ist das nicht.

Niemand aus meinem Zug bemerkt etwas von meinem hohen Alkoholkonsum. Es gelingt mir über Jahre hinweg, das geheim zu halten, und meinen Dienst erledige ich trotz meiner Probleme. Dass ich überhaupt welche habe, behalte ich ganz und gar für mich, denn ich habe nicht den Eindruck, dass ich irgendwem begreiflich machen kann, was mich belastet. Nicht einmal Lancer weiß von meinem Einschlafritual. Er selbst gibt sich keine Mühe, sich zu verstecken. Oftmals schläft er nach einer Flasche Wodka im Aufenthaltsraum ein oder legt sich im Sommer einfach draußen auf die Ladefläche seines Kombis. Die anderen Hundeführer wundern sich darüber, aber sie schätzen ihn als zuverlässigen Kameraden und sehen über diese Dinge hinweg. Dass er immer öfter nach Dienstschluss die Einsamkeit sucht und sich in Varel am Hafen herumdrückt, erzählt er mir erst Jahre später. Rauchend denkt er dann über den Sinn und die Sinnlosigkeit des Lebens nach. Darüber, dass es jederzeit schlagartig zu Ende sein kann und was das überhaupt ausmacht. Wenn man erst einmal anfängt, darüber nachzudenken, sagt er mir, kann man schnell zu der Erkenntnis gelangen, dass es scheißegal ist, ob jemand am Leben ist oder nicht. Der ihm eigene Sarkasmus wandelt sich in Zynismus. Nichts scheint ihm noch von Wert zu sein. Es fällt mir schwer, ihn zu erreichen, und führe ich nicht mindestens jeden zweiten Tag mit ihm zu »Vera-Fit«, um mit ihm bis zum Muskelversagen zu trainieren, wäre er nach Dienstschluss sicherlich noch viel mehr am Grübeln und Trinken.

Kurz vor Ablauf seiner Dienstzeit lässt sich Lancer nach Hamburg versetzen. Mit ihm geht mir eine wichtige Stütze verloren. Es ist sein Wunsch, auf der Bundeswehrfachschule seine berufsförderungsfähige Dienstzeit für eine qualifizierte Ausbildung zu nutzen. Seine Stressresistenz ist allerdings so gering geworden, dass er dem Unterricht nicht gewachsen ist und sein Vorhaben abbricht. Vergeblich bemüht er sich daraufhin, bei den Ärzten der Bundeswehr einen Ansprechpartner zu finden, der seine Probleme zu ergründen versucht.

# UNSERE GEMEINSCHAFT ZERBRICHT

Milano kann seine Wutausbrüche kaum noch kontrollieren. Wir beide sind ja bereits seit den Anfängen an der Diensthundeschule auch außerhalb der Dienstzeit viel gemeinsam unterwegs. Ich lernte ihn damals als einen sehr loyalen Kameraden kennen und als fröhlichen Menschen, der immer zu einem Streich oder Scherz bereit ist. In seinem Häuschen in der Nähe des Diensthundezuges bin ich fast täglich zu Gast. Im K9-Zug hat er sich inzwischen den Ruf eines Cholerikers eingehandelt, seit er genau auf diese Aussage hin in Zornesröte gebrüllt hat: »Ich bin kein Choleriker!« Das wird bei unseren Kameraden zu einem geflügelten Wort. Auch wenn ich versuche, für Milano Partei zu ergreifen, kann ich seine Wesensveränderung nicht nachvollziehen. Einmal fängt er sogar eine Schlägerei mit unserem Kameraden Boyst an, nur weil der ihm seinen Putzeimer unbedacht weggeschnappt hat. Festas, der die sich auf dem Boden wälzenden Kontrahenten trennt, traut seinen Ohren kaum, als er erfährt, was zu diesem ungebremsten Gewaltausbruch geführt hat.

Offenbar bringt Milano seine Wut auch mit in die Beziehung zu seiner Freundin Anna, die ihn sehr liebt. Sie ist verzweifelt und weiß oft nicht mehr, wie sie Milano noch helfen kann. Ihre Beziehung leidet sehr unter der ständigen Spannung. Wenn mich Anna am Telefon unter Tränen um ein Gespräch bittet, fahre ich zu ihr. Ich höre mir ihre Sorgen dann an, auch wenn ich ihr keine Lösung der Differenzen anbieten kann. Milano bekommt das natürlich mit, er ärgert sich darüber, reagiert aber unnötig eifersüchtig. Er behauptet gegenüber unserem Diensthundezug, ich hätte eine Affäre mit seiner Freundin, und greift mich eines Tages sogar an. Selbst nach einem klärenden Gespräch mit Festas lässt Milano sich nicht von seinem Irrglauben abbringen. Wegen seiner ständigen Wutausbrüche und Querelen muss er den K9-Zug verlassen. Er darf nicht einmal seinen geliebten Rex behalten. Enttäuscht wird Milano in die 6. Ausbildungskompanie versetzt. Den Kontakt zum K9-Zug bricht er komplett ab.

Die Anerkennung meiner Wehrdienstbeschädigung zieht sich weiter in die Länge, meine Gedanken kreisen immer häufiger um den ausbleibenden Bescheid der Wehrbereichsverwaltung. Diese Behörde ist für mich zum sprichwörtlichen roten Tuch geworden. Nach einer fehlerhaften Gehaltsabrechnung, in deren Folge ich meinen Sachbearbeiter über Tage hinweg telefonisch nicht erreiche, bin ich mit meiner Geduld am Ende. Als ich dann doch das vermeintliche Glück habe, ihn an die Strippe zu bekommen, verweigert er mir aus Datenschutzgründen, wie er sagt, die Auskunft. Ich nenne ihm meine persönliche Bundeswehrkennziffer und verdeutliche ihm, dass sich ja wohl niemand sonst über einen Fehler in meiner Gehaltsabrechnung beschweren würde, aber er antwortet lapidar, es könne ja jeder kommen. Plötzlich ist die Leitung unterbrochen. Ich kann mir nicht vorstellen, dass mein Gegenüber so unverfroren ist, einfach aufzulegen, und glaube, dass die Leitung versehentlich unterbrochen wurde, daher rufe ich erneut an. Noch bevor ich ein einziges Wort hervorbringe, bekomme ich direkt zu hören, dass er mir zu meiner Abrechnung keine Fragen telefonisch beantworten wird. Dann beendet er erneut abrupt das einseitige Gespräch. Ich will mich nicht so einfach abfertigen lassen und versuche ihn über Stunden nochmals zu erreichen, bekomme aber nur noch das Besetztzeichen zu hören. Entnervt und verärgert bitte ich meinen Zugführer um einen Tag Urlaub für einen wichtigen Behördengang.

Ich fahre direkt am nächsten Morgen zur Wehrbereichsverwaltung nach Hannover. Während der Fahrt schaukeln sich meine

Aggressionen immer weiter hoch. Am Ziel angekommen, marschiere ich schnurstracks zum Büro meines Sachbearbeiters. Auf dem Weg zu dieser Kanaille habe ich die Vorstellung, mir den dreisten Kerl am Schopf zu packen und mich zusammen mit ihm aus dem Fenster zu stürzen. Ohne anzuklopfen, reiße ich die Tür auf und nenne ihm meinen Namen. Er hat offensichtlich nicht damit gerechnet, dass ich die weite Fahrt auf mich nehme, und wirkt sichtlich nervös. Er versucht, sich hinter seinen Datenschutzrichtlinien zu verstecken, aber das lasse ich nicht gelten. Ich gerate derart in Rage, dass ich ihn anbrülle und ihn mir am Kragen packen will. Plötzlich steht die Personalchefin vor mir. Ich habe die Gelegenheit, ihr zu schildern, wie es zu dieser Auseinandersetzung gekommen ist, dann bringt sie den Fehler in meiner Gehaltsabrechnung in Ordnung und versichert mir, dass ich in Zukunft einen anderen Sachbearbeiter haben werde. Besänftigt und in der Hoffnung, dass es von nun an besser läuft, fahre ich zurück nach Varel.

Mit starken Halsschmerzen melde ich mich eines Morgens im Geschäftszimmer der Sanitätskompanie und werde krankgeschrieben. Meine Eltern sind über meine unangekündigte Ankunft überrascht. Ich sage ihnen, dass ich krank bin, und lege mich ohne weitere Erklärung sofort ins Bett. Mein Vater versorgt mich fürsorglich mit Hühnerbrühe, die Halsschmerzen werden aber immer schlimmer. Ich bekomme auch nur noch schlecht Luft, sodass mein Vater besorgt beschließt, mich nach Hamburg ins Bundeswehrkrankenhaus zu bringen. Die Ärztin dort stellt sofort fest, dass es keine herkömmliche Mandelentzündung sein kann, bei der weiteren Untersuchung erkennt sie, dass sich ein Abszess gebildet hat. Sie erklärt mir, dass der Abszess auch Richtung Herz wandern könnte, deshalb soll ich sofort notoperiert werden, zumal sich durch die Schwellung im Hals meine Luftröhre immer mehr verschließt.

Ich bekomme noch die Möglichkeit, meinen Zugführer anzurufen. Idor muss ja während meiner Abwesenheit von jemandem versorgt werden. Meine Eltern können diese Aufgabe nicht übernehmen. Abgesehen davon, dass sie beide berufstätig sind, ist es laut Vorschrift verboten, den Diensthund jemandem zu überlassen, der nicht ausgebildeter Diensthundeführer ist. Es ist mir nicht einmal erlaubt, mit Idor öffentliche Verkehrsmittel zu benutzen, da ein Diensthund von fast allen Beförderungsbetrieben mit einem Kampfhund gleichgesetzt wird. Ich bitte meinen Zugführer, Idor bei meinen Eltern abzuholen und in die Obhut eines Kameraden im K9-Zug zu geben. Danach werde ich in Windeseile in den OP-Saal gebracht. Glücklicherweise hatte ich zuvor ohnehin nichts Festes zu mir genommen und auch kaum etwas trinken können. Es ist bereits Abend, als ich auf dem OP-Tisch liege. Bemüht, mir mein Unbehagen nicht anmerken zu lassen, scherze ich mit dem Anästhesisten und sage, dass ich versuchen will, gegen die Narkose anzukämpfen. Er versichert mir milde lächelnd, dass es bei ihm noch niemand geschafft hat, weiter als bis zum fünften Schaf zu zählen. Ich nehme die Herausforderung an und warte auf sein Zeichen. Er beugt sich zu mir hin und ich höre nur noch: »Huch, das war wohl ein Frühstart«, dann verliere ich das Bewusstsein.

Müde und orientierungslos wache ich irgendwann auf. Ich brauche einige Minuten, um mir bewusst zu werden, wo ich mich befinde und dass ich operiert worden bin. Ich liege in einem Zimmer, mal wieder ganz allein. Das Licht ist gedämpft, die Vorhänge sind zugezogen. Es gelingt mir nur langsam, mich aufzusetzen. Ich versuche mich an die Minuten vor meiner Operation zu erinnern. Ich muss innerlich lachen, da mir der Frühstart des Anästhesisten wieder einfällt. Ich fühle mich noch sehr benommen und suche nach meinem Handy, um zu sehen, wie spät es ist. Mir fällt jetzt erst auf, dass ich einen Fernseher auf dem Zimmer habe. Ich nehme die Fernbedienung und schalte mich durch die Programme. Bei n-tv bleibe ich hängen, als ich im Newsticker lese, dass das Krankenhaus, in dem ich liege, aufgrund einer Terrorwarnung evakuiert wird. »Terroralarm in Hamburg – Bundeswehrkrankenhaus evakuiert«, läuft durch den Ticker. Vor Schreck falle ich zurück ins Bett. Ich kann nicht fassen, in was für einer Situation ich mich befinde. Ich rufe bei meinen Eltern an, ihre Telefonleitung ist besetzt. Ob hier gleich eine Bombe explodiert und ich kann mich nicht einmal mehr von meinen Eltern verabschieden? Vielleicht sollte ich meinen Zugführer anrufen. Ich wähle die Handynummer und muss nicht lange auf sein tiefes und kräftiges »Festas« warten. Ich versuche ihm zu erklären, dass hier im Krankenhaus etwas nicht stimmt und alle evakuiert wurden und ich jetzt hier ganz alleine bin. Festas ist irritiert und erklärt mir, dass das an der Narkose liege und ich wohl noch nicht ganz Herr meiner Sinne sei. Freundlich, aber bestimmt, versichert er mir nochmals, dass er sich um Idors Unterbringung kümmert. Er wünscht mir gute Besserung und gibt mir den Rat, mich doch erst mal richtig auszuschlafen.

Irritiert stehe ich dennoch auf und gehe zum Fenster. Ich ziehe die Vorhänge auf und erschrecke, als ich mehrere schwarz vermummte Gestalten an meinem Terrassenfenster vorbeilaufen sehe. Ich erkenne anhand der Bekleidung und Ausrüstung, dass es sich eher um das SEK als um Terroristen handelt. Ich öffne, von der Narkose noch benebelt, das Fenster und frage, ob sie hier vielleicht hereinwollen. Einer der Polizisten zischt mir zu, ich solle sofort das Fenster schließen und mich ruhig verhalten, dann verschwinden sie ebenso schnell, wie sie aufgetaucht sind. Mich beunruhigt diese Situation zutiefst. Ich schließe das Fenster und schleiche durch mein Zimmer, um das Stationszimmer aufzusuchen. Auf dem Flur ist das Licht ausgeschaltet, langsam gehe ich ihn entlang und treffe auf eine Schwester. Nach einer Schrecksekunde erklärt sie mir, dass das Krankenhaus evakuiert wurde, und ist über meine Anwesenheit sichtlich verwundert. Sie bemerkt meine Anspannung und bittet mich, zurück auf mein Zimmer zu gehen. Nach einiger Zeit bekomme ich Besuch von einem Arzt. Er teilt mir mit, dass aufgrund der Behandlung eines amerikanischen Soldaten eine Bombendrohung eingegangen sei. Das Krankenhaus wurde hermetisch abgeriegelt und bis auf wenige Patienten evakuiert. Da nichts gefunden wurde, werde der Betrieb fortgeführt.

Die nächsten Tage im Bundeswehrkrankenhaus sind vergleichsweise langweilig. Meine Eltern können mich nicht besuchen, da sie bis zum späten Abend arbeiten, und Lancer, der seinen Weihnachtsurlaub in Hamburg verbringt, hat auch nur wenig Zeit. Das einzig Angenehme ist, dass ich so viel Eiscreme bekomme, wie ich möchte. Da die OP-Wunde gut verheilt und ich meinen Hund schnell wieder selbst versorgen möchte, werde ich bereits nach sieben statt der üblichen zehn Tage Aufenthalt nach Hause entlassen. Mit meinem Vater hole ich Idor aus Varel ab und lasse es mir trotz der mir verordneten Bettruhe nicht nehmen, mich um ihn zu kümmern. Meine Eltern sitzen gemütlich vorm Fernseher, als ich gegen 21:00 Uhr von der Gassirunde komme. Ich wünsche ihnen eine gute Nacht und gehe zu Bett. Wie immer lasse ich meine Zimmertür etwas auf, damit Idor, wenn er nachts Durst bekommt, in der Küche trinken kann. Ich schalte das Licht aus, Idor springt wie gewohnt mit ins Bett und macht es sich am Fußende bequem. Völlig übermüdet schlafe ich sehr schnell ein.

Ich werde dadurch wach, dass Idor am Bett steht, mich laut anknurrt und mir das Gesicht ableckt. Ich bin verärgert darüber, dass er mich nicht schlafen lässt, dann merke ich, dass mein Gesicht komplett nass ist. Auch mein Kopfkissen fühlt sich nass an. Ich taste nach dem Lichtschalter und erschrecke darüber, dass überall Blut ist. Augenblicklich bin ich hellwach, aber mir ist nicht gleich klar, ob ich nur wieder schlecht träume oder dies hier Realität ist. Allmählich dämmert mir, dass meine Narbe am Hals aufgegangen sein muss. Sofort renne ich zu meinen Eltern und bitte sie, den Notarzt zu rufen. Dabei schmecke ich das Blut in meinem Mund und ich fühle mich in die Situation nach der Raketenexplosion zurückversetzt. Ein Gefühl der Panik steigt in mir auf. Ich lege mich ins Bett und versuche, mich darauf zu konzentrieren, dass ich zu Hause bei meinen Eltern bin. Dennoch fühle ich mich, als befände ich mich wieder auf dem Sprengplatz. Nach wenigen Minuten trifft der Notarzt ein und schaut in meinen Rachen. Er ordnet an, dass ich sofort ins Krankenhaus muss, damit die Narbe zugelötet wird. Er bemerkt, dass ich unkontrolliert zittere, und versichert mir, dass ich keine Angst haben müsse, weil wir es rechtzeitig bemerkt haben. Irgendwie kann ich das alles nicht richtig realisieren und zuordnen. Ich sehe in ihm den Arzt, der mir nach der Raketenexplosion Mut zugesprochen hat.

Auf der Fahrt zum Krankenhaus erklärt mir der Rettungssanitäter, dass ich schon viel Blut verloren habe und großes Glück hatte, dass mein Hund mich geweckt hat. Ich hätte sogar verbluten können. Am nächsten Morgen bekomme ich noch einmal Besuch von dem Arzt, der die Narbe wieder verschlossen hat. Er entlässt mich nach Hause, besteht aber darauf, dass ich meinem Hund einen riesigen Knochen schenke, weil ich ihm mein Leben zu verdanken habe. Zu Hause steht Idor schon an der Tür und begrüßt mich überschwänglich wie immer. Ich freue mich noch mehr als sonst, einen so aufmerksamen und treuen Buddy an meiner Seite zu haben.

Durch den ganzen Stress der Ereignisse habe ich seit Tagen keine Zigarette mehr geraucht. Hatte ich noch kurz zuvor bis zu zwei Schachteln am Tag geraucht, so kostet es mich nun kaum Überwindung, mir keine Zigarette mehr anzustecken. Ein Laster, das mich in der Vergangenheit viel Geld gekostet und mir unnötig Kraft geraubt hat, bin ich endlich los.

Einen weiteren Afghanistaneinsatz im Jahr 2005 möchte ich auf mich nehmen, als Beweis meiner noch vorhandenen Leistungsfähigkeit. Ich bin wieder als Diensthundeführer beim EOD eingegliedert. Limmann und Kunz sind mit ihren Hunden ebenfalls im Einsatz. Gemeinsam erleben wir einen ruhigen Einsatz. Wir arbeiten wieder mit dem deutschen EOD-Team zusammen. Wenn es aber darum geht, direkt mit Sprengstoff in Kontakt zu kommen, wird mir mulmig zumute und ich finde stets eine Ausrede, nicht dabei zu sein. Als wir zu einem ersten Einsatz nach Kabul gerufen werden, bleibe ich mit Idor im Transportpanzer, während nach einem IED gesucht wird.

Man findet eine kleine Granate, an der auch noch das Leitwerk befestigt ist. Ich schaue aus der Luke des Panzers und soll die Granate entgegennehmen. Schlagartig bekomme ich Flashbacks und bin mit meinen Gedanken wieder im Einsatz 2002 an der Unglücksstelle. Mir fällt es schwer, meine Arme zu koordinieren. Mein Vertrauen in das angeblich sichere Material ist unwiederbringlich zerstört. Was mir Vorgesetzte dazu sagen, interessiert mich nicht mehr. Für mich zählt nur noch das eigene Bauchgefühl, das mir am 6. März 2002 das Leben rettete.

Der Oberfeldwebel bemerkt meine Anspannung und versichert mir mehrmals, dass rein gar nichts passieren könne und ich auch keine Angst haben müsse. Mir läuft der Schweiß übers Gesicht und ich bekomme höllische Angst. Schließlich zwinge ich mich, nach der Granate zu greifen. Mit beiden Händen halte ich sie fest und lege sie vorsichtig, wie ein rohes Ei, im TPZ ab. Dort finde ich noch zwei Splitterschutzwesten, die ich auf die Granate lege. Zurück im Lager springe ich sofort aus dem Fahrzeug. Mit der Ausrede, Idor versorgen und dann gleich dringend mit Kunz sprechen zu müssen, haue ich einfach ab und kümmere mich nicht mehr darum, was mit der Granate weiter passiert. Ich bin fix und fertig und gehe in die Betreuungseinrichtung »Dropzone«.

Der Schrecken dieses Einsatzes sitzt mir noch lange in den Knochen. Erst eine Mission ohne Idor bringt mich auf andere Gedanken. Der Hauptmann des EOD befragt mich nach meinen speziellen infanteristischen Fähigkeiten. Ich zähle ihm auf, welche Lehrgänge ich besucht habe, und als ich meinen Combat Survival Course sowie den französischen Kommandolehrgang erwähne, reicht ihm dies, um mich für die Teilnahme an einer besonderen Mission einzuplanen.

Ich erfahre, dass eine Boeing 737-200, aus Herat in Richtung Kabul kommend, irgendwo in den Bergen des Hindukusch abgestürzt ist. Die afghanische Nationalarmee versuchte, sich bis zum Flugzeugwrack durchzuschlagen, einige Soldaten hatten nicht einmal Kampfstiefel und marschierten mit Badelatschen ins verschneite Gebirge. Als dann einige bei dem Versuch, in das Hochplateau vorzudringen, abstürzten, wurde die Rettungsaktion abgebrochen. Am Flughafen in Kabul warteten viele Menschen vergeblich auf Informationen, ob ihre Familienmitglieder noch am Leben sind. Einige riefen ihre Angehörigen, die in der Unglücksmaschine saßen, per Handy an, dann brach am Flughafen ein Tumult aus, als statt der Angehörigen Fremde rangingen. Die NATO musste die Rettungsaktion übernehmen und eigene Truppenteile zur Absturzstelle hochbringen, in der Hoffnung, noch Überlebende zu finden. Der Hauptmann meint nun, dass ich mich im besonderen Maße dazu eigne, im Fall eines Angriffs der Taliban die Sicherung unserer Leute zu unterstützen. Kunz lässt es sich nicht nehmen, an dieser Mission teilzunehmen. Limmann versorgt derweil unsere Hunde.

Wir bekommen den Auftrag, an der Absturzstelle einen »helipat«, einen improvisierten Hubschrauberlandeplatz, vorzubereiten, damit die 104 Leichen, von denen man ausgeht, geborgen werden können. Wir packen zusätzliche Munition, EPa, wasser- und winterfeste Ausrüstung in unsere Rucksäcke. Dann heißt es warten. Am frühen Morgen des folgenden Tages machen wir uns auf den Weg zum Hubschrauberlandeplatz im Camp Warehouse. Mit dabei sind zwei Sprengstoffexperten vom EOD und zwei Infanteristen, die als Combat-Medic ausgebildet sind. Die beiden Infanteristen kenne ich von unserem Kommandolehrgang bei der französischen Armee. Wir freuen uns darüber, dass wir uns wiedersehen. Schon von Weitem hören wir die Hubschrauber, die im Tiefflug schnell näherkommen. Es sind zwei Black Hawks, die uns ins Gebirge bringen.

Im Hubschrauber empfängt uns der Doorgunner und informiert uns darüber, dass wir im amerikanischen Camp noch Soldaten der 10th Mountain Division abholen müssen. Neben uns sitzen wortlos zwei zivil gekleidete Personen, ich nehme an, dass sie vom Geheimdienst sind. Ich genieße den Ausblick über die vielen Dörfer. Der Doorgunner sieht weniger entspannt aus und hält die Augen nach möglichen Angreifern offen. Ich merke, wie mein Adrenalinspiegel steigt, denn ich habe überhaupt keine Ahnung, was mich gleich erwartet. Wir nähern uns sehr schnell den schneebedeckten Gebirgszügen. Die Black Hawks müssen merklich höher steigen. Dann signalisiert uns ein lautes Piepen, dass wir den Hubschrauber verlassen sollen. Zusätzlich dreht sich einer der Piloten zu uns um und brüllt: »You must jump!«

Da die Black Hawk zu schwer ist, um noch höher zu steigen, müssen wir den Helipat um einiges unterhalb des abgestürzten Flugzeuges errichten. Der Hubschrauber schwebt instabil über dem Hochplateau. Um die Höhe einigermaßen einschätzen zu können, werfe ich zuerst meinen Rucksack hinab, um zu sehen, wie tief er fällt. Dann springe ich mit meinem G36-Sturmgewehr am ausgestreckten Arm die 3 bis 4 Meter hinterher. Nach der Landung gehe ich sofort in den Anschlag und sichere die anderen Kameraden, die mir nun folgen. Auch aus der zweiten Black Hawk springen die Soldaten heraus und sammeln sich an einem Punkt. Der Schnee ist nicht tief, sodass wir uns alle relativ normal vorwärtsbewegen können. Nachdem die Hubschrauber weggeflogen sind, herrscht eine einsame Stille.

Nach einem kurzen Überblick über unsere Ressourcen beginnen wir, mit unseren Klappspaten den Schnee aufzulockern, um den Hubschrauberlandeplatz vorzubereiten. Bereits nach wenigen Minuten muss ich feststellen, dass ich die Arbeit auf 3800 Höhenmetern nicht gewohnt bin. Immer wieder muss ich wie meine Kameraden auch eine Atempause machen. Nachdem wir unseren Auftrag erledigt haben, holt uns eine britische Puma aus dieser unwirtlichen Gegend heraus. Dass wir Deutschen bei diesem Einsatz nicht über genügend eigene Transportmittel verfügen, finde ich etwas beschämend.

Es stellt sich heraus, dass die schlimmsten Befürchtungen berechtigt waren und alle 104 Passagiere ums Leben gekommen sind. Bei der eisigen Kälte und der Dauer des Bergungsversuchs haben sicher selbst diejenigen, die den Absturz überlebten, nicht einmal die erste Nacht überstanden. Unter ihnen waren Mitarbeiter internationaler Hilfsorganisationen, die hier jäh ihr Ende fanden.

Einige Monate später – ich bin längst wieder aus dem Einsatz zurück und befinde mich in der Kaserne – ist Idor besonders unruhig und läuft zwischen meinen Beinen umher. Damit macht er mich noch nervöser, als ich in letzter Zeit ohnehin schon bin. Daher packe ich meinen Hund am Nacken und an der Kruppe, um ihn auf seine Hundedecke zu befördern. Idor jault auf und schnappt blitzartig nach meinem linken Handgelenk. Das ist mir eine Warnung. Ich bin erschrocken darüber, dass ich Idor so unsanft behandelt habe. Ich verstehe mich selbst nicht mehr. Wie konnte ich dermaßen die Kontrolle verlieren und meinen Hund so harsch angehen?

Dass Idor mich mit einem warnenden Biss in die Schranken gewiesen hat, ist ein deutliches Zeichen. Ein Wolf in freier Wildbahn würde bei einer geklärten Rangordnung niemals grundlos nach seinem Leitwolf schnappen – höchstens wenn er sich aus Selbsterhaltungstrieb gegen ein möglicherweise krank gewordenes Leittier verteidigen müsste. Es tut mir unendlich leid und ich habe ein sehr schlechtes Gewissen. Mir wird dadurch besonders bewusst, dass ich krank bin und daher so unkontrolliert handele. Idor verzeiht mir aber noch an diesem Abend und legt sich zu mir ins Bett. Zum ersten Mal muss ich richtig weinen und kann mich kaum beruhigen. Ich liege allein auf meiner Stube und kann mit niemandem reden. Idor kuschelt sich vom Fußende zu mir herauf und liegt mit seiner Schnauze auf meinem Brustkorb. Er schenkt mir unendlich viel Vertrauen und Liebe. Ich empfinde eine riesige Dankbarkeit für diese Freundschaft.

Inzwischen sehe ich im Diensthundezug keine Perspektive mehr für mich. Stattdessen will ich mich für das Kommando Spezialkräfte bewerben. Dazu darf ich aber keinerlei relevante körperliche Einschränkung haben. Ich bitte Oberfeldarzt Pellnitz darum, mich offiziell gesundzuschreiben. Er möchte mir den Weg zu meinem Lebenstraum, bei dieser Eliteeinheit aufgenommen und dadurch zum Berufssoldaten zu werden, nicht verbauen. Daher willigt er schließlich ein, meine Minderung der Erwerbsfähigkeit mit 30 Prozent zu beurteilen. Er sagt mir aber auch, dass es zwar ein Leichtes sei, aus meiner anfänglich zuerkannten Schädigung von 70 Prozent eine Schädigung von 40 Prozent oder 30 Prozent zu machen, es andersherum aber erheblich schwieriger sein würde. Da er mich eindeutig für traumatisiert hält, weigert er sich strikt, mich komplett gesund und einsatzfähig zu schreiben. Die Anerkennung meiner Wehrdienstbeschädigung ist mir zu diesem Zeitpunkt gleichgültig. Erst später erkenne ich, dass ich einen großen Fehler gemacht habe.

Schritt für Schritt komme ich meinem Ziel näher, im KSK unter Gleichgesinnten auf höchstem Niveau meinem Beruf nachgehen zu können. Einen wesentlichen Teil der Aufnahmebedingungen hatte ich bereits im Dezember 2004 gemeinsam mit Lancer hinter mich gebracht. Der mehrwöchige Combat Survival Course unter der Leitung amerikanischer Special Forces ist das härteste Training meiner gesamten Dienstzeit gewesen. Spezialkräfte aus allen NATO-Staaten werden durch diesen Lehrgang auf das Überleben unter Bedingungen einer Kriegsgefangenschaft gedrillt. Die Prüfungen, die mir jetzt bevorstehen, erscheinen mir dagegen eine reine Willensfrage zu sein. Je weiter ich jedoch komme, umso mehr zweifle ich an meiner Entscheidung, meinen noch zwei bis drei Jahre dienstfähigen Hund Idor an einen Kameraden der Kampfmittelspürhundgruppe abzugeben und mich auf ein Leben als Berufssoldat einzustellen. Bei der Abschlussprüfung fallen für mich die Würfel. Ich gebe meine »Arschkarte«, eine Karte, mit der man signalisiert, dass man aufgibt, bei einem Ausbilder ab. Erleichtert mache ich mich auf den Rückweg zum K9-Zug, wo ich meinen freudig an mir hochspringenden Idor aus dem Zwinger hole und mit ihm einen langen Spaziergang mache.

Meine Tante aus Berlin ruft mich an und bittet mich, bei einer von ihr veranstalteten öffentlichen Lesung von Günter Grass für die Sicherheit zu sorgen. Ihre Buchhandlung ist in Berliner Literaturkreisen bekannt. Dadurch wird es ihr gelungen sein, diesen herausragenden deutschen Schriftsteller einzuladen. Er wird Auszüge aus seinem neuen Buch »Beim Häuten der Zwiebel« vorstellen. Im Anschluss will man den Gästen die Gelegenheit geben, sich ihre Bücher von ihm signieren zu lassen. Als sie erklärt, dass die Lesung in einer Kirche stattfinden wird und alle 450 Karten bereits verkauft sind, sage ich ihr, dass ich jemanden zur Unterstützung mitbringen möchte. Ich bitte meinen Buddy darum, mich nach Berlin zu begleiten. Meine Tante ist erfreut, Lancer endlich einmal persönlich kennenzulernen, da sie bereits von meiner Mutter einiges über ihn gehört hat.

Direkt nach unserer Ankunft helfen Lancer und ich meiner Tante noch dabei, kistenweise Bücher von der Buchhandlung zur Kirche zu bringen. Ihre Tochter nimmt uns dort in Empfang und koordiniert den Aufbau. Wir haben danach gerade einmal 30 Minuten Zeit, bevor der Einlass beginnt. Ganz systematisch überprüfen wir die Notausgänge, melden uns bei der nächstgelegenen Polizeiwache und bitten um eine Durchwahlnummer für den Fall, dass es zu Komplikationen kommt. Eine Inspektion des Innen- und Außenraums gehört für uns ebenfalls zur Routine. Dabei finden wir kleine Pflastersteine hinter einem Baum aufgetürmt. Lancer erklärt mir mit einem Augenzwinkern, dass man sich in Hamburg so auf Demonstrationen vorbereite. Das Buch von Günter Grass ist bereits im Vorfeld sehr kontrovers diskutiert worden, weil er darin erstmals öffentlich bekennt, als Jugendlicher einer Einheit der Waffen-SS angehört zu haben. Nun sieht er sich etlichen Anfeindungen ausgesetzt. Ich male mir ein Worst-Case-Szenario aus, bei dem wir uns in der Kirche verbarrikadieren müssen, während draußen ein Mob vermummter Demonstranten durchdreht.

Wir sind mit unseren Vorbereitungen gerade fertig, als schon der Einlass beginnt. Lancer und ich stehen in einem Vorraum am Haupteingang der Kirche. Hinter uns führt eine gläserne Doppeltür in das Hauptschiff. Etliche Leute warten schon seit fast einer Stunde in der Winterkälte. Sie sind ungeduldig und versuchen immer wieder, durch die Tür zu gelangen, um sich einen guten Sitzplatz zu sichern. Als wir pünktlich die Kirchenpforten aufgleiten lassen, sind einige

Gäste von unserem Anblick sichtlich irritiert, sie haben wohl eher mit einer tüdeligen Dame mit Lesebrille auf der Nase gerechnet. Meiner Tante zuliebe haben wir uns um ein besonders gepflegtes Erscheinungsbild bemüht und die der militärischen Zweckmäßigkeit nachempfundenen Cargohosen und Fleecejacken, die wir in unserer Freizeit tragen, gegen einen dunklen Anzug ausgetauscht. Lancer hat sich eine Strickmütze aufgesetzt, um die kurz geschorenen Haare, die wir seit der Grundausbildung aus praktischen Erwägungen tragen, zu bedecken. Viele wollen uns beim Einlass ihre Eintrittskarte nicht zeigen und behaupten, persönliche Freunde von Herrn Grass zu sein. Ich bleibe trotz der herablassenden Äußerungen, die ich mir anhören muss, freundlich und zurückhaltend. Das bourgeoise Auftreten solcher Gäste gefällt mir überhaupt nicht und sorgt dafür, dass meine Anspannung steigt. Lancer erkennt im Eifer des Gefechts nicht, dass die Schriftstellerin Christa Wolf vor ihm steht. Konsequent bittet er auch sie um ihre Eintrittskarte und zeigt sich völlig unbeeindruckt, als sie ihm ihren Namen sagt. Ich kann ihm noch schnell zurufen, dass er sie selbstverständlich hereinlassen kann, bevor meine Tante diesen Fauxpas bemerkt. Überrascht darüber, dass ich die Dame kenne, lässt mein Buddy Frau Wolf eintreten.

Meine Cousine sagt mir, dass alle Plätze belegt seien. Ich bitte die noch Wartenden daher um etwas Geduld, weil wir erst prüfen müssen, inwieweit man ihnen noch anbieten kann, der Lesung beizuwohnen. Lancer stellt sich in den Eingang, damit sich niemand dreist hineindrängt, während ich mit meiner Tante bespreche, wie wir das handhaben wollen. Letztendlich überlässt sie mir die Entscheidung. Die etwa drei Dutzend Menschen freuen sich, zumindest Stehplätze von mir angeboten zu bekommen. Hinter ihnen schließen Lancer und ich die Türen und sind froh, den anfänglichen Tumult so gut in den Griff bekommen zu haben. Uns beiden fällt lachend das Fußballspiel in Kabul ein, bei dem die Besucher alle irgendwoher eine Eintrittskarte hatten, obwohl das Stadion bereits überfüllt war.

Die erste Hälfte der Lesung ist bereits um, als jemand mit voller Wucht die Eingangstür aufschlägt. Lancer und ich sind sofort alarmiert, doch der Mann, der so stürmisch zur Tür hereinkommt, möchte offenbar einfach den Rest der Lesung mitbekommen. Dieser rüpelhafte Kerl, er mag Mitte vierzig sein und ist recht beleibt, schiebt Lancer mit seiner Körperfülle beiseite und brabbelt dabei etwas Unverständliches in seinen struppigen Bart. Ich stelle mich ihm in den Weg und frage nach seiner Eintrittskarte. Er reagiert mit irrem Gelächter und bezeichnet mich als ignorant. Lancer beobachtet die Situation aufmerksam. Es wäre uns ein Leichtes, den Burschen hochkant rauszuwerfen, aber wir wollen dieser bisher so gut verlaufenen Veranstaltung keine negative Wendung geben. Ich bitte den Mann höflich, aber bestimmt, das Gebäude zu verlassen. Betont langsam und widerwillig folgt er meiner Aufforderung.

Zehn Minuten vor Ende der Lesung, kurz vor dem Signieren, tritt ein großer, hagerer Herr mittleren Alters in die Kirche. Sein schwarzes Haar ist zum Pferdeschwanz zusammengebunden, er trägt einen leicht abgetragenen Anzug aus schwarzem Wollstoff. Auf meinen Hinweis, dass er die Lesung bedauerlicherweise verpasst hat, greift er motzend in seine abgegriffene braune Aktentasche und holt eine Eintrittskarte hervor. Die hält er mir provozierend direkt vor die Augen – so dicht, dass ihm klar sein muss, dass ich sie so nicht lesen kann. Ich wische seinen Arm zur Seite und fordere ihn auf, zu gehen. Ohne Vorwarnung spuckt er mir ins Gesicht und holt mit geballter Faust zum Schlag aus. Da ich seine Spucke ins Auge bekomme und blinzeln muss, wirft Lancer sich sofort in die Bresche und befördert den aggressiven Typen zu Boden. Hysterisch schreit dieser aus Leibeskräften um Hilfe. Er brüllt, dass er von Nazis überfallen werde. Gemeinsam schleifen Lancer und ich ihn nach draußen. Wir wollen den Störenfried an die frische Luft setzen, damit er den anderen Menschen in der Kirche nicht den schönen Abend verdirbt. Obwohl wir zu zweit sind, gestaltet sich das schwieriger als gedacht. Hemmungslos tritt und schlägt der Rowdy am Boden um sich und versucht gezielt, uns am Knie zu treffen. Plötzlich taucht aus einem Gebüsch der Mann auf, den ich eine halbe Stunde zuvor hinauskomplimentiert hatte. Er hat eine kleine Kamera auf uns gerichtet und tritt dicht an uns heran. Wie aufs Stichwort fängt der Krawallbruder, den wir nur durch unser beider Körpergewicht niederhalten können, wieder an, sein Theater abzuziehen, um Hilfe zu schreien und zu behaupten, dass ihn Nazis überfallen. Jetzt reißt mir der Geduldsfaden. Ich springe auf und eile auf den schrägen Vogel mit der Kamera zu, der schnell wieder ins Gebüsch verschwinden will. Lancer bringt mich zur Besinnung: »Mula, bleib hier! Lass ihn gehen.« Mein Buddy brüllt selten, aber wenn er es tut, hat es seinen guten Grund. Während er den Mann unter sich mit einem Judogriff festhält, rufe ich bei der Polizeiwache unter der vereinbarten Notfallnummer an. Durch den Tumult aufmerksam geworden, kommen meine Cousine und meine Tante dazu. Sie können nicht erfassen, wie es zu dieser Situation gekommen ist, und fragen mich, ob es wirklich nötig sei, den armen Mann auf dem kalten Boden liegen zu lassen. Zum Glück kommt in diesem Moment die Polizei, die uns den krakeelenden Schläger vom Hals schafft.

In einem Seitenschiff bereiten wir schnell alles für die Signierstunde vor. Herr Grass setzt sich ruhig an den bereitgestellten Tisch, auf dem sich die Exemplare seines neuen Buches stapeln. Offenbar hat er von dem Ärger, den wir ihm vom Leib gehalten haben, nichts mitbekommen. Während der folgenden Stunde postieren wir uns strategisch günstig, um weitere Zwischenfälle im Keim zu ersticken. Unsere Wachsamkeit erweist sich aber als unnötig. Günter Grass hat es währenddessen nur mit begeisterten Menschen zu tun, die ihm zu seinem Werk gratulieren, und kann mit einem guten Gefühl nach Hause gehen. Auch wir fahren noch am selben Abend nach Hamburg zurück. Unterwegs unterhalten wir uns lange über den ominösen Zwischenfall. Wir vermuten, dass das Ganze ein abgekartetes Spiel war und man uns durch die Provokationen gezielt in die Falle gelockt hat. Glücklicherweise hat Lancer mich und die beiden

Aufhetzer mit seiner Besonnenheit vor weitreichendem Schaden bewahrt. Dennoch bekomme ich nach etwa 14 Tagen eine Anzeige wegen gefährlicher Körperverletzung. Das Verfahren wird eingestellt, nachdem ich schriftlich dazu Stellung genommen habe.

Dass meine häufige Aggressivität eine Folge der posttraumatischen Belastungsstörung ist, über deren Diagnose ich so lässig hinweggegangen war, ist mir zu diesem Zeitpunkt noch nicht bewusst. Die Nächte ohne Schlaf und die ständigen Reizüberflutungen lassen mich vermehrt Adrenalin ausschütten. Es ist eine Folge des erlittenen Schocks. Ich wundere mich nur darüber, dass ich mir nichts mehr merken kann. Nach einem Telefonat kann ich mich oftmals nicht mehr daran erinnern, mit wem ich überhaupt gesprochen habe oder worüber. Die Einschlafstörungen und Albträume halte ich in meinem Fall für normal und ich hoffe einfach, dass sich die Intensität der Träume bald legt. Es wundert mich nicht, dass ich stets müde und unausgeglichen bin, und bringe mich weiterhin mit meiner 50/50-Mischung Whiskey zum Einschlafen. Natürlich dauert es nicht lange, bis ich Post aus Flensburg bekomme. Ich bin wiederholt aggressiv im Straßenverkehr aufgefallen, sogar im nüchternen Zustand. Mein Punktekonto ist sehr schnell so voll, dass ich zu einer Nachschulung muss.

Innerhalb des Hundezuges habe ich seit Langem nur noch Stress mit den K9ern. So geschieht es beispielsweise, dass ich vor den Augen meiner kleinen Nichte, die mich besucht, einen guten Kameraden, der mich nur im Spaß provoziert, zu Boden drücke und ihm außer mir vor Wut Schläge androhe. Meine Nichte ist total schockiert, mich so zu erleben. Mit meinem Nachbarn streite ich so heftig über einen Grenzzaun, dass ich ernsthaft erwäge, ihm seine Hütte anzuzünden. Überall bekomme ich Schwierigkeiten, beim Einkaufen reicht es schon, wenn ich keinen Parkplatz vor dem Supermarkt finde und dann völlig entnervt und laut schreiend wieder nach Hause fahre. Anfangs begehe ich noch den Fehler, dass ich zu Stoßzeiten einkaufen gehe, dann wird mir schnell bewusst, dass es besser für mich ist, meine Vorräte Samstags am späten Abend zu besorgen, wenn die meisten Menschen bereits vor dem Fernseher sitzen.

Selbst mit meiner Familie gerate ich immer häufiger aneinander. Ich ertrage es nicht, dass sie mit mir immer wieder über meine Gemütsschwankungen diskutieren wollen. Sie können eh nichts daran ändern und würden mich nicht verstehen. Soll ich meiner Mutter erzählen, dass ich eine halbe Flasche Whiskey brauche, um einzuschlafen? Meinem Vater geht meine ständige Gereiztheit sowieso schon längst kolossal auf die Nerven. Er macht mir Vorwürfe, warum ich denn überhaupt vorbeikomme, wenn ich sowieso nicht vernünftig mit ihnen rede. Dann knallen die Türen und ich bekomme zugerufen, dass ich verschwinden soll, weil mein Verhalten alle belastet. Ich will dann meine Mutter nicht weinen sehen, schnappe mir meine Post und verschwinde zurück in die Kaserne. Vorbei sind die Zeiten, als mich meine Mutter an der Tür mit einem Kuss auf die Wange verabschiedete. Wir telefonieren auch nur noch selten. Diese Situation macht meiner kleinen Schwester Johanna schwer zu schaffen, die nicht verstehen kann, warum sich alle immer streiten, wenn ich da bin. Die Einzige, die während dieser schweren Zeit zu mir hält, ist meine große Schwester Bettina. Sie ruft mich immer wieder an und bringt mich geduldig davon ab, meiner Familie im Zorn endgültig den Rücken zuzukehren.

In einer im Umland von Stade gelegenen Diskothek, die ich an meinen freien Wochenenden manchmal besuche, fällt mir eine attraktive Frau besonders auf. Ich habe sofort den Wunsch, sie kennenzulernen. Ihre Art, sich zu kleiden und zu bewegen, der lebendige, strahlende Ausdruck in ihrem Gesicht, alles sagt mir, dass sie eine Frau von Welt ist, die sich aus irgendeinem Grund in diese Dorfdisco, die auch noch TaTöff heißt, verirrt haben muss. Eine auffallend schöne, zierliche blonde Hanseatin mitten auf dem platten

Land. Natürlich zieht sie nicht nur meine Blicke auf sich. Ich beobachte, wie ständig irgendwelche Burschen um sie herumscharwenzeln und versuchen, sich ihr aufzudrängen. Das scheint sie mit Humor zu nehmen und es gelingt ihr, sich auf charmante Art der Kerle zu erwehren. Zum Glück erweist sie sich also kein bisschen nordisch unterkühlt, wie ich zunächst befürchtet habe. Etwas unbeholfen spreche ich sie an, rechne mit einer Abfuhr. Doch irgendwie gelingt es mir, mit ihr ins Gespräch zu kommen. Ich erfahre, dass sie Jana heißt und Physiotherapeutin ist. Aus Sorge, sie zu verschrecken, sage ich ihr an diesem Abend lieber noch nicht, dass ich Soldat bin. Da ich aber auch nicht lügen möchte, erwähne ich nur, dass ich gelernter Koch bin und auch eine Ausbildung zum Fitnesstrainer gemacht habe. Ich scheine ihr genauso zu gefallen wie sie mir, denn wir treffen uns fortan täglich und ich ziehe bereits zwei Wochen später zu ihr in die Wohnung.

Jana ahnt bald, dass etwas mit mir nicht in Ordnung ist, weil ich im Schlaf stets sehr unruhig bin und ganz offensichtlich schlecht träume. Oft wacht sie dadurch sogar auf, beobachtet und weckt mich, um mich aus einem Albtraum zu erlösen. Ich bin dann häufig schweißgebadet und brauche einige Augenblicke, um zu realisieren, wo ich bin. Es vergeht dennoch einige Zeit, bis ich ihr nach und nach von all den Dingen erzähle, die mich seit meinen Auslandseinsätzen so massiv belasten. Ich habe Angst, sie zu überfordern und damit zu verschrecken, wenn ich alles auf einmal offenlege. Jana ist aber viel verständnisvoller, als ich zu hoffen gewagt habe, und akzeptiert mich trotz meiner PTBS-Erkrankung. Sie liebt mich und schätzt meine guten Eigenschaften. Ihr gefällt auch, dass ich meine Probleme offensiv angehe, und sie unterstützt mich dabei, indem sie mir Halt und Ruhe gibt. Leider kann Jana mir den Ärger, den ich durch das ständige Hin und Her mit den Behörden habe, nicht abnehmen. Immer wieder gibt es beispielsweise Gezerre um Gutachten, mit denen meine bereits anerkannte Wehrdienstbeschädigung erneut auf den Prüfstand gestellt wird.

Wenige Monate nachdem Jana und ich ein Paar wurden, bekomme ich Post von der Wehrbereichsverwaltung. Es ist die im Zwei-Jahres-Turnus eintreffende, standardisierte Aufforderung, mich von einem Bundeswehrmediziner begutachten zu lassen. Vorsorglich werde ich in dem Schreiben auch gleich darauf hingewiesen, dass man mir die Wehrdienstbeschädigung absprechen kann, wenn ich mich nicht untersuchen lasse. Diesmal soll ich mich bei einem Dr. Zimmermann im Bundeswehrkrankenhaus in Berlin einfinden. Bereits Wochen vor der Begutachtung reagiere ich zunehmend gereizt auf meine Umwelt. Durch die posttraumatische Belastungsstörung werden ohnehin ständig Stresshormone ausgeschüttet. Wenn etwas Aufwühlendes dazukommt, gerate ich schnell in einen Zustand äußerster Anspannung und Wachheit. Trotz der Erschöpfung, die stets am folgenden Tag einsetzt, kann ich mich nicht zur Ruhe zwingen, um den nötigen, erholsamen Schlaf zu finden. Eine Woche vor dem Termin stehe ich bereits völlig entnervt neben mir.

Dennoch kümmere ich mich rechtzeitig um eine Unterkunft, da ich vermeiden will, dass es bei der Unterbringung von Idor Komplikationen gibt. Ich kann ihn während der einen Woche, die ich im Bundeswehrkrankenhaus bleiben soll, nicht in meiner Diensthundeeinheit lassen. Der Ranger hat inzwischen einen anderen Dienstposten und der neue Zugführer scheint die angeordnete Untersuchung für mein Privatvergnügen zu halten. Er sperrt sich jedenfalls, einen der Hundeführer damit zu beauftragen, Idor für die Zeit zu versorgen. Ich ergreife also selbst die Initiative und erkundige mich im Bundeswehrkrankenhaus vorab telefonisch, ob ich mich vor und nach den Untersuchungen in der nur wenige Kilometer entfernten Julius-Leber-Kaserne aufhalten darf, damit ich meinen Diensthund versorgen kann. Durch die vorherigen Begutachtungen weiß ich, dass die Tests ausschließlich tagsüber gemacht werden. Vor meinem Telefonat habe ich mir vorsichtshalber die schriftliche Bestätigung der Kaserne eingeholt, dass ich vom 21. bis 24. Januar 2008, also während der Zeit der Untersuchung, mit Idor dort unterkommen kann.

Eine Kopie dieses Schreibens sende ich per Fax ans Geschäftszimmer der psychiatrischen Abteilung. Da ich diese Vorarbeit geleistet habe, wird mir entsprechend von der Schreibkraft, nach Rücksprache mit ihrem vorgesetzten Arzt, zugesagt, dass man mit meiner Absicht einverstanden ist.

Müde und angespannt bringe ich die 360 Kilometer weite Strecke von Stade nach Berlin hinter mich. Der Hauptparkplatz für die Mitarbeiter des Krankenhauses bleibt mir versperrt. Eine Stellfläche, die noch frei zu sein scheint, entpuppt sich als Privatparkplatz, der im Stundentakt berechnet wird. Ich flippe völlig aus, denn es ist bereits 09:55 Uhr und ich soll mich um 10:00 Uhr im Geschäftszimmer melden. Ich beobachte, wie Dienstfahrzeuge der Bundeswehr eine Seiteneinfahrt benutzen, die mit einer automatischen Schranke versperrt wird. Doch wie von Zauberhand öffnet sie sich auch mir, als ich vorfahre. Zu meiner Erleichterung finde ich sogar recht schnell einen Schattenparkplatz für Idor. Dennoch muss ich mich stressbedingt mehrfach vergewissern, dass ich die Türen verriegelt und die Fenster für den Hund einen Spaltbreit offen gelassen habe. Die Umstände der Begutachtung ärgern mich fast genauso wie die Begutachtung an sich.

Im Krankenhaus melde ich mich militärisch im Geschäftszimmer der psychiatrischen Abteilung. Ein Stationsarzt nimmt mich in Empfang und zeigt sich verwundert, als ich ihm sage, dass ich wie abgesprochen mit meinem Diensthund angereist bin. Er fragt mich provokant, was ich mir dabei denke. Mir wäre doch wohl mitgeteilt worden, dass für die Untersuchungen eine ganze Woche eingeplant ist und ich für diese Zeit stationär aufgenommen werde. Ebenso gereizt entgegne ich ihm, dass mir vorher aber zugesagt wurde, mit meinem Diensthund außerhalb der Krankenhausanlage nächtigen zu können. Ich zeige ihm das Fax der Julius-Leber-Kaserne. Meinen Hinweis, dass eine Kopie dieses Schreibens bereits eine Woche zuvor bei seinen Mitarbeitern eingegangen ist, ignoriert er betont uneinsichtig und wirft mir an den Kopf, dass es ihn überhaupt nicht interessiere, was ich mit irgendwem abgemacht hätte. Der Arzt, der mich ambulant begutachten wollte, sei jetzt nicht da und er selbst bestehe auf einer stationären Aufnahme. Das Gespräch schaukelt sich auf dem Flur zu einem lautstarken Wortgefecht hoch. Der Militärarzt ist es offenbar nicht gewohnt, von einem Stabsunteroffizier Widerworte zu bekommen. Wahrscheinlich ist ihm nicht bewusst, dass ich bereits im elften Dienstjahr Soldat bin und nicht mit mir umspringen lasse wie mit einem Rekruten.

Dann sagt dieser psychologisch geschulte Arzt etwas, was mich endgültig zur Weißglut bringt: Ich soll mich zusammenreißen und mich nicht so unsoldatisch aufführen. Jetzt muss ich mich wirklich sehr zusammenreißen, damit ich nicht im Affekt etwas tue, was ich später bereue, denn dieser Satz trifft mich in meiner Soldatenehre und löst in mir eine grenzenlose Empörung aus. Es gelingt mir nur mit Mühe, mich zurückzuhalten, und ich frage ihn ganz sachlich, ob ich zumindest die Möglichkeit erhalte, alle vier bis sechs Stunden meinen Hund auszuführen, wenn ich denn schon hierbleiben muss. Da Idor daran gewöhnt ist, sogar im wesentlich ungemütlicheren Hundeanhänger zu schlafen, habe ich keine Bedenken, ihn in meinem Kombi zu lassen. Doch der Arzt befiehlt mir barsch, mich bei meinem Vorgesetzten im Heimatstandort zurückzumelden. Als Soldat habe ich kein Problem damit, Befehle entgegenzunehmen, es geht mir aber gänzlich gegen den Strich, ungerecht und von oben herab behandelt zu werden. Ich soll ausbaden, dass man sich hier untereinander nicht abspricht. Urplötzlich spüre ich ein unbändiges Gefühl von Wut in mir, das ich so noch nicht kannte. Zu gerne möchte ich diesem Schnösel, der mich als unsoldatisch abkanzelt, einfach eine aufs Maul hauen. Er hat vermutlich noch nie Blut geschmeckt, geschweige denn eine Explosion überlebt.

Ich nehme meinen Tinnitus jetzt lauter wahr als sonst. Es ist inzwischen mein untrügliches Anzeichen für Stress. Dennoch folge ich ihm wortlos mit verkniffenem Gesicht in das Geschäftszimmer, wo ich unterschreiben soll, dass ich heute hier anwesend war. Die

Soldaten dort geben sich wortkarg und wollen sich an ein Telefonat mit mir nicht erinnern können. Der Oberstabsarzt droht selbstherrlich damit, dass er mein Verhalten an meinen Disziplinarvorgesetzten weitermelden und auch die Wehrbereichsverwaltung in Kenntnis setzen wird. Bevor ich gehe, schaue ich ihm noch einmal tief in die Augen. Er weicht meinem Blick feige aus.

Im Auto sitzend versuche ich mich daran zu erinnern, was in den letzten Minuten passiert ist und wie ich überhaupt in mein Auto gekommen bin. Es gelingt mir nicht. Ich schwitze an den Händen und mein Körper zittert. Ich muss schreien und fange an zu weinen. Wieso hat der mich gerade so mies behandelt und wie soll ich das jetzt in meiner Einheit erklären? Der Spieß der Ausbildungskompanie hat mich noch nie freundlich begrüßt (»Das ist der Müller, der aus dem Hundezug geschmissen wurde!«) und der Kompaniechef kennt mich vermutlich gar nicht. Die hat es auch nie interessiert, dass ich mich als Stabsunteroffizier selbst um Dinge wie die Anerkennung meiner Wehrdienstbeschädigung, Gutachten, Kriegsopferrente usw. kümmern muss. Ich bin nun wieder ganz auf mich allein gestellt und weiß nicht, was ich tun soll. Die Fahrt nach Hause wird für mich zu einer Tortur. Mehr als einmal habe ich den Gedanken, mich in voller Fahrt gegen einen Brückenpfeiler zu setzen. Wiederholt muss ich einen Rastplatz anfahren und einige Minuten anhalten, um mich abzuregen. Lancer kann ich seit Tagen telefonisch nicht erreichen. Ich hätte mit ihm gerne darüber gesprochen, was mir eben widerfahren ist. Er würde es mir ganz offen sagen, wenn er glaubt, dass ich einen Fehler begangen habe, mir aber auch den Rücken stärken, wenn ich im Recht bin. Da mich das Ereignis emotional so aufgewühlt hat, kann ich überhaupt nicht objektiv einschätzen, wo meine Schuld an der Eskalation liegt. Statt Hilfe zu bekommen, ernte ich überall nur Unverständnis und Feindseligkeit.

Zurück in meiner Einheit, wundert sich niemand über meine schnelle Rückkehr. Es interessiert einfach keinen, wie meine Begutachtung gelaufen sein mag. Im Gegenteil, da einer der Ausbilder erkrankt ist, werde ich gleich wieder in den Dienstalltag eingebunden. Als ich abends zu Hause die Kopie des in meiner Wut schnell unterzeichneten Schreibens zu meinen Unterlagen hefte, lese ich, dass ich mich mit meiner Unterschrift auf eigenen Wunsch entlassen und eine stationäre Begutachtung abgelehnt habe.

Meine Suizidgedanken und Angstzustände kommen immer öfter, dazu neuerdings starke Magenschmerzen. Immer wieder erscheine ich zu spät zum Dienst, weil ich mich schon morgens zu schwach und unausgeschlafen fühle, um aufzustehen. Als ich Lancer endlich erreiche, gibt er mir den Rat, mich bei Oberfeldarzt Pellnitz zu melden. Am 11. Februar 2008 fahre ich zum Bundeswehrkrankenhaus nach Bad Zwischenahn. Oberfeldarzt Pellnitz hat mich und auch die anderen Überlebenden vom 6. März schon 2002 und 2003 auf PTBS untersucht und mir einen Schädigungsgrad von zuerst 70 Prozent und später 40 Prozent bescheinigt. Er ist mir gleich sympathisch gewesen, wie er da in seinem Büro im Kampfanzug saß und sich genüsslich eine Zigarette ansteckte. Wir reden über meine Aggressionen, meine Schlafstörungen, dass ich kaum noch Freunde habe, mit meiner Familie gebrochen habe und dass mich mein Hund zum ersten Mal gebissen hat. Ein Diplompsychologe, der mich anschließend im Einzelgespräch befragt, kommt zu der Auffassung, dass sich mein Zustand seit 2003 erheblich verschlechtert hat. Man spricht inzwischen von einer schweren posttraumatischen Belastungsstörung, die sich chronifiziert hat. Pellnitz erstellt erneut ein Gutachten und bewertet darin meinen Grad der Schädigung mit mindestens 50 Prozent. Er bietet mir beim Abschied an, mich jederzeit bei ihm melden zu dürfen, wenn es mir schlecht geht und ich Hilfe brauche.

Sein Gutachten schicke ich zusammen mit einem Antrag auf Anerkennung der Verschlimmerung meiner PTBS an die Wehrbereichsverwaltung. Von dort bekomme ich die schriftliche Antwort, dass das Gutachten von Oberfeldarzt Pellnitz nicht anerkannt wird. In meiner Verzweiflung fahre ich ins Bundeswehrkrankenhaus nach Hamburg. Ich erhoffe mir dort Hilfe, weil Pellnitz inzwischen in Pension gegangen ist. Ich treffe auf einen sehr ruhigen und mir sympathischen Arzt. In einem kurzen Gespräch erkläre ich ihm meine Situation und wir vereinbaren eine ambulante Therapie. Er nimmt Rücksicht darauf, dass ich gerade in einer beruflichen Rehabilitationsmaßnahme stecke. Als Koch kann ich nicht mehr arbeiten. Ich weiß, dass ich dem Stress und den langen Arbeitszeiten nicht mehr gewachsen wäre. Daher nehme ich die Chance wahr, an der Bundeswehrfachschule in Hamburg eine Ausbildung zum Erzieher zu machen. Mein Ziel ist es, anschließend im Bereich der Erlebnispädagogik zu arbeiten und mich womöglich damit selbstständig zu machen.

Meiner Freundin Jana, mit der ich inzwischen verlobt bin, erzähle ich von der Notwendigkeit einer ambulanten Therapie. Sie bestätigt mich darin, allein schon weil sie hofft, dass dadurch die Schlafstörungen und Albträume gelindert werden. Sie hat oft genug mitbekommen, wie ich mich im Schlaf gewälzt und auch geschrien habe. Jana ist ausgebildete Physiotherapeutin und wenn sie mich nach Feierabend manchmal massiert, sagt sie mir, dass meine Verspannungen, gerade im Rücken, sie an ihre Wachkomapatienten erinnern.

Ich bin sehr aufgeregt vor meiner ersten Therapiesitzung. Herr Eisenlohr bittet mich herein, ich setze mich. Ich berichte ihm offen von meiner Situation, noch nie habe ich mit jemandem so lange und ausführlich über meine Erfahrungen und Erlebnisse geredet. Ich habe auch das Gefühl, dass mir jemand wirklich zuhört. Zwischendurch verliere ich einige Male den Faden, aber Herr Eisenlohr gibt mir die Zeit, dass ich in Ruhe weiterdenken und erzählen kann. Er schreibt im Anschluss eine Überweisung zum MRT, um zu überprüfen, ob meine starke Vergesslichkeit organische Ursachen haben kann. Bei der Explosion hatte ich einen starken Schlag nicht nur in den Rücken bekommen, sondern auch an den Kopf.

Die erste Sitzung fast acht Jahre nach der Traumatisierung tat mir unglaublich gut. Endlich gibt es da jemanden, bei dem ich alles abladen kann. Ich bin überglücklich und habe endlich Hoffnung, dass ich einmal wieder der Robert von früher sein werde. Nach langer Zeit genieße ich jetzt zum ersten Mal wieder bei voll aufgedrehtem Autoradio die Fahrt nach Hause und der Hamburger Berufsverkehr kann mir diesmal meine Stimmung auch nicht verderben. Auch Jana hofft sehr, dass wir positiv in die Zukunft schauen können. Abends feiern wir diesen neuen Abschnitt bei unserem Lieblings-Chinesen. Idor haben wir mitgenommen und selbstverständlich bekommt er einige Köstlichkeiten von mir unter den Tisch gereicht.

Zur zweiten Sitzung komme ich wesentlich entspannter und wieder werde ich sehr freundlich von Herrn Eisenlohr begrüßt. Ich beginne nun anhand eines Zeitstrahls aufzuschreiben, wann welche Erlebnisse für mich stark belastend waren. Dazu beschreibe ich sie ihm möglichst genau. Einige Male muss ich unterbrechen, weil ich Rotz und Wasser heule. Zu viele Emotionen kommen hoch und geraten durcheinander, ich merke, wie ich immer unkonzentrierter werde. Herr Eisenlohr beendet die Sitzung. Er wirkt angespannt, scheint mir etwas sagen zu wollen. Dann erklärt er mir, dass er nach Berlin an das neue Traumazentrum versetzt wird. Was für ein Schlag! Mir wird schlecht, ich muss mich fast übergeben. Gerade jetzt lässt er mich fallen? Herr Eisenlohr spricht beruhigend auf mich ein und erzählt mir, dass er bereits mit einem Herrn Barrel gesprochen habe, ebenfalls Diplompsychologe hier im Bundeswehrkrankenhaus, er würde mich als Patient übernehmen. Gemeinsam gehen wir zu Herrn Barrel und ich werde ihm vorgestellt. Er erhält meine inzwischen sehr dicke Krankenakte und wir vereinbaren gemeinsam einen Termin.

Ich bin wieder hin- und hergerissen. Meine Gefühle auf dem Nachhauseweg fahren Achterbahn mit mir. Mal bin ich wütend darüber, dass mich Herr Eisenlohr so in den Arsch tritt, dann freue ich mich, dass ich überhaupt weiter behandelt werde. Mir ist bewusst, dass viele Psychopatienten oft lange Wartezeiten für einen Therapieplatz in Kauf nehmen müssen. Zu Hause angekommen, falle ich müde und erschöpft ins Bett.

Ich weiß nicht, wie lange ich schon schlafe, als ich mit einem lauten Schrei aufwache. In meinem Traum ist die alte Frau vom Dachboden aus ihrem Bett aufgestanden. Sie blutet zwischen den Beinen und kommt langsam, fast schleichend und schweigend auf mich zu. Ich kann die Treppe nicht runtergehen und bleibe wie angewurzelt stehen. Die Frau fasst mir mit ihren knöchernen Händen ins Gesicht und schubst mich die Treppe hinab. Ich falle ...

Jana ist noch nicht zu Hause. Ich gehe ins Bad, um mir etwas Wasser ins Gesicht zu werfen. Ich habe Angst davor, in den Spiegel zu schauen. Der Gedanke daran, dass ich dort die alte Frau vom Dachboden sehe, lässt mich erschauern. Ich knipse nach und nach in der ganzen Wohnung das Licht an und hole mir Idor ins Bett. Langsam kann ich mich beruhigen. Dieser Traum liegt mir noch lange auf der Seele. Ich vermeide fortan Dunkelheit in der Wohnung.

Die Wochen bis zur nächsten Sitzung werden immer belastender für mich. Ich schaffe es kaum noch, stressfrei durch die Stadt zum Einkaufen zu gehen. Panikattacken überkommen mich, sobald ich auf viele Menschen treffe. Ich muss dann sofort raus. Ich möchte am liebsten gar nicht mehr nach Hamburg fahren, doch Jana macht mir wieder Mut.

Im Zimmer von Herrn Barrel ist es viel heller als bei Herrn Eisenlohr. Angespannt und verunsichert sitze ich da und warte darauf, wieder von den Ereignissen zu berichten. Doch dazu kommt es erst gar nicht. Herr Barrel erklärt mir, dass er in Kürze in den Ruhestand gehen werde und ich deshalb an einen anderen Psychologen übergeben werde. Das ist zu viel für mich! Während er noch redet und redet, stelle ich mir bildlich vor, wie ich ihn mit seinem Brieföffner absteche, dann direkt weiter zu Herrn Eisenlohr gehe und ihm den abgeschnittenen Kopf von Barrel präsentiere. Soll er sehen, was er angerichtet hat! Ich stehe auf und entschuldige mich damit, dass es mir nicht gut geht. Ich verlasse sein Zimmer und gehe raus an die frische Luft. Dann steige ich geistesabwesend ins Auto und fahre einfach weg. Die können mich mal. Ich bin voller Zorn und schaffe es Gott sei Dank ohne Zwischenfall nach Hause. Dieser Tag wird zu einem weiteren tiefen Einschnitt in meinem Leben.

Meine Gedanken kann ich nicht mehr kontrollieren. Ich bin einfach nur verzweifelt. Ich bekomme einen Ausschlag. Immer gegen neun Uhr abends beginnen meine Beine, Füße und mein Rücken zu jucken. Oft liege ich nachts im Bett und kratze mich so stark, dass ich blute. Jana ist darüber wütend, denn die Blutflecken sind nun in jeder Bettwäsche und gehen beim Waschen kaum noch raus. Auf meinem Rücken bilden sich viele kleine Hückel, als wäre ich in die Brennnesseln gefallen. Um auszuschließen, dass ich auf etwas allergisch reagiere, hole ich meinen Schlafsack aus dem Keller und schlafe mehrere Nächte im Wohnzimmer. Aber auch dort bekomme ich den Ausschlag. Ich versuche es mit einer teuren Körperlotion und einem ph-neutralen Duschbad. Doch bald tritt der Ausschlag nicht mehr nur nachts auf, sondern kommt auch am Tag. Mein Banknachbar in der Bundeswehrfachschule, dem ich ratlos meinen Arm zeige, ekelt sich vor dem Anblick und fragt mich, ob das ansteckend sei.

Da ich endlich wissen möchte, um was es sich handelt, gehe ich zum Standortarzt und bekomme eine Überweisung zum Dermatologen an das Bundeswehrkrankenhaus Hamburg. Dort stellt sich schnell heraus, dass ich an Nesselsucht leide. Die Nesselsucht ist ein Anzeichen für eine stark angeschlagene Psyche. Nachdem ich der Ärztin kurz meine Geschichte erläutert habe, wundert sie sich über nichts mehr. Ich bekomme Tabletten, die den Juckreiz unterbinden, jedoch nicht die Nesselsucht an sich behandeln. Sie gibt mir den Rat, mich unbedingt therapieren zu lassen. Mit einem »Jaja« verabschiede ich mich und fahre wieder zur Schule. Meine Leistungen im schriftlichen Bereich werden dort immer schlechter. Mit meinem Klassenlehrer gerate ich so heftig aneinander, dass er den Unterrichtsraum verlässt. Die Albträume ereilen mich nun auch am Tag in Form von Flashbacks, unkontrolliert und immer öfter. Ich treffe für mich resigniert die Entscheidung, den Unterricht zu verlassen, und fahre einfach nach Hause. Es dauert nicht lange, bis ich zum Schulleiter muss. Ich müsse mich abmelden. Ihm zu erklären, dass ich das in so einem Moment nicht kann, probiere ich erst gar nicht.

# ICH GEHE AN DIE ÖFFENTLICHKEIT

Zu lange habe ich darauf vertraut, von meinen Vorgesetzten, auch auf höherer Ebene, Hilfe zu bekommen. Ein Brief, den ich Hilfe suchend an den Verteidigungsminister geschrieben habe, wird mit dem Hinweis »Wir können Ihnen nicht helfen« beantwortet. Zudem schreibt mir ein ranghoher General, dass er meine Überlegung, mich in der Angelegenheit an die Presse zu wenden, als störend und unnötig empfinde: »Aufbau von Druck dieser Art führt in der Regel eher zu Gegendruck.« Er unterschreibt den Brief selbst mit einem Füllfederhalter. Diese demütigende Behandlung macht mich maßlos wütend. Denen scheint nicht bewusst oder komplett gleichgültig zu sein, wie verzweifelt meine Lage ist. Weil ich den Eindruck habe, ständig nur ignoriert, hingehalten und abgelehnt zu werden, sehe ich mich zu einem Schritt gezwungen, den ich bisher nicht beabsichtigt hatte, und wende mich an die Presse. Lancer war vor dem Oberverwaltungsgericht mit einer Klage auf Gleichbehandlung gescheitert. Nun hat er neben seinen Problemen auch noch mehrere Tausend Euro Anwaltskosten am Hals. Der Vertreter der Bundesregierung erklärte am Tag des Urteils sogar, dass er die Klage vollends verstehe, jedoch könne er wegen fehlender Gesetze nicht helfen. Also wage ich jetzt den Schritt in die Öffentlichkeit.

Stichpunktartig schreibe ich einzelne Erlebnisse auf und sende sie als E-Mail an das Stader Tageblatt. Ich muss nicht lange warten, bis ich einen Anruf des Redakteurs Karsten Wisser bekomme. Wir treffen uns bei mir zu Hause. Jana ist davon überhaupt nicht begeistert, sie möchte unser gemeinsames Leben nicht in die Öffentlichkeit gebracht sehen. Karsten Wisser versichert, dass er keinen reißerischen Artikel schreiben möchte, sondern sehr sorgfältig vorgehen wird. Bereitwillig erzähle ich ihm meine Geschichte.

Der Artikel erscheint am 17. Oktober 2009 und erhält die Überschrift »Die vergessenen Soldaten von Kabul«. Er geht über eine ganze Seite. Der Zeitungsbericht schlägt hohe Wellen. Lancer und ich werden von der Bundestagsabgeordneten Dr. Martina Krogmann zu einem Gespräch in das Stader CDU-Büro eingeladen. Auch Karsten Wisser, der durch seine Recherche neue Informationen zum Soldatenversorgungsgesetz bekommen hat, ist dabei. Frau Dr. Krogmann sagt uns zu, in Berlin auf unser Schicksal aufmerksam zu machen. Wenig später hat sie mit dem Staatssekretär des Bundesministeriums der Verteidigung, Thomas Kossendey, gesprochen. Sie bittet um eine Prüfung, warum das neue Soldatenversorgungsgesetz mit einer Stichtagsregelung versehen worden ist. So ist es nämlich geschehen, offenbar willkürlich: Bei der Abstimmung konnten sich einige noch an den Hubschrauberabsturz im Dezember 2002 in Kabul erinnern. Also setzte man das Datum der Neuregelung zur Versorgung von Einsatzsoldaten auf den 1. Dezember 2002. Wir Versehrten vom 6. März 2002 wurden ganz einfach vergessen. Dabei sind wir als erste deutsche Truppe im Afghanistaneinsatz gewesen und schon von diesem Kontingent kehrten Soldaten in Särgen oder schwer verwundet nach Deutschland zurück.

Es folgen noch zwei Tageblattartikel und die Anfragen von Zeitungen und TV-Sendern häufen sich. In meiner alten Einheit in Seedorf distanzieren sich nun immer mehr Kameraden von mir. Vermutlich sehen sie in mir jetzt einen »Nestbeschmutzer« oder einen, der die Presse nur für sein persönliches Schicksal einspannt. Dabei kämpfe ich für alle im Einsatz versehrten Soldaten, damit sie genauso gut versorgt werden wie diejenigen, die später betroffen und dadurch erst von der Stichtagsregelung erfasst sind. Schon in der

Grundausbildung haben wir eingetrichtert bekommen, nicht mit der Presse zu sprechen, sondern stets an den Presseoffizier zu verweisen. Nun habe ich das Tabu gebrochen.

Ich lese, dass es inzwischen zivile Organisationen gibt, die sich für Soldaten mit Problemen engagieren, und rufe bei einer Dame an, die nach dem Tod ihrer Tochter Jenny auf dem Schulschiff Gorch Fock die Jenny-Böken-Stiftung gegründet hat. Sie wiederum verweist mich auf Oberstleutnant a.D. Timmermann, der mir vielleicht weiterhelfen kann. Ihm darf ich meine Unterlagen zukommen lassen. Er ist einsatzerfahren und versteht meine Problematik. Er klingt sehr kämpferisch und ich habe endlich wieder das Gefühl, auf Unterstützung hoffen zu können.

Nach kurzer Zeit bekomme ich erneut die Aufforderung, mich eine Woche stationär begutachten zu lassen. Die Versorgung meines Diensthundes müsse ich selbst regeln. Das hat schon einmal fast zu einem Eklat geführt, aber da mir keine bessere Lösung einfällt, bin ich in einer misslichen Lage. An der Begutachtung führt kein Weg vorbei, weil mir sonst die Wehrdienstbeschädigung aberkannt wird. Da ich nicht mehr im Diensthundezug aktiv bin, kann ich von der Seite nicht auf Hilfe hoffen. Ich entscheide mich also, Idor in die Obhut meiner Eltern zu geben, obwohl ich damit bewusst gegen die Anordnung verstoße, dass Diensthunde zur Betreuung nur an ausgebildete Hundeführer abgegeben werden dürfen. Es ist eine Versicherungsauflage, denn ein Diensthund in falschen Händen stellt potenziell eine große Gefahr dar. Mein Vater erklärt sich freundlicherweise dazu bereit, Idor für die eine Woche zu versorgen. Er nimmt sich dafür sogar Urlaub. Über die Konsequenzen für mich, wenn Idor in der Zeit jemanden beißt, denke ich lieber nicht nach. Ich weiß, dass Idor bei meinen Eltern in guten Händen ist, und hoffe einfach, dass nichts Schlimmes passiert.

Zeitgleich erhalte ich von Frau Dr. Krogmann und Staatssekretär Kossendey eine Einladung. Sie bitten mich, ihnen in Berlin von meiner persönlichen Situation und den Ursachen zu berichten.

In Berlin treffe ich wieder auf den Stabsarzt, der mich erniedrigend behandelt hat. Er begrüßt mich mit dem Satz: »Ah, das ist ja der Hundeführer, der schon mal hier war.« Während einer Visite steht er mit sechs weiteren Ärzten vor meinem Bett und fragt mich, wie es mir geht. Ich möchte gerne aufstehen, doch er sagt, ich solle liegen bleiben. Eine Taktik, um mit mir nicht auf Augenhöhe sprechen zu müssen. Ich komme mir vor, als hätte ich etwas verbrochen. Ruhig erkläre ich ihm, dass es mir schlechter gehe und ich deshalb hier sei. Er möchte das im Detail wissen, seine bohrenden Fragen werden immer energischer. Als ich ihm berichte, dass ich inzwischen Schulden habe und nicht weiß, wie ich damit umgehen soll, fragt er mehrmals indiskret nach der Höhe meiner Schulden und sagt, dass auch Leute verschuldet sind, die keine PTBS haben. Diese Art der Befragung kenne ich vom Combat Survival und wenn wir jetzt allein im Raum wären, würde ich ihm direkt eine reinhauen. Dann sagt er noch, dass er an den anerkannten 30 Prozent Schädigungsgrad festhalten werde. Wie geht das denn bitte? Er hat mich noch gar nicht untersucht und fällt unfundiert bereits sein Urteil. Ohnehin frage ich mich, woran man festmachen will, ob ich eine posttraumatische Belastungsstörung habe oder nicht. Abgesehen von Jana bekommt ja keiner mit, wenn es mir schlecht geht, weil ich mich dann nicht unter Menschen begebe. Nach der Visite kichert mein Bettnachbar zu mir rüber, dass der Stabsarzt mich wohl auf dem Kieker hat.

Mein Zimmergenosse ist stets fröhlich, ich erfahre, dass wir aus ganz unterschiedlichen Gründen hier sind. Er möchte sich heimatnah versetzen lassen und will dies mit einem psychologischen Gutachten erwirken. Ganz offen sagt er mir, dass er hier auf der Station jemanden kenne und dass das sein Vorteil sei. Ruhig höre ich ihm zu und überlege, wie ich ihm klarmachen soll, dass er ein sogenanntes Kameradenschwein ist. Viele traumatisierte Soldaten müssen lange auf einen Platz zur Begutachtung oder Therapie warten und dieser Typ will sich einfach aus Bequemlichkeit versetzen lassen.

Die Begutachtung läuft wie immer ab. Tagsüber fülle ich Fragebogen aus und langweile mich zwischendurch auf meinem Zimmer. Während eines Computertests, bei dem ich mehr als 100 Fragen beantworten muss, fange ich an zu weinen. All diese Fragen, die ich im Multiple-Choice-Verfahren beantworten muss, zeigen mir auf, dass es nicht gut um mich steht. Es sind Fragen wie: »Haben Sie schon an Suizid gedacht?« – »Wenn ja, wie oft?« und »Träumen Sie schlecht?« – »Wenn ja, wie häufig?« Ich sehe mich in diesem Augenblick nicht als kranken Menschen, sondern als Laborratte. Mit jeder Frage fühle ich mich intensiver in den Kosovo versetzt und sehe dort wieder die alte Frau auf dem Dachboden vor mir liegen. Ich höre die Schreie der Kameraden vom 6. März und schmecke das Blut. Mein Herz rast, ich schwitze am ganzen Körper. Ich stehe auf und renne auf die Toilette. Dort muss ich mich übergeben und bekomme einen Weinkrampf. Ich bin allein, niemand ist hier, der mich so sieht. Dann gehe ich zurück in den Testraum und drücke apathisch irgendwelche Antworten. Ich will, dass es endlich aufhört.

Bei einer weiteren Untersuchung durch eine Traumtherapeutin wird mir mitgeteilt, dass sich meine Konzentrationsfähigkeit enorm verschlechtert habe. Sie ist beeindruckt, dass ich mehrere traumatische Erlebnisse durchlitten habe, und blickt mit Skepsis auf den langen Zeitraum seit dem Kosovoeinsatz. Ihrer Erfahrung nach könne man mich nicht mehr therapieren, sondern nur noch stabilisieren. Das reißt mir endgültig den Boden unter den Füßen weg und zum ersten Mal nehme ich abends Tabletten zum Einschlafen.

Ich bin noch gar nicht ganz wach, das Frühstück habe ich verschlafen, als ein hagerer Herr im Anzug und mit einem abgewetzten schwarzen Aktenkoffer eintritt und sich mir vorstellt: Andreas Timmermann-Levanas. »Moin Kamerad«, begrüßt er mich freundlich. Er macht einen sehr professionellen Eindruck auf mich, gemeinsam fahren wir zu dem Termin ins Ministerium. Dort lassen sich Frau Dr. Krogmann und der Staatssekretär entschuldigen, sie haben ihre Büroleiter geschickt. Im Gespräch erfrage ich, ob es nicht die Möglichkeit gebe, in meinem sowie in Lancers Fall eine Härtefallregelung zu erwirken. Timmermann und ich verweisen darauf, dass man die Stichtagsregelung beim Soldatenversorgungsgesetz seinerzeit willkürlich gesetzt habe und man mir doch die Chance einräumen solle, Berufssoldat zu werden.

Mit der Aussage, meinen Fall prüfen zu wollen, entlässt man uns. Wir müssen uns allerdings noch ein Kunstwerk im Ministerium anschauen. Es handelt sich dabei um die Kanus der deutschen Olympiamannschaft, die an einer Seilwinde auf- und abfahren sollen. Das tun sie aber nicht, die Anlage ist schon länger kaputt. Der Büroleiter von Frau Krogmann, der im Rollstuhl sitzt, erklärt uns, das sei ziemlich teuer gewesen, aber leider eher unzweckmäßig. Ich möchte dem Typen im Rolli am liebsten sagen, dass ich das für eine reine Steuergeldverschwendung halte. Kostspielige Kunstwerke im Ministerium, aber keine Möglichkeit einer unbürokratischen Hilfe, das passt für mich nicht zusammen. Herr Timmermann-Levanas fragt noch mal ganz direkt nach der Möglichkeit einer Härtefallregelung in meinem Fall. Dies wird rigoros abgelehnt, da man keinen Präzedenzfall schaffen wolle, der weitere Klagen nach sich ziehen könne. Wütend und enttäuscht verlasse ich das Ministerium und gehe mit Timmermann-Levanas noch einen Kaffee trinken. Er redet beruhigend auf mich ein und verspricht, an meiner Sache dranzubleiben. Gemeinsam planen und überlegen wir, welche Pressestellen man noch einschalten könnte, um den Druck zu erhöhen. Dann kehre ich wieder zurück ins Bundeswehrkrankenhaus.

Am Ende der Woche findet ein Abschlussgespräch mit einer Ärztin statt. Sie zeigt sich irritiert, dass von einem Tinnitus und einer Operation an meinen Ohren nichts in der Akte steht. Ich erkläre ihr, wie wütend ich bin und dass ich irgendwann durchdrehe, wenn man mich weiter so behandelt. Sie nimmt sich Zeit und sagt mir dann, dass sie meinen Grad der Schädigung bei 40 bis 50 Prozent sehe, sich aber noch mit einem Arzt besprechen müsse. Sie wünscht mir noch eine gute Heimreise. Wieder bin ich mit meinem Auto auf dem Weg nach Hause. Mit öffentlichen Verkehrsmitteln fahre ich seit vielen Jahren nicht mehr. Die Gefahr von Angstzuständen und Panikattacken ist dort einfach zu groß. Ich weiß inzwischen, ich muss unbedingt Situationen meiden, in denen es mir schlecht geht.

Durch meinen E-Mail-Wechsel mit einem Soldaten der 10th Mountains, den ich während des letzten Afghanistaneinsatzes kennenlernte, habe ich Einblicke in die Strukturen der US-Army erhalten. Da mir bei der Bundeswehr keine Zukunftsperspektive mehr geboten wird, ich mich aber zum Soldaten berufen fühle, besuche ich Mitte 2008 den Recruit Officer in einer US-Base in Frankfurt. Er ist ganz begeistert von meinen Dienstzeugnissen und den zahlreichen Qualifikationen, die ich bei der Bundeswehr erworben habe. Es ist ihm völlig unverständlich, dass man mich bei der Bundeswehr nicht weiter verpflichtet, und es ist schnell abgemacht, dass ich direkt nach meinem Dienstzeitende bei der Bundeswehr zur US-Army wechseln kann. Selbst Idor könnte ich mitnehmen, da gerade Hundeführer dringend gebraucht werden. Der Officer erklärt mir genau, wie und wo ich die Greencard beantragen soll, damit ich schnellstmöglich eine Aufenthaltsgenehmigung für die USA erhalte, und ruft persönlich bei der amerikanischen Botschaft an, damit mir alle nötigen Unterlagen zugeschickt werden. Hochzufrieden fahre ich nach Hause zurück. Mir war schon von einem Kameraden, der nach Dienstzeitende zu einer privaten amerikanischen Sicherheitsfirma wechselte, berichtet worden, dass es für mich kein Problem sein sollte, in die US-Army zu kommen, doch so leicht hatte ich es mir nicht vorgestellt.

Ein paar Wochen später werden meine Armypläne komplett umgeworfen. Wie bereits berichtet, habe ich in einer Diskothek Jana kennengelernt und mich sofort in sie verliebt. Ich ziehe nach vierzehn Tagen zu ihr. Da ich mir bereits sicher bin, in ihr die Frau fürs Leben gefunden zu haben, lade ich sie wenig später zu einem gemeinsamen Wochenende in Paris ein und mache ihr auf dem Eiffelturm einen Heiratsantrag. Zu meiner großen Erleichterung nimmt sie meinen Verlobungsring an. Unsere Hochzeit findet ein gutes Jahr später statt, am 24. Juli 2009. Wir haben beide den Wunsch, auch kirchlich zu heiraten. Jana, die natürlich längst weiß, dass ich mit voller Überzeugung Soldat bin, ist einverstanden, dass ich mir den lange gehegten Wunsch erfülle, wie mein Großvater in Uniform vor den Traualtar zu treten.

Jana hat überhaupt sehr viel Verständnis für mich. Obwohl sie nichts mit dem Militär zu schaffen hat, respektiert sie, dass mir mein Beruf außerordentlich wichtig ist. Sie nimmt Rücksicht auf mich, wenn ich aufgrund der PTBS-Erkrankung bestimmte Dinge wie öffentliche Großveranstaltungen meide oder generell stressauslösenden Situationen aus dem Weg gehe. Sie akzeptiert und unterstützt es auch, dass ich mich für den Bund Deutscher Veteranen starkmache. Die Hochzeit bereiten wir gemeinsam vor. Unsere engsten Freunde und Familienangehörigen sollen am Tag des feierlichen Gelöbnisses, füreinander einzustehen, Zeugen sein. Mein Trauzeuge ist natürlich Lancer. Von allen anderen Kameraden, von denen ich hoffte, dass sie an der Kirchentür Spalier stehen, erscheint nur Ranger Festas.

Es ist ein besonderer Tag, der mich nicht nur mit der Frau meines Lebens verbindet, sondern auch einen klaren Schnitt zu meiner Vergangenheit und vermeintlichen Kameraden bedeutet. Mit meinem Schritt an die Öffentlichkeit, um Missstände bei der Bundeswehr zu thematisieren, habe ich ein Tabu gebrochen. Die Mauer des Schweigens, die viele Soldaten mit der Pflicht zur Verschwiegenheit verwechseln, habe ich durchbrochen. Dafür werde ich von denen, die ich für meine Kameraden hielt, ausgegrenzt. Doch mein Engagement für den Bund Deutscher Veteranen hat mir sehr viel Zuspruch gebracht. Ich bin froh, auf diese Weise etwas für alle Soldaten in Bewegung setzen zu können, weit mehr, als es mir innerhalb dieser Maschinerie möglich gewesen ist.

Da in wenigen Wochen meine Entlassung aus der Bundeswehr ansteht, werde ich schriftlich auf die Möglichkeit hingewiesen, meinen Diensthund Idor, der aufgrund seines Alters nicht mehr dienstfähig ist, für einen symbolischen Betrag von 1 Euro der Bundeswehr abzukaufen. Das kann ich einfach nicht glauben. Es würde für mich bedeuten, die Kosten für Futter, den Tierarzt usw. in Zukunft selbst zu tragen. Ich schreibe wieder einmal dem Wehrbeauftragten und bitte um Prüfung, ob die Gnadenbrothaltung der Diensthunde nur bis zum Dienstzeitende gilt oder darüber hinaus. Der Bescheid braucht länger als erwartet, also muss ich zum Dienstleistungszentrum der Bundeswehr nach Rothenburg fahren und den Kaufvertrag erst einmal unterschreiben.

Als Alternativen nennt der Ausmusterungsantrag die »schmerzlose Tötung« und die »Gnadenbrothaltung an der SdstHundeBw«. Letzteres würde bedeuten, dass mein Kamerad, mein Buddy, mein treuer Freund zurück an die Diensthundeschule der Bundeswehr müsste. Die lange Erfahrung an der Diensthundeschule hat mir gezeigt, dass solche »Althunde« immer plötzlich versterben. Ich kann und will niemandem etwas unterstellen, aber jeder Hundeführer weiß, dass eine Rückgabe des Diensthundes an die Diensthundeschule den baldigen sicheren Tod des Tieres bedeutet.

Punkt 7 der 8 Punkte des Kaufvertrags lautet: »Ich habe davon Kenntnis erhalten, dass der Hund ggf. als gefährlicher Hund im Sinne der jeweiligen Gefahrenabwehrverordnung einzustufen ist.« Voller Zorn frage ich den Sachbearbeiter, was denn ein Kampfhund in Niedersachsen an Steuern kostet und ob er weiß, wo ich meinen sogenannten Kampfhund günstig versichern kann. Darauf hat er keine Antwort. Widerwillig unterschreibe ich den Kaufvertrag und muss nun innerhalb von 14 Tagen einen Euro an die Bundeswehr überweisen. Idor war zweimal in Afghanistan, war Aushängeschild der Bundeswehr in mehreren Zeitungs- und Fernsehberichten. Sogar für die große TV-Reportage mit Sonja Zietlow, »50 Jahre Bundeswehr«, waren Idor und seine Fähigkeiten von Interesse.

In Afghanistan standen wir Seite an Seite und haben gemeinsam für die Sicherheit im Lager und auch in den Straßen von Kabul gesorgt. Ein Bänderabriss während der Dienstzeit war seine größte Verletzung und konnte operiert werden. Bei anderen internationalen Einheiten wird die Verabschiedung eines Hundes aus dem Diensthundezug mit einem kleinen Fest gefeiert. Der Hund bekommt dann sogar eine Auszeichnung und das jeweilige Bataillonswappen. Mein braver Idor wird am 13. April 2010 still und leise als »Verbrauchsmaterial« ausgesondert, was ich zu diesem Zeitpunkt noch nicht weiß. Die Prüfung, wie mit der Gnadenbrothaltung von ausgesonderten Diensthunden umzugehen ist, ist im September 2011 noch immer nicht abgeschlossen.

Auch mir steht nun ein neuer Lebensabschnitt bevor. Nach zwölf Jahren Dienst in der Bundeswehr mit Auslandseinsätzen, Speziallehrgängen, Verwundung im Einsatz und gelebter Kameradschaft werde ich endgültig entlassen. Lange hatte ich darauf gehofft, dass mir eine Härtefallregelung ermöglicht, bei der Bundeswehr zu bleiben – waren doch inzwischen der Wehrbeauftragte, Mitglieder des Verteidigungsausschusses, der Staatssekretär des BMVg und auch der Verteidigungsminister auf meinen Fall aufmerksam geworden und sahen eine Versorgungslücke. Das Unteroffizierkorps der 1. Kompanie hat mich zu einer Feier eingeladen. Dort werde ich nach alter Tradition mit einem geselligen Abend aus dem Uffz-Korps entlassen. Nur noch wenige der Soldaten kenne ich überhaupt. Weil es mir an diesem Abend nicht sonderlich gut geht, fahre ich nach dem offiziellen Teil der Feier nach Hause.

Dann steht die Verabschiedung von der 1. Kompanie des Fallschirmjägerbataillons 313 an. Lancer hat die Nacht zuvor bei uns gepennt. Lange haben wir über alte Zeiten geredet und gelacht. Aber auch über die Zukunft haben wir gesprochen und das, was mich nun erwartet. Dass Lancer inzwischen von Hartz IV lebt und seinen Alltag nur schwer geregelt bekommt, macht mich wütend. Trotzdem fahren wir gemeinsam am 30. April 2010 nach Seedorf. Dort treffen wir auf Limmann, der gemeinsam mit Lancer und mir die Grundausbildung gemacht hat. Jana, die ebenfalls mitgekommen ist, ist von unserer Wiedersehensfreude sichtlich bewegt. Stabsfeldwebel Festas ist inzwischen der Spieß der 1. Kompanie 313 und hat die Aufgabe, Limmann und mich aus der Bundeswehr zu verabschieden. Die Kompanie ist auf dem zugeparkten Parkplatz angetreten. Nach der Wochenendbelehrung werden Limmann und ich vor die Front gerufen. Dann werden wir doch nicht von Festas, sondern von dem mir völlig unbekannten Kompaniechef entlassen. Er findet ein paar Worte zum Einsatz und meiner Verwundung und wünscht uns beiden mit einem dreifachen »Glück ab!« der Kompanie alles Gute.

Ich sehe in die meist jungen Gesichter derer, die ihre Zeit noch vor sich haben, und stelle fest, dass ich außer ein paar Hundeführern niemanden hier kenne. Die 6. Kompanie, in der ich mein letztes Dienstjahr verbracht habe, verabschiedet mich überhaupt nicht. Kein Dank dafür, dass ich mich für die oft langen Dienstzeiten als Zugdienst freiwillig gemeldet habe. Kein Dank dafür, dass ich meine gesammelten Einsatz- und Lehrgangserfahrungen mit in die Rekrutenausbildung eingebracht habe. Sie haben mich nie gefragt, warum ich so bin, so einsam, und mich oft als verrückten Einzelgänger denunziert.

An diesem Abend betrinke ich mich zu Hause. Jana ist für mich da, kann mir jedoch meine Angst vor dem, was mir bevorsteht, nicht nehmen. Herr Timmermann-Levanas meldet sich per SMS und wünscht mir alles Gute. Es sei noch nicht aller Tage Abend, wir würden gemeinsam weiterkämpfen.

Ein neues Problem stellt sich mir, mit dem ich nicht gerechnet hatte. Da ich noch drei Jahre Übergangsbeihilfe bekomme und Anspruch auf 70 Prozent freie Heilfürsorge habe, muss ich mir für die übrigen 30 Prozent eine private Krankenversicherung suchen. Ich schreibe mehr als acht Versicherungen an und bekomme nur Ablehnungen oder gar keine Antwort. Als PTBSler bin ich psychisch krank und werde somit in die Kategorie Risikopatient eingestuft, so die Begründung. Mein Hinweis, dass die Behandlungskosten meiner PTBS vom Bund getragen werden, interessiert niemanden. Verzweifelt wende ich mich in der aussichtslos scheinenden Situation an den zuständigen Sozialdienst. Die ältere Dame ist überrascht und fragt mich, ob ich denn keine Anwartschaftsversicherung abgeschlossen hätte. Habe ich nicht. Ich sage ihr, dass Belehrungen mir jetzt nicht helfen, und möchte wissen, ob sie mir eine private Krankenversicherung nennen kann, die mich trotz meiner PTBS aufnimmt. Das kann sie leider nicht, aber sie gibt noch den Hinweis, dass die Versicherungen mich laut Gesetz gar nicht ablehnen dürfen. Dann wünscht sie mir noch »viel Glück beim Klinkenputzen«.

»Klinkenputzen!«, rufe ich laut durch die Wohnung. Wütend werfe ich das Telefon an die Wand und räume mit einem Wisch meinen gesamten Schreibtisch ab. Alles fliegt durch das Zimmer. Danach sinke ich zu Boden und muss einfach nur heulen. Die Wut darüber, dass mir keiner helfen kann, lässt mich verzweifeln, und wieder kommen die Suizidgedanken. So intensiv ich auch nachdenke, mir fällt keine Lösung ein. Laut schreie ich durch die Wohnung, mir ist gerade völlig egal, was die Nachbarn denken. Idor kommt leise angetrabt und setzt sich vor mich, als wolle er mich trösten. Er schnüffelt an meinem Gesicht und seine Zunge schlabbert an meiner Stirn. Fest drücke ich ihn an mich und kann mich so etwas beruhigen. Mein Buddy ist für mich immer da und gibt mir die Kraft, nicht aufzugeben.

Da ich nachts inzwischen mit den Zähnen knirsche, muss ich nicht lange warten, bis sich Zahnschmerzen einstellen. Wie ich mich ohne Krankenversicherung behandeln lassen soll, weiß ich nicht. Lancer gibt mir den Tipp, dass in Hamburg ein Zahnarzt ehrenamtlich Obdachlose behandelt, die auch keine Krankenversicherung haben. Ich rufe lieber erst einmal meinen alten zivilen Zahnarzt an, der in Buxtehude seine Praxis hat. Wie sich am Telefon herausstellt, kennt er die Artikel im Stader Tageblatt über mich. Er hat für meine Situation Verständnis und gibt mir auch einen Termin, gleich in dieser Woche. Da ich überhaupt keinen Plan habe, wie ich eine Zahnarztrechnung begleichen soll, bitte ich Frau Böken von der Jenny-

Böken-Stiftung um Hilfe. Sie versichert mir am Telefon, dass die Behandlungskosten von ihrer Stiftung beglichen werden und ich mir keine Sorgen machen muss. Im Wartezimmer der Zahnarztpraxis beobachte ich eine muslimische Frau, die vermutlich überhaupt kein Deutsch versteht. Jedenfalls übersetzt ihre etwa 14-jährige Tochter das Gespräch mit der Zahnarzthelferin. Sie wird gebeten, ihre Versichertenkarte abzugeben und die 10 Euro Praxisgebühr zu bezahlen. Ich erschrecke, da ich an die Praxisgebühr gar nicht gedacht habe. Mit der Heilfürsorge der Bundeswehr war ich vorher von ihr befreit.

Ich kann das alles nicht verstehen. Ich habe nichts gegen die muslimische Frau, doch offensichtlich hat ihr jemand erklärt, wie sie zu einer Krankenversicherung kommt, und mir, einem ehemaligen deutschen Soldaten mit Reservistenstatus, der im Einsatz beinahe sein Leben verloren hat, mir kann niemand helfen. Ich überlege, ob es günstiger wird, wenn ich mich ohne Betäubungsspritze behandeln lasse. Nach kurzem Bohren erhalte ich die Hiobsbotschaft, dass eine Wurzelbehandlung ansteht. Mein Zahnarzt gibt sich gelassen. Er meint, dass wir erst einmal diese Behandlung machen und hinterher darüber sprechen, wie wir das mit den Kosten klären.

Erleichtert darüber, dass die Schmerzen erst einmal gelindert sind, erfahre ich von Frau Böken, dass ein anonymer Spender meine Zahnarztrechnung bezahlen wird. Sie tut geheimnisvoll, der Spender möchte auf gar keinen Fall genannt werden. Sie verrät mir nur so viel, dass diese Person sehr bekannt ist. Mir ist es in diesem Moment nicht wichtig, wer mir freundlicherweise geholfen hat, ich bin einfach nur dankbar und freue mich darüber, dass ich mich für die Wurzelbehandlung nicht auch noch verschulden muss.

Jana und ich sind zum Tag der offenen Tür der Bundesregierung nach Berlin in das BMVg eingeladen, Lancer kommt auch mit. An dem Wochenende lerne ich viele Menschen kennen, die sich bereitwillig meine Geschichte anhören, auch wenn sie leider nicht in der Position sind, mir direkt helfen zu können. Dann stehe ich tatsächlich

Verteidigungsminister Karl-Theodor zu Guttenberg gegenüber. Er begrüßt mich sehr freundlich und sagt mir, dass er meine Geschichte bereits kennt und prüfen lassen will, ob ich nicht bei der Bundeswehr bleiben könne. Er begrüßt auch Jana sehr freundlich und beugt sich sogar zu Idor runter. Seine Personenschützer sind sichtlich nervös, sie stehen zu weit entfernt, um bei einer Beißattacke einschreiten zu können. Idor zeigt sich völlig entspannt, er kann nicht wissen, dass diese Streicheleinheit von seinem ehemaligen höchsten Dienstherrn kommt. Als ich Herrn zu Guttenberg erkläre, dass ich aufgrund meiner PTBS keine Krankenversicherung bekomme und ich nicht weiß, wie es weitergeht, fordert er prompt seinen Adjutanten auf, sich das zu notieren, und versichert, sich darum zu kümmern. Wir machen noch ein gemeinsames Foto, dann ist der Verteidigungsminister genauso unvermittelt verschwunden, wie er vor mir gestanden hat.

Lancer beobachtet mich aus sicherer Entfernung und winkt mir zu. Sein Augenzwinkern sagt, dass ich mich wacker geschlagen habe. Auf Lancer kann ich mich verlassen. Auf die Zusagen des Ministers hoffentlich auch. Als ich nach vier Wochen immer noch keine Nachricht habe, wende ich mich an Andreas Timmermann-Levanas. Er sagt, dass ich mich auch an meine zuständige Fürsorgestelle in Niedersachsen wenden kann, die mir vielleicht weiterhilft. Schlecht gelaunt und ohne Hoffnung auf positive Resonanz schreibe ich nur eine kurze E-Mail, in der ich alles noch mal erkläre. Keine 24 Stunden später klingelt mein Telefon und eine sehr nette Dame von der Fürsorgestelle stellt sich mir vor. Wir reden über eine halbe Stunde, in der sie mir erklärt, dass ich als entlassener und versehrter Soldat ihr Klient sei. Sie wundert sich darüber, dass der Berufsförderdienst der Bundeswehr aus meiner alten Einheit sie nicht über meine Entlassung informiert hat. Sie quält mich nicht mit einem Stapel von Anträgen, die ich zuvor auszufüllen habe, sondern schickt mir noch am selben Tag per E-Mail den Versorgungsantrag, mit dem ich dann krankenversichert bin – ich muss ihn nur noch ausdrucken, unterschreiben und abschicken. Ganz einfach.

Ich kann nicht glauben, dass es auch so einfach geregelt werden kann. Ich habe mich in meiner Not an den Wehrbeauftragten und sogar an den Verteidigungsminister gewendet und nun hilft mir diese Frau am anderen Ende der Telefonleitung ganz schnell und unbürokratisch. Diese nette Dame hat mehr für mich getan als all diejenigen zusammen, die ich bisher um Hilfe gebeten habe. Eine Sachbearbeiterin genügt – ein einziger engagierter, couragierter, anständiger Mensch. Davon muss ich Lancer berichten. Der rastet nach wenigen Minuten am Telefon völlig aus. Lancer hatte sich in seinem Bundesland Schleswig-Holstein auch an das Amt für Soziales gewandt und nichts als ergebnisloses Geschwätz zu hören bekommen. Wir stellen fest, dass die Fürsorgestellen der einzelnen Bundesländer die Gesetze ganz unterschiedlich interpretieren.

Nach weiteren Zeitungsartikeln in der Frankfurter Allgemeinen und dem Hamburger Abendblatt bringt die Politik immer mehr Interesse für meine Situation auf. Jetzt bin ich zu einem persönlichen Gespräch mit der verteidigungspolitischen Sprecherin Elke Hoff nach Berlin eingeladen. Gemeinsam mit Lancer und dem Journalisten Hauke Friederichs von Zeit-Online fahre ich hin. Wir erfahren, dass der willkürlich gesetzte Stichtag aus dem Soldatenversorgungsgesetz entfernt werden soll. Herr Timmermann-Levanas, der bei einem zweiten Treffen mit der FDP-Abgeordneten dabei ist, regt an, die Änderungsvorschläge zu verschriftlichen und gleichzeitig einen Petitionsantrag zu stellen.

Mein Auftreten in den Medien und die politische Arbeit von Timmermann-Levanas führen am 7. Oktober 2010 dazu, dass Lancer, David und ich zur Abstimmung der Gesetzesänderung im Bundestag eingeladen werden. David ist, wie ich, 1999 im Kosovo im Einsatz gewesen. Er hat zwei Männer niedergeschossen, um einen Angriff auf sich und seine Kameraden abzuwehren. Obwohl er rechtlich richtig gehandelt hat, wird er mit seiner Tat emotional nicht fertig.

Es gibt eine natürliche Tötungshemmung bei gesunden Menschen. Durch Drill lässt sie sich überlisten, indem der Ablauf automatisiert wird. Das ändert aber nichts an der psychischen Belastung, nachdem einem bewusst wird, was man getan hat. Angespannt verfolgen wir gemeinsam die Debatte. Hier und jetzt wird über unsere Zukunft entschieden.

Bundestagspräsident Wolfgang Thierse (auch ihm hatte ich einen Brief mit der Bitte um Hilfe geschrieben und nie eine Antwort bekommen) erteilt dem Verteidigungsminister das Wort. Zu Guttenberg beginnt seine Rede damit, dass er soeben aus Afghanistan keine guten Nachrichten bekommen habe. Eine deutsche Patrouille sei von Aufständischen angegriffen worden und dabei sei ein deutscher Soldat gefallen und sechs weitere seien verletzt worden. Dann senkt er kurz betroffen seinen Kopf und verlässt den Saal. Was für eine Nachricht! Lancer, David und ich schauen uns erschüttert und irritiert an. Mir schießt sofort in den Kopf, dass auch Kameraden meiner Einheit momentan in Afghanistan sind. Ich höre den Parlamentariern nur noch mit einem Ohr zu, denn meine Gedanken sind jetzt bei meiner Einheit. Natürlich sind wir stolz darauf, dass wir nach so vielen Jahren des Kampfes um die Versorgung einen entschiedenen Schritt weiter sind, doch uns belastet momentan die schreckliche Nachricht und die Ungewissheit darüber, ob es einen uns bekannten Kameraden getroffen hat. Die Politiker stellen in Aussicht, dass, wenn das BMVg die Gesetzesänderung schnell bearbeitet, die Neuregelung für uns vielleicht noch in diesem Jahr als Weihnachtsgeschenk unter dem Tannenbaum liegt. Vielleicht aber auch erst im Januar 2011.

Da ich erfahren habe, dass meine Einheit Weihnachten in Afghanistan verbringen wird und viele Kameraden verwundet wurden, beschließe ich, den Jungs etwas Gutes zu tun. Ich organisiere mit den Schülern der Berufsschule Stade eine Päckchenaktion. Die Schüler packen kleine Weihnachtspäckchen und schreiben fleißig Briefe an die Soldaten, die sich gerade in Afghanistan befinden. Es werden mehr Pakete als erwartet, daher bekomme ich Unterstützung vom Fallschirmjägerbataillon 313 aus Seedorf. Der stellvertretende Kommandeur, mein alter Spieß Oberstabsfeldwebel Bande, und mein alter Gruppenführer Kunz kommen zur Übergabe der Geschenke mit einem Sprinter nach Stade. Dass die Schüler den Soldaten, die gerade im Einsatz sind, ihre Solidarität zeigen, ist eine große Chance. Die Situation der Soldaten und der Auslandseinsatz gelangen so in die Köpfe derer, die sich bisher dafür nicht oder wenig interessiert haben. Die Schüler haben sich dann noch im Unterricht mit dem Afghanistaneinsatz und der persönlichen Verantwortung jedes Wählers bzw. Nichtwählers auseinandergesetzt, ob er ihm nun zustimmend, kritisch oder ablehnend gegenübersteht. An einem Hamburger Gymnasium halte ich einige Zeit später einen Vortrag zu diesem Thema. Ganz gleich, wie jemand persönlich zum Afghanistaneinsatz steht, der Soldat braucht die Unterstützung und die Solidarität der Bevölkerung. Das möchte ich den Schülern bewusst machen. Die Zwölftklässler waren sehr interessiert und stellten im Anschluss viele Fragen. Noch heute habe ich über Facebook Kontakt zu einigen Schülern und antworte ihnen bereitwillig.

Die Forderungen zur Gesetzesänderung beziehen sich auf drei Punkte. Die Stichtagsregelung soll auf den 1. Juli 1992, also auf den Beginn der Auslandseinsätze zurückdatiert werden. Der Mindestgrad der Schädigung zur Versorgung nach dem Weiterwendungsgesetz soll von 50 Prozent auf 30 Prozent herabgesetzt werden. Zudem soll die Entschädigungszahlung von 79 000 Euro auf 150 000 Euro angehoben werden. Hintergrund dafür ist, dass die verwundeten Soldaten oft noch sehr jung sind und eine Absicherung von 79 000 Euro vielfach nicht ausreicht, sich eine neue Lebensgrundlage zu schaffen.

Da wir im Februar 2011 noch immer nichts aus Berlin gehört haben, rufe ich im Büro von Frau Hoff an. Dort erfahre ich, dass sich das BMVg gegen eine Gesetzesänderung in dieser Form sperrt und wir uns noch gedulden müssen. Auch ein Treffen mit dem Wehrbeauftragten Reinhold Robbe verläuft für mich unbefriedigend. Herrn Robbe erlebe ich als sehr engagierten und informierten Menschen. Er kennt die Problematik, kann nicht direkt etwas für mich tun, verspricht mir aber, an der Sache dranzubleiben und die Gesetzesänderung zu unterstützen. Ich kann nicht verstehen, warum meine höchsten Vorgesetzten im Bundesministerium der Verteidigung der beabsichtigten Versorgungsverbesserung geschädigter Soldaten nicht zustimmen wollen.

# DAS ENDE EINER ODYSSEE

Nach neun Jahren habe ich den ins Deutsche übersetzten Untersuchungsbericht zum 6. März 2002 vom dänischen Streitkräftekommando bekommen. Aus dem Bericht geht hervor, dass der Unfall durch eine nicht genehmigte Delaborierung, also Entnahme des Sprengstoffes, in Kombination mit unsachgemäßer Behandlung des Gefechtskopfs und die Benutzung ungeeigneter Werkzeuge wie Hammer und Schraubendreher verursacht wurde. Weder der deutsche noch der dänische Kampfmittelbeseitigungsdienst hätte die SA3-Boden-Luft-Abwehrrakete überhaupt im Feld entschärfen dürfen. Der dänische Verteidigungsminister äußerte sich: »Es lag kein Befehl des deutschen Verteidigungsministeriums, des Operativen Kommandos des Heeres in Dänemark oder anderer deutscher oder dänischer Autoritäten vor, ein SA-3-Ausbildungsmodell herzustellen.« Und: »Das EOD-Personal, das direkt in die Arbeiten am 5. und 6. März einbezogen war, übertrat einige wichtige EOD-Verfahren und EOD-Sicherheitsbestimmungen.« Wie die Bezeichnung Explosive Ordnance Disposal verrät, haben die dafür ausgebildeten Personen die Befähigung, Artilleriemunition zu vernichten. Das geschieht durch eine kontrollierte Sprengung. Eine Delaborierung setzt viel weitreichendere Kenntnisse und ganz andere Sicherheitsauflagen voraus.

Ich erfahre also, dass nicht nur ungeeignetes Werkzeug die Explosion verursachte, sondern dass massiv und fahrlässig gegen geltende Sicherheitsbestimmungen des deutschen und dänischen EOD verstoßen wurde. Auch im Protokoll der Staatsanwaltschaft Lüneburg, die sich damit befasste, muss ich lesen, dass meine militärischen Vorgesetzten versagt und gegen Sicherheitsvorschriften verstoßen haben.

Ich überlege nunmehr, gegen meinen ehemaligen Dienstherrn, die Bundeswehr, zu klagen. Wenn ein Bauarbeiter, Kfz-Mechaniker, eine Floristin oder sonst wer zivil auf der Arbeitsstelle verunglückt, haftet grundsätzlich die Berufsgenossenschaft oder der Arbeitgeber. So kenne ich einen ehemaligen Scharfschützen aus meiner Einheit, der nach seiner Bundeswehrdienstzeit bei der Arbeit auf einer Baustelle verunglückte. Noch ehe die Schuldfrage geklärt war, bekam er die bestmögliche klinische Versorgung. Dann stellte sich heraus, dass bei der Aufstellung des Baugerüstes geschlampt worden war – die Berufsgenossenschaft und der Arbeitgeber zahlten anstandslos die Unfallentschädigung und sorgten für eine Reha-Maßnahme. Bei einem Unfall oder einer krankheitsbedingten Arbeitsunfähigkeit zahlt die Berufsgenossenschaft dem Arbeitnehmer sogar ein Verletztengeld.

Das geht ohne aufwendige Gutachten, ewig langes Prüfen und ohne Hin- und Hergeschicktwerden. Mein erwähnter alter Kamerad war auch nicht, wie ein versehrter Soldat, in der umgekehrten Beweislast, er musste nicht beweisen, dass er den Unfall nicht selbst verschuldet hat. Wir Versehrten müssen stets befürchten, dass die Anerkennung einer Wehrdienstbeschädigung abgelehnt wird – die PTBS könnte ja auch mit Kindheitserlebnissen im Zusammenhang stehen. Dass allein der Einsatz sie ausgelöst hat – wie soll man das beweisen? Ich kann nicht verstehen, warum bei der Bundeswehr, wo so viele intensiv ausgebildete, studierte Fachkräfte beschäftigt sind, so viele undurchschaubare Versorgungslücken klaffen.

Warum hat mich die Bundeswehr nach dem Unglück alleingelassen? Warum kam, nachdem bei mir bereits im Jahr 2003 eine PTBS anerkannt wurde, niemand auf die Idee, dass ich therapiert werden sollte? Die Betroffenen selbst können nicht erkennen, wie wichtig es ist, sofort nach dem belastenden Ereignis mit der Therapie zu beginnen. Viele Soldaten sperren sich gegen eine Therapie.

Das muss man akzeptieren, aber es sollte eine Aufklärung erfolgen, die sie erreicht, ohne dass sie befürchten müssen, sich vor ihren Kameraden zu blamieren. Die Bundeswehr ist ungeachtet der vielen bei ihr beschäftigten Frauen von einem archaischen Männerbild geprägt. Das ist allgemein bekannt und kein deutsches Phänomen. Entsprechend müssen die Betroffenen durch eine gründliche Information sensibilisiert werden. Dadurch ließe sich meiner Ansicht nach schon zu Beginn einer Erkrankung an PTBS die Hemmschwelle, qualifizierte Hilfe in Anspruch zu nehmen, erheblich senken.

Auch General Munzlinger, der das neu eingerichtete Amt eines PTBS-Beauftragten der Bundeswehr innehat, kann mir nicht helfen. Hoffnungsvoll fahre ich am 29. Januar 2010 nach Koblenz und nehme im Zentrum Innere Führung am zweiten PTBS-Workshop teil. Dort bringe ich meine Erfahrung in die Arbeitsgruppe PTBS ein und erläutere die grundsätzlichen Probleme der Versorgung. Ich mache unmissverständlich klar, dass die Anwartschaftsversicherung für Soldaten zur Pflichtversicherung gemacht werden muss, andernfalls wären im Schadensfall existenzielle Probleme vorprogrammiert. Die meisten Soldaten, mit denen ich über die Anwartschaftsversicherung gesprochen habe, wussten nicht einmal, dass sie nur für einen bestimmten kurzen Zeitraum diese Anwartschaft auf die Wiederaufnahme in die gesetzliche Krankenversicherung abschließen können, die sie unabhängig vom Krankheitsstatus nach Ende der Dienstzeit zu den alten Konditionen weiterversichert. Das ist im Zweifelsfall erheblich günstiger als eine Anwartschaft bei einer privaten Krankenversicherung. Wenn man sich deren Beiträge nämlich nicht leisten kann, nützt einem die Anwartschaft nichts.

Ganz deutlich mache ich klar, dass es qualifizierte Leute geben muss, die sich rechtzeitig um die Soldaten kümmern und ihnen mit gutem Rat zur Seite stehen, schon bevor sie in eine heikle Lage geraten. Die Deutsche Kriegsopferfürsorge etwa bietet Hilfesuchenden eine zielgerichtete persönliche Unterstützung durch Fallmanager, oft einfach nur Lotsen genannt, kostenlos an. Derzeit muss sich jeder versehrte Soldat selbst um seine Versorgung kümmern. Natürlich gibt es den Sozialdienst der Bundeswehr, doch ist das Engagement und das Wissen darüber, wie man den Betroffenen hilft, sehr vom jeweiligen Standort und Sachbearbeiter abhängig. Gerne wird in solchen Einrichtungen stolz verkündet, dass ein schwer traumatisierter Afghanistanveteran, der wie ich den Reservistenstatus hat, kürzlich im Zentrum Innere Führung angestellt wurde und ihm somit Hilfe zuteilwurde. (Einige Zeit später erfahre ich aber, dass bei dem Kameraden die Anerkennung der Wehrdienstbeschädigung noch gar nicht abgeschlossen ist.) Da muss ich an meine Bitte um eine Härtefallregelung denken und erkenne, dass bei anderen offenbar möglich ist, was mir vorenthalten wurde, das empfinde ich als ungerecht. Am Ende der Veranstaltung bin ich auf der Heimfahrt wieder einmal frustriert und emotional aufgeladen.

Mit jedem Tag steigt meine Wut darüber, dass ich von der Bundeswehrführung für dumm verkauft und hingehalten werde. Ein Treffen im November 2010 mit der Bundestagsabgeordneten Elke Hoff, die extra nach Stade kommt und sich mit Einsatzveteranen zusammensetzt, bringt ebenfalls keine kurzfristige Lösung meiner Probleme. Bei diesem Treffen sind auch die beiden Mitarbeiter des Sozialdienstes des Standorts Seedorf dabei. Ich habe sie eingeladen, die Schwierigkeiten aus ihrer Sicht darzustellen. Wir erfahren, dass diese zwei Mitarbeiter für den gesamten Standort Seedorf und Rothenburg, also für insgesamt 10 000 aktive Soldaten zuständig sind. Eine intensive und individuelle Sozialarbeit ist somit ausgeschlossen. Bei diesem Gespräch stellt sich erneut heraus, wie wichtig es ist, Fallmanager einzusetzen, die sich der Versehrten individuell annehmen. Wir empfehlen einen Versehrtenbeauftragten am Standort für Soldaten mit häufiger Einsatzbelastung. Die Sozialdienstmitarbeiter dagegen plädieren dafür, einfach mehr Stellen in ihrem Bereich zu schaffen, dann hätte sich das Problem ihrer Ansicht nach erledigt. Dennoch kommen wir auf einen gemeinsamen Nenner. Wir sind uns nämlich darin einig, dass die Neuregelung des Soldatenversorgungsgesetzes schnellstmöglich umgesetzt werden muss, damit die, die jetzt verwundet aus dem Einsatz kommen, eine bessere Versorgung erhalten, als es momentan der Fall ist.

Meine Brigade war in Afghanistan in das Feuergefecht verwickelt, das sich am Karfreitag 2010 in der Region Kunduz ereignete. Meine Kompanie hat an diesem Tag auch einen Kameraden verloren. Warum reagiert man nicht auf die neue Situation, in der meine Soldatengeneration ist? Wie sollen denn zwei Sozialarbeiter 10 000 aktive Soldaten betreuen? Was ist, wenn einer in den Urlaub geht oder krank wird?

Ein enger Freund, den ich im Juli 2010 in seinen ersten Afghanistaneinsatz verabschiede, kommt nach nur wenigen Monaten schwer verwundet zurück. Es gestaltet sich trotz intensiver Bemühungen der Sozialdienstmitarbeiterin, des Wehrbeauftragten, des Bundeswehrverbandes und des PTBS-Beauftragten General Munzlinger schwierig, dem Kameraden bei der Finanzierung des behindertengerechten Umbaus seines Autos zu helfen. Da er ebenfalls in Stade lebt, treffen wir uns regelmäßig. Auch seine Wehrdienstbeschädigung ist nach zehn Monaten noch nicht anerkannt. Ich merke, wie frustriert er ist, weil er immer wieder an die Hürden der Bürokratie stößt. Er durchlebt dieselbe Enttäuschung wie ich, die gleichen ständigen Ablehnungen und langen Wartezeiten, und das macht mich wütend.

Dass bei der Rückführung meines Kameraden aus dem Einsatzland die Rettungskette versagt hat und er dadurch einen größeren bleibenden Schaden davonträgt als nötig, scheint den Verantwortlichen gleichgültig zu sein. Allein Frau Hoff besucht ihn im Bundeswehrkrankenhaus in Koblenz und verspricht Hilfe. Auch sie fragt sich, wie es sein kann, dass zwei im Afghanistaneinsatz schwer verwundete Soldaten in Deutschland vor der Notaufnahme warten müssen, weil die Ärzte im Bundeswehrkrankenhaus nichts von ihrer Anwesenheit erfahren haben. So etwas darf im neunten Einsatzjahr einfach nicht passieren. Und wenn es doch passiert, dann müssen die Verantwortlichen dafür geradestehen und die Konsequenzen tragen. Stattdessen erlebe ich, dass man diese Angelegenheit zu vertuschen versucht.

Inzwischen bin ich aufgrund meiner häufigen Medienauftritte recht bekannt geworden. Nachdem ich mich nun auch bei Facebook angemeldet habe, erreiche ich die Politiker noch direkter und breiter. Viele Politiker nutzen die Plattform Facebook, um für sich und ihre Partei zu werben. So erhalte ich die Möglichkeit, dem niedersächsischen Ministerpräsidenten David McAllister meine Situation zu schildern und die Hoffnungslosigkeit, in der mein Buddy Lancer in Hamburg als Hartz-IV-Empfänger lebt. Herr McAllister schickt mir daraufhin prompt eine persönliche Nachricht, dass er mir helfen möchte und ich mich in Hannover bei ihm melden solle.

Durch das Posten von Beiträgen oder Zeitungsartikeln, die Missstände bei der Versorgung von Einsatzversehrten thematisieren, finden sich immer mehr mir völlig unbekannte Menschen aus ganz Deutschland zusammen, die mich in meinen Bemühungen bestärken und unterstützen. Auch Lancer lässt sich nach seinem gescheiterten Versuch, sich durch eine Klage auf Gleichbehandlung nach dem Einsatz-Weiterverwendungsgesetz Gerechtigkeit zu verschaffen, auf ein Interview mit der FAZ ein. Seine Geschichte wird über Facebook weitergetragen, er findet Unterstützung. Viele Menschen schicken über meine Postadresse kleine und große Pakete für ihn. Es sind nicht nur die Lebensmittel oder das Päckchen Kaffee, worüber Lancer sich freut, es sind vor allem die persönlichen Worte: »Wir stehen hinter dir« und »Gib dich nicht auf«.

Hin und wieder mache ich ein Bild und setze es ins Internet, damit die Leute sehen, dass ihre Botschaft tatsächlich bei ihm angekommen ist. Ich beantworte sehr gerne die vielen persönlichen Nachrichten und E-Mails derer, die wissen möchten, wie sie uns helfen können.

Während ich hoffe, dass die Neuregelung des Soldatenversorgungsgesetzes endlich umgesetzt wird, erreicht mich erneut eine Hiobsbotschaft der Wehrbereichsverwaltung. In meinem Verschlimmerungsgutachten wurde eine Anpassungsstörung diagnostiziert, die jedoch nicht in Zusammenhang mit meiner PTBS stehe. Da ich weder Akteneinsicht noch weitere Auskünfte erhalte, in welchem Zusammenhang die Anpassungsstörung steht, drängt sich mir der Verdacht auf, dass das Sanitätsamt in München sie – wie bei anderen Kameraden auch – auf die Kindheit zurückführt. Eine erprobte Abwehrtaktik?

Ich wurde doch am Tag meiner Musterung mehrere Stunden von einem Arzt untersucht, musste Computertests machen und wurde auf T1-Tauglichkeit gemustert. Der Untersuchungsbericht enthält keinerlei Einträge oder Verweise auf eine Anpassungsstörung. Gedanklich gehe ich noch weiter zurück. In meiner Kindheit war ich ein guter Jungpionier, der an den Pioniernachmittagen oder Ausflügen teilgenommen hat. Ich habe viele Jahre einem Kampfsportverein angehört, auf der Grundlage gegenseitigen Respekts und gegenseitiger Wertschätzung. Während meiner MND-Zeit in dem eingeschworenen Team von Fallschirmjägern war es eine Grundvoraussetzung, sich einzubringen und anzupassen. Als Einzelkämpfer hätte ich dort keine fünf Minuten überstanden. Nach dem militärischen Wettkampf bekam ich eine Leistungsprämie in Anerkennung meiner herausragenden Leistungen innerhalb des MND-Zuges und des Diensthundezuges. Ich wurde zum Fachunteroffizier ausgebildet und erhielt sogar die schriftliche Bestätigung meines Bataillonskommandeurs, dass ich der leistungsstärkste Unteroffizier ohne Portepee des Bataillons bin. Ich frage mich daher, wie man auf den Gedanken kommen kann, meine jetzigen Probleme ohne konkrete Begründung und völlig diffus auf meine Kindheit zu schieben.

Ich weiß nicht, wie meine Geschichte ausgehen wird. Oft habe ich darüber nachgedacht, alles mit einem großen Knall zu beenden. Inzwischen habe ich feststellen müssen, dass ich damit vielen meiner versehrten Kameraden eher schaden würde. Ich war gedanklich so weit, Menschen, die mich auf dem Papier demütigten, Ärzte, die aus persönlicher Ablehnung heraus in Gutachten gegen mich entschieden, mit in den Tod zu reißen. Lange hielt mich Idor davon ab. Die Verantwortung für meinen Buddy auf vier Pfoten war alles, woran ich noch glaubte. Nicht zuletzt die Liebe zu ihm brachte mich davon ab, eine große Dummheit zu begehen. Ich hatte sogar eine Liste geschrieben mit Leuten, die auch eine PTBS verdient hätten. Sie alle sollten erleben, wie es sich anfühlt, wenn man nicht klarkommt, abgelehnt wird und um jedes Stückchen Anerkennung und Unterstützung kämpfen muss.

Nun feiere ich meinen Geburtstag nicht mehr am 25. Mai, sondern am 6. März, ganz still und leise. Lancer und ich telefonieren dann miteinander und gratulieren uns gegenseitig. Manchmal melden sich auch Kunz und Mesner und wollen wissen, ob es Neuigkeiten bezüglich der Versorgung gibt. Als Berufssoldaten müssen sie sich keine existenziellen Sorgen machen, wie wir. Doch ich freue mich, wenn ich von ihnen höre. Zu Neuring, der damals relativ schnell und ebenfalls untherapiert entlassen wurde, habe ich heute keinen Kontakt mehr, aber ich höre nicht auf, den Kontakt weiterhin zu suchen. Ich mache mir Sorgen um ihn.

Die Realität und das Bewusstsein dafür, dass ich für mein Leben selbst verantwortlich bin, haben mich eingeholt und noch tiefer geprägt. Ich kämpfe nun seit vielen Jahren gegen die Mühlen der Bürokratie, renne gegen verschlossene Türen, setze mich mit militärpolitischen Themen auseinander und gehe an die Öffentlichkeit. Inzwischen muss ich mir jedes Wort gut überlegen. Die Ignoranz und Engstirnigkeit des Behördenapparates, undurchschaubar und irreführend, lassen mich oft verzweifeln. War ich anfangs ganz allein im Kampf für die Verbesserung des Soldatenversorgungsgesetzes, bin ich nun Gründungsmitglied im Bund Deutscher Veteranen, der immer mehr wächst. Es sind nicht wenige, denen es ähnlich ergeht wie mir. Gemeinsam helfen wir einander und stehen füreinander ein.

Die Gesellschaft ist inzwischen für das Thema sensibler geworden. Noch immer bekomme ich Anfragen, für ein Interview Rede und Antwort zu stehen. Ich werde den Kampf so lange weiterführen, bis meinen Kameraden und mir Gerechtigkeit widerfahren ist. Meinen Mund aufmachen und Beschwerden schreiben, bis unsere treuen Diensthunde ihr verdientes Gnadenbrot bis ans Lebensende bekommen. Ich bin ein Kämpfer, ein Krieger, doch das Schlachtfeld hat sich inzwischen verlagert und die Mittel, um das Gefecht zu gewinnen, sind begrenzt. Zum Soldaten fühlte ich mich schon früh berufen und nun kämpfe ich für die Gerechtigkeit aller. Der Preis, den ich dafür zahle, ist sehr hoch. Ich vergesse mich selbst dabei und die, die mir am nächsten sind. Wie meine Zukunft aussehen wird, weiß ich nicht. In wenigen Wochen wird im deutschen Bundestag über die Neuregelung des Soldatenversorgungsgesetzes abgestimmt werden. Ich werde auch diesmal hinfahren und den Politikern zeigen, dass es uns gibt. Ob sich dadurch meine Zukunft positiv verändern wird, bleibt offen, denn zu oft wurden Versprechungen gemacht, um sie dann wieder zu brechen.

Am 28. Oktober 2011 bin ich wieder in Berlin in den Bundestag eingeladen. Lancer und David sind erneut an meiner Seite. Es ist die dritte Anhörung über die Neuregelung zur Versorgung der Soldaten, die im Einsatz zu Schaden gekommen sind. Selten herrscht unter den Parlamentariern solche Einigkeit wie in diesem Moment. Alle Redner sprechen sich deutlich für die Gesetzesänderung aus. Die Worte von Elke Hoff, die mir seit unserer ersten Begegnung 2009 Mut zuspricht, berühren mich besonders. Es ist aber auch das kurze persönliche Gespräch, das Lancer und ich im Anschluss mit den beiden Grünen-Abgeordneten Agnieszka Malczak und Omid Nouripour führen, das uns wohltuend im Gedächtnis bleibt. Die so mühsam errungene Hilfe, die uns durch die Neuregelung des Gesetzes zuteilwerden soll, ist das Ergebnis jahrelanger öffentlicher Arbeit. Nachdem Lancer mit seinen Klagen vor dem Verwaltungs- und Oberverwaltungsgericht gegen die Bundesrepublik Deutschland gescheitert ist, habe ich beschlossen, die ungerechte und mangelnde

Versorgung publik zu machen. Die Mauer des Schweigens zu durchbrechen war der Wegbereiter dieser politischen Entwicklung. Dass mir das möglich war, macht mich sehr stolz, vor allem darauf, dass in unserer Gesellschaft auch der Einzelne etwas bewegen kann.

Es wird sicherlich wieder einige Monate dauern, bis die Gesetzesänderung Wirkung zeigt und das Bundesministerium der Verteidigung es zum Wohl der Betroffenen sinnvoll umsetzt. Diejenigen, denen das Gesetz Hilfe verspricht, brauchen eine Perspektive. Es ist fraglich, ob sich jemals wieder Normalität in ihrem Inneren einstellt. Zumindest von außen muss es daher Unterstützung und Stabilität geben.

Ich weiß, dass mein Buddy sich schuldig fühlt für die Wut und den Hass, den er für Ohlrich und Buchner empfindet, aber es gelingt ihm nicht, dieses Gefühl abzuschütteln. Der Tinnitus pfeift uns die Erinnerung an den 6. März 2002 immer wieder zurück ins Gedächtnis. Wo soll er damit hin? Die beiden sind tot. Es ist niemand mehr da, den er anschreien kann. Niemand, den er dafür verantwortlich machen kann, nicht mehr richtig schlafen zu können, den Klang von Musik als Belastung zu empfinden und Gespräche oder Telefonate zu meiden. Er fühlt sich aber auch schuldig, sie nicht aufgehalten zu haben, ihnen und den anderen damit das Leben und Kindern den Vater gerettet zu haben. Lancer hat das Gefühl, versagt zu haben in einem Moment, in dem es kein Versagen hätte geben dürfen. Er hasst sich dafür und zerstört sich systematisch selbst. Mit wem sollte er reden können? Mit den Leuten vom Sozialdienst, die ihre Amtsstube kennen, aber nicht den Krieg? Mit Ärzten, die für alles Leid die richtige Pille haben? Oder Psychiatern, die selber noch jung und unerfahren im Leben sind? Deren Vorstellung in Schubladen abläuft, in die man einzusortieren ist? Es gibt niemanden. Selbst ich kann es nicht nachempfinden, aber ihm zu sagen, dass er keine Schuld hat, lasse ich sein. Das hat er schon zu oft gehört und gemerkt, dass das, was ihn wirklich belastet, abgetan und nicht ernst genommen wird.

Er sagt es mir erst während der Entstehung dieses Buches. Wir sehen uns in dieser Zeit oft, reden über die Ereignisse von damals und die Entwicklung seitdem. Es ist ein intensives Jahr, in dem auch meine Tochter Mailin Lotte geboren wird. Ich liebe meine beiden Töchter unendlich und ich hoffe, ich schaffe es trotz meiner seelischen Behinderung, ihnen ein guter Vater zu sein.

# EPILOG

Soldaten stehen für Recht und Freiheit ein. Dazu habe auch ich mich bei meiner Vereidigung verpflichtet. Die Bundeswehr hat mich sehr gut darauf vorbereitet, diese Aufgabe selbst unter widrigsten Umständen zu erfüllen, und mir dabei geholfen, die Grenzen meiner Leistungsfähigkeit neu zu definieren. Dafür bin ich sehr dankbar. Ich habe als junger Soldat allerdings nicht geahnt, dass ich dieses Durchhaltevermögen einmal brauchen werde, um gegenüber der Bundesrepublik Deutschland für mein Recht zu kämpfen und damit für das Recht vieler Kameraden, die die Kraft dazu nicht mehr aufbringen.

Mit der Unterstützung vieler lieber Menschen, unter ihnen einflussreiche Personen und Politiker ebenso wie engagierte Bürger, ist es gelungen, eine Gesetzesänderung zu erwirken. Durch das neue, verbesserte Einsatz-Weiterverwendungsgesetz wird allen Soldaten, die im Einsatz körperliche sowie seelische Wunden davongetragen haben, gleichermaßen geholfen. Wer durch einen willkürlich gesetzten Stichtag ausgegrenzt und sich damit selbst überlassen wurde, soll wieder in die Gesellschaft zurückgeholt werden. Wie gut das gelingt, hängt von der Aufrichtigkeit und Tatkraft ab, mit der das Gesetz letztendlich umgesetzt wird. Ich werde wachsam bleiben müssen. Dass am 28. Oktober 2011 im Bundestag parteiübergreifend und einstimmig für eine gerechtere Versorgung aller im Einsatz verwundeter Soldaten gestimmt wurde, freut mich ganz besonders. Es ist nicht nur eine Genugtuung für all diejenigen, die es konkret betrifft und die bisher vernachlässigt wurden, sondern auch ein Gewinn und eine Anerkennung für alle Soldaten, die selbst unter Lebensgefahr ihren Auftrag für unsere Gesellschaft erfüllen.

KARTE VON AFGHANISTAN

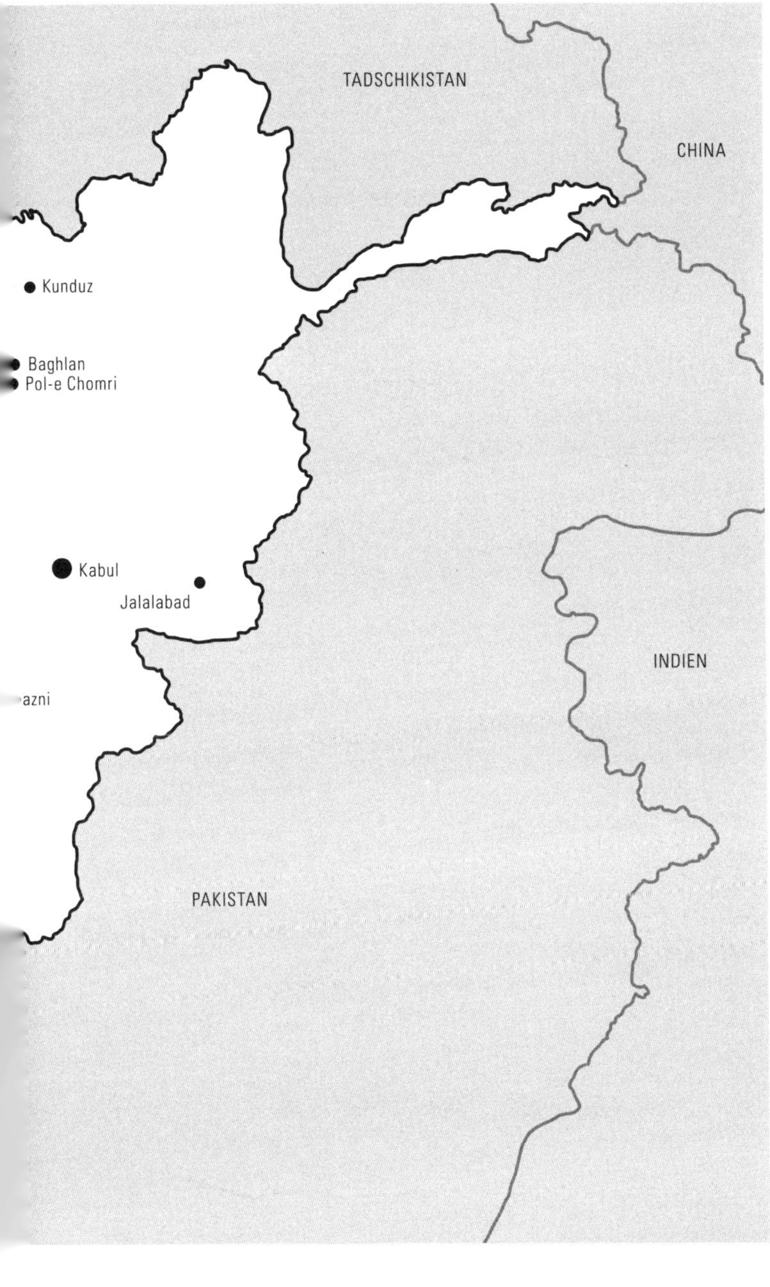
TADSCHIKISTAN
CHINA
Kunduz
Baghlan
Pol-e Chomri
Kabul
Jalalabad
INDIEN
azni
PAKISTAN

www.edel.com
1. Auflage 2012

Projektkoordination: Constanze Gölz
Lektorat: Jan Strümpel
Umschlagfotografien: Steven Haberland
Fotos im Innenteil: privat / Robert Sedlatzek-Müller
Umschlaggestaltung, Layout und Satz:
Groothuis, Lohfert, Consorten, Hamburg | www.glcons.de
Reproduktion & Litho: Frische Grafik, Hamburg



Printed in Germany

ISBN 978-3-8419-0092-0